오늘 한 푼 벌면
내일 두 푼 나가고

우석훈 지음

오늘 한 푼 벌면
내일 두 푼 나가고

우석훈 지음

다산4.0

PROLOGUE

오래 전에 스트레스 지수에 관한 글을 본 적 있다. 결혼식 날 사람들이 느끼는 스트레스가 부모를 잃는 날에 필적한다는 것이다. 행복지수도 같이 측정할 수 있다면 배우자와의 만남과 부모를 상실하는 것 사이의 차이점이 좀 더 드러날 것이다.

스트레스 지수와 행복 지수, 이런 것을 온도계나 체중계처럼 쉽게 잴 수 있는 기계가 있다면 우리의 행동도 조금은 다르게 전개될지도 모른다. 부모의 사망은 대개의 경우 스트레스가 행복보다 훨씬 큰 사건이다. 결혼식은 스트레스와 행복이 동시에 높은 사건이고.

아이가 태어나는 것은 부모의 사망보다는 결혼식에 가까운 패턴을 가지고 있을 것이다. 스트레스 지수와 행복 지수가 동시에 높은 사건이라는 뜻이다. 그렇다면 육아는? 육아 역시 스트레스 지수와 행복 지수가 모두 높은 사건이다.

그러나 결혼식, 부모의 장례식, 자녀의 탄생과 육아는 서로 확실히 다른 특징을 갖고 있다. 결혼식이나 출산이 매우 높고 짧은 에너지를 가지고 있다면, 육아의 경우 각 지수가 아주 높은 데다 동시에 그 지속 기간이 매우 길다. 하루에도 몇 번씩 스트레스 지수와 행복 지수의 그래프가 교차하고, 그렇게 높은 에너지 상태가 몇 년간 이어진다.

구체적으로 몇 년이냐고? 첫해에 끝나지는 않을 것이다. 어떤 사람은 좀 더 일찍 에너지가 내려갈 거고, 또 다른 사람은 자녀가 대학에 입학했을 때 비로소 높아진 에너지가 내려올 것이다. 경우에 따라서는 자녀가 취업을 한 후, 혹은 결혼을 하고 출산까지 한 뒤에야 높아진 스트레스 지수와 행복 지수가 낮아지기도 할 것이다.

스트레스 지수라는 관점에서만 보면 출산은 고강도의 에너지를 한 번에 쓰는 일이고, 육아는 그보다는 낮은 에너지를 아주 긴 기간 동안 쓰는 일이다. 우선 마음의 에너지가 그렇다. 한데 요즘은 많은 것이 화폐로 환원된다. 돈이 왔다 갔다 하는 것, 이건 경제학의 범주에 속하는 일이다. 경제 에너지로 생각한다면 출산과 육아를 좀 다른 눈으로 보게 된다.

정상적으로 출산을 하면 출산 시에는 돈이 많이 들지 않는다. 그러나 아이를 키우는 과정에서 돈이 많이 들어간다. 즉 경제적 에너지를 많이 필요로 한다. 출산과 육아를 포함해, 중산층의 아이가 대학을 졸업할 때까지 평균적으로 지불하게 되는 돈을 추정해 보았다. 한 명당 2억 원 정도가 들어간다는 결론이 나왔다.

아시다시피 평균이란 모두 고르다는 의미가 아니다. 그보다 훨씬 많은 수치와 적은 수치 사이에 위치하는 중간점이다. 그러니 한국에서 아이를 키우는 것은 2억 원 이상을 쓰거나, 2억 원만큼 아기에게 미안해하는 것이라고 할 수 있다.

이 결과를 좀 더 자세히 들여다보자. 결혼과 출산으로 시작하여 아이가 중등교육, 즉 고등학교를 졸업할 때까지 1억 원 정도가 들어간다. 그리고 고등교육 즉 대학교를 졸업할 때까지 드는 등록금과 교재비, 용돈을 더해 보면 다시 1억 원 정도가 된다.

결혼할 때 예식과 예단 등을 생략하고, 산후조리원을 이용하지 않으면 시작 지점에서 1억 원에 상당하는 비용을 줄일 수 있다. 그래도 정부 지원금과 보조금만으로, 부모의 추가적인 지출 없이 고등학교를 졸업시킬 수 있는 방법은 별로 없다.

사교육은? 시킬 것인가 말 것인가. 경제학의 시각으로 보면 이건 출산보다 더 많은 경제적 에너지의 지불에 관한 의사결정이다. 프랑스와 독일 등 많은 OECD 국가에서는 중등교육을 마치고 나면 부모가 지불하는 비용이 많지 않다. 등록금은 무상이거나 아주 적고, 많은 대학생들이 슬슬 부모에게서 독립을 하게 된다. 중산층 2세가 대학에 입학하면서 독립하는 건 한국에서는 예외적인 경우이다.

대략적으로 추정하면, 한국의 중산층 부모들은 다른 선진국의 경우보다 적게는 1억 원에서 많게는 1억 5천만 원 정도의 돈을 자녀를 위해서 더 지불하는 것이다. 실질적으로 그 정도를 지출하거나, 그만큼 미안해하게 된다. 그리고 이 계산은 일본과 함께 강력한 토건경제의 특징을 가지고 있는 한국 경제에서 주거비에 관한 지출은 뺀 것이다. 육아에 있어 심리적 스트레스에 비해 경제적 스트레스가 월등하게 높은 게 한국의 상황이다.

온전히 경제적 시각으로만 보자면, 지금 한국의 부모들은 정말로 아이를 많이 낳는 셈이다. 비정규직과 무직을 포함한 모든 가임 여성들의 합계 출산율이 1이 넘는다는 건 놀랍도록 높은 수치다. '15세에서 49세의 한국 여성이 직장 상황이나 경제적 형편에도 불구하고 모두 한 명 이상의 아이를 출산한다는 것'이 합계출산율 1의 의미다.

우리와는 비교도 안 되게 육아 조건이 좋은 프랑스가 유일하게 합계출산율 2를 기록했고, 스웨덴과 영국, 독일 등 나머지 나라들도 아직 2가 안 된다. 그러니 육아 비용과 주거 비용 등 여러 형편을 고려할 때 한국인들은 정말 열심히 아이를 낳고 있는 것이다.

물론 앞으로는 더 줄어들 것이다. 10년 후쯤이면 지금에 비해 결혼하는 사람의 수가 절반 가까이 줄어들 가능성이 높다. 그리고 우리는 '혼외 출산'이 사실상 통계적으로 무의미한 나라다. 결혼해야 아이를 낳고, 아이를 낳으면 결혼하는 '결혼 출산'이 98% 가깝게 높다.

반면 OECD 가입국의 혼외출산 국민 비중은 평균치가 40% 정도 된다. 덴마크, 스웨덴, 프랑스 같은 나라의 혼외 출산 비율은 50%가 넘는다. 국민 절반 이상이 동거 등 우리가 결혼이라고 부르는 그 상태가 아닌 상황에서 태어났다는 얘기다.

● 한국에서 출산율에 대한 논쟁은 좀 오래되었다. 그렇다면 그동안의 출산 정책이 효과가 있었을까? 막상 아이를 키우게 되면서 주변의 엄마들을 보니 몇 년 전보다 좋아진 게 별로 없다. 오히려 더 힘들어진 것들도 있다. 대표적인 게 어린이집이다. 어린이집 관련 정책은 개발자의 의도와 전혀 다르게 작동했다. 그리고 그 의도 자체도 그렇게 좋은 것은 아니었다.

예전엔 아침 9시에 아이를 맡긴 엄마들이 오후 4시에서 4시 반 정도에 다시 데려가는 게 보통이었다. 왔다 갔다 하는 시간과 점심 먹는 시간을 빼면, 하루에 엄마들이 뭔가 할 수 있는 시간이 4시간쯤 생긴다. 지금은 그렇게 하지 못한다. 오후 3시에 데리고 가야 한다. 결과적으로 엄마들이 자기 일을 할 수 있는 시간도 3시간으로 단축되고 만다.

4시 넘어서 아기를 찾아가고 싶으면 아빠는 물론이고 엄마도 직업이 있다는 것을 입증해야 한다. 직업이 있다면 상대적으로 좀 쉽겠지만, 취업 준비 중인 경우엔 입증하기 쉽지 않다. 그러니 예전처럼 한 시간쯤 더 아이를 맡기려면 엄마들이 불법으로 서류를 준비해야 한다. 이게 말이 되는가?

이 제도의 원래 취지는 직장에 다니는 엄마들, 즉 워킹맘의 편의를 늘리자는 것이다. 전업주부들은 아이를 3시에 데려가고, 직장에 다니는 엄마들은 5시 정도에 데려가게 된다. 그 차이만큼 정부가 지원금을 차등 적용하는 게 원 설계이다. 그렇게 하면 어린이집에서 지원금을 더 받기 위해 워킹맘의 자녀들을 선호할 거라고 생각한 것이다. 탁상 행정이 있는 것처럼 탁상 연구도 존재한다. 그냥 자리에 앉아서 연구하다 보니 생겨난 일이다.

현실은 그와 다르게 돌아갔다. 퇴근 후에 아이를 데리러 가기에는 여전히 어린이집이 너무 일찍 끝난다. 그리고 많은 엄마들이 불법을 감수하고 전일제를 선호하니 어린이집이 행정을 전면적으로 바꿀 이유가 별로 없다. 그동안 많은 어린이집이 실제로 파업에 돌입할 위기까지 갔다.

장기적으로는 아무 개선 효과가 없고, 단기적으로는 엄마가 뭔가 일을 하고 있다는 것을 증명하려고 불법으로 서류를 만드는 일만 늘어난 셈이다. 아이가 둘인 경우 세 살까지는 예외로 해 준다는 단서가 있기는 하지만 아이는 금방 자란다. 불편을 감수하고 3시에 칼같이 아이를 찾아가거나, 아니면 불법을 저지르는 선택지만 남게 된다. 이러니 현실적으로 계속 어려워지는 것이다.

이러한 상황에도 불구하고 별 영향을 받지 않는 집단이 하나 있다. 아이 셋 혹은 그 이상을 낳은 경우다. 그러면 엄마가 일을 하든 하지 않든, 어린이집에서 종일반으로 받아 준다. 현재 한국의 거의 모든 육아 정책은 셋 이상의 다둥이 정책으로 재설계되는 중이다. 이런 게 전형적으로 서류만 가지고 하는 행정이다.

합계 출산율을 높이려면 어떻게 해야 할까? 두 명 낳은 사람이 하나를 더 낳거나 하나도 낳지 않은 사람이 하나를 낳는 것, 크게 보아 이 두 가지 방향이 있다. 그리고 한 명이라도 아이를 낳게 하는 방법은 젊은 사람들이 더 많이 결혼하게 하는 것이다. 더 많이 결혼하면 당연히 더 많은 아이들이 태어난다.

한국에서 결혼한 사람은 평균적으로 1년 5개월쯤 후에 첫아이를 낳는다. 이 수치는 90년대 이후 크게 변하지 않았다. 결혼을 하면 대체로 아이 하나는 낳는다는 뜻이다. 결혼을 하지 않고도 아이를 낳는 경우는, 한국의 경우 혼외 출산 비율이 아주 낮기 때문에 현실적으로 없다고 보아도 무방하다.

　출산율을 높이는 가장 장기적이고 안정적인 방법은 첫아이를 낳는 데에 많은 정책 목표를 맞추는 것이다. 첫째를 낳아야 둘째도 낳고, 셋째도 낳고……. 논리적으로 이 방법이 맞다.

　한데 이런 문제가 있다. '결혼하기 좋은 사회'를 만드는 건 정부가 별로 하고 싶지 않은 일이라는 점이다. 정규직이 비정규직보다 결혼을 많이 하니 정규직의 비율을 높이고, 비정규직의 처우를 개선하고, 임대주택을 획기적으로 확대해 주거비용을 낮추는 것 등이 결혼 가능성을 높이기 위해서 하는 정책이다. 하지만 지난 10년, 이명박과 박근혜의 시대에는 젊은 사람들이 결혼하기에 좋은 조건을 조성하는 정책과는 늘 반대로만 갔다.

　그리고 다둥이, 정확히는 셋째 아이를 낳는 데 정책 목표의 대부분을 걸었다. 이미 둘을 낳은 사람이 하나를 더 낳으면 혜택을 파격적으로 높인다. 숫자 갖고 하는 장난질이자, 전형적인 모양내기 식 정책이다. 이런저런 지원책은 마련했는데, 막상 셋째 아이를 낳는 사람이 없으니 돈을 줄 수 없다. 그러고서 '아이를 안 낳는 사람들이 문제'라고 핑계를 대는 것이다. "집도 주고, 차 값도 깎아 준다는데 왜 안 낳아?"

단기 효과와 장기 효과를 둘 다 고려할 때, 첫아이에 대한 지원 방식과 보조금을 늘리는 것이 훨씬 낫다. 그러면 결혼하는 사람이 늘고, 한 명이라도 아이를 낳는 사람들이 많아진다. 거기에 맞춰 둘째와 셋째에 대한 지원을 순차적으로 늘리는 게 합당하고 효과적이다. 그런데 이건 돈이 많이 들고, 기획재정부 등 경제 부처들이 싫어한다. 그러니 모든 지원을 셋째 아이에 걸고 '우리는 열심히 했어요.' 그렇게 생색만 내는 방식을 쓰는 것이다.

이런 복합적인 일들이 결합되어, 아이를 한 명 혹은 두 명 키우는 엄마가 한 시간 더 아기를 어린이집에 맡기기 위해 불법으로 서류를 꾸며야 하는 일이 생겨난다. 안 그래도 출산 후 '경단녀'라는 이름으로 취직이 되지 않아 괴로운데, 낮 시간에 무슨 일이라도 해보기 위해 서류까지 가짜로 만들어야 하는 부담감, 이게 무슨 짓인가 싶다. 이걸 보는 20대 청춘들이 무슨 생각을 할까? '역시 결혼은 미친 짓이고, 출산은 지옥으로 가는 지름길이다.' 이렇게 생각하는 게 당연한 것 아닌가?

출산율을 높이겠다고 이것저것 아무거나 막 던지는 일들이, 실제로 현장에서는 출산율이 오히려 낮아지는 방향으로 작용하게 된다. 아이를 셋 정도는 낳아야 불법 서류 없이 4시 반까지 아이를 어린이집에 맡길 수 있는 시대, 이것이 우리가 겪은 박근혜 시대다. 이걸 보면서 결혼도 두려워하는 청춘들이 '빨리 셋을 낳아 맘 편하게 아이들을 맡겨야지.' 이렇게 생각할 리가 없지 않은가.

첫아이와 아이를 키우는 부모의 삶을 국가가 책임지고 돌보는 정책을 마련하는 게 정말 경제적으로 불가능한가? '순실의 시대' 그 맨얼굴을 생생히 목도했듯, 못하는 게 아니라 안 하는 것이다. 4대강을 파고 최순실의 측근을 돌보느라 우리의 미래를 좌우할 중요한 돈이 수없이 날아갔다. 많은 것을 결정해야 하는 시절, 삽질하고 헛짓하느라 귀한 시간들도 그냥 흘려보냈다.

가임여성들의 전국적 분포도를 만들어 순위를 매기는 것을 행정으로 알고 있는 것, 이게 바로 '할아버지 행정'이다. 할아버지들이 비선실세 최순실을 등에 업고서 모든 실권을 쥐고 있기에 일어나는 일이다. 육아와 관련된 복지 행정은 최소한 아기 똥 기저귀는 갈아줄 수 있는 사람이 해야 한다고, 이 연사 목 놓아 외칩니다!

하지만 앞으로도 당분간 그렇지 못하리란 걸 우리네 청춘들은 너무 잘 안다. 차라리 혼자 씩씩하게 밥 먹고, 혼자 술을 마신다. 혼밥과 혼술은 이미 트렌드가 되었다.

육아를 치욕으로 만들고, 가임 여성임을 모욕적으로 느끼게 하는 육아 행정, 대체 이게 무슨 짓인가? 아이를 키우는 사람이든, 혼자 살기로 마음먹은 사람이든 이 땅에 태어난 사람 모두 함부로 모욕당하지 않고 편안하게 살아갈 권리가 있다.

● 결혼을 하고 9년 만에 부모가 되었다. 결혼도 약간 늦었지만, 아이가 아주 늦게 생겼기 때문이다. MB의 시대가 끝나갈 때쯤 첫아이가 태어났다. 그리고 박근혜 정부가 시작되었다. 이후 2년의 간격으로 둘째가 태어났다. 그 사이에 나도 나이를 먹었고, 아내도 나이를 먹었다.

'나이 먹어 아이 키우는 건 힘들어서 못할 일'이라는 얘기를 실은 몇 번 했다. 아내보다 내가 그런 생각을 더 자주 했다. "늙은 아빠, 힘들어서 못 살겠다." 뭐 이런 말을 입에 달고 산 것 같다. 하지만 내가 다른 아빠들보다 아이를 더 많이 돌본다고는 해도 육아의 대부분은 아내가 맡고 있었고, 아이들 외할머니의 '할머니 육아'도 있었다.

둘째가 두 살이 되었을 때 폐렴으로 연달아 병원에 입원하는 일이 벌어졌다. 그때 많은 생각이 들었다.

"나는 누구인가, 또 여긴 어디인가?"

철학에 관한 얘기는 아니다. 출연자가 당황해 말문이 막힐 때 예능 방송에서 자주 내보내는 자막이다. 동시에 내가 자주 했던 생각이기도 하다. 결국 아이가 아프지 않을 때까지 내 힘이라도 보태기 위해서 집에 '들어앉았다.' 아이를 본다는 게, 한 명이 보면 한 명이 뻗는다. 두 명이 보면 두 명이 뻗는다. 그리고 세 명이 보면, 한 명이 잠시 쉴 시간이 생긴다. 두 아이를 같이 보면? 두 명이 보아도 턱도 없다. 세 명이 보아도 세 명이 모두 뻗는다.

● 결혼을 하고 아이를 낳기 전까지는 아내와 내가 내릴 결정이 그렇게 많지 않았다. 강남 쪽에 살다가 강북 쪽으로 이사하는 게 가장 큰 결정이었을 정도다. 나의 건강을 생각해 아내는 아파트 생활을 정리하고 주택으로 이사 하기로 결단했다. 원래는 지방으로 내려가서 사는 것도 생각했었는데, 이래저래 형편이 닿지가 않았다.

그리고 아이를 낳고 키우면서 아내와 나는 이전과는 비교도 할 수 없이 많은 것을 결정하게 되었다. 아이들을 키울 집을 샀다. 지은 지 오래된 집은 아주 추웠다. 춥지 않게, 두 번에 걸쳐 크게 집을 고쳤다. 또 출산에 필요한 소소한 것들을 살지 빌릴지 결정해야 했다. 병원에서 권유하는 검사들도 하나하나 알아보면서 꼭 해야겠다 싶은 것만 선택했다. 돌이 지나지 않은 아이를 어린이집에 보낼지 말지, 보내다면 어디로 보낼지, 이런 것들도 많이 고민하고 내린 결정이다.

이중에는 정말 큰 결단들도 있다. 선행학습을 하지 않기로 한 것은 비교적 쉬운 결정이었는데, 나이를 좀 더 먹은 후 영어유치원에 보내지 않기로 한 것은 많은 사람들의 반대를 뚫고 내린 결정이다. 진짜 유치원에 보내야 하는 상황이 되었을 때 비싼 사립 유치원은 물론, 유치원 자체를 보내지 않기로 한 것도 큰 결단에 속한다.

이런 결정들을 내리면서 나도 육아의 현실과 우리나라 제도들을 더 꼼꼼히 살펴보게 되었다. 육아에서는 경제적으로 넉넉할 경우 하면 좋은 것과, 돈이 있어서 오히려 문제가 되는 것들이 있다. 돈만 있다면 다 될 것 같지만, 아기가 태어나고 자라나는 게 그렇게 단순한 문제는 아니다. 음식 중 귀하고 비싸지만 건강에는 치명적으로 위험한 것들이 존재하는 것과 마찬가지다.

더 풍족한 돈, 더 비싼 것……. 이런 기준으로는 모든 결정이 내려질 수 없고, 그렇게 해서도 안 된다. 예컨대 90년대 후반 이후로, 조기 유학을 시키는 것이 자녀를 지원하는 가장 좋은 방법인 것으로 여겨져 왔다. 그렇게 해줄 수 없는 부모들은 그만큼 자녀들에게 미안해했다.

그렇게 많은 돈을 들여서 공부를 시킨 자녀들을 '재원'이라고 불렀다. 그 재원들을 한국의 기업들이 "별로 필요 없다"고 판단하는 시기가 올 거라고 나는 생각했었다. 실제로 그렇게 되었다. 조금만 생각해 보면 금방 알 수 있는 일인데, 문화적인 트렌드 안에 있으면 가장 상식적인 판단도 내리기 어렵다. 실은 그런 게 부모의 마음이다.

● 세 살과 다섯 살 두 아이의 아빠, 아니 '늙은 아빠'로 살아가면서 많은 결정을 내렸다. 그리고 내 삶도 정말 많이 바뀌었다. 일단 처음 배운 게 많고, 세상을 살아가는 자세도 바뀌었다. 아이들이 공부를 더 잘하게 하려고 사교육을 따로 시키지는 않을 생각이고, 특별히 예술에 재능과 관심을 보이지 않는 한 그냥 공교육의 범위 내에서 공부하게 할 생각이다.

결과적으로 지출이 적은 방식들을 선택했지만, 그렇다고 돈이 판단을 좌우하는 중심 변수는 아니었다. 길게 보아 아이들의 삶에 도움이 되는 건 뭘까, 늘 그게 판단의 기준이었다. 그러다 보니 공교롭게 대체로 돈이 덜 드는 방향으로 가게 된 것이다. 마치 한국 경제가 그렇듯, 출산과 육아에도 참 거품이 많다. 그리고 그 거품의 상당 부분은 무의미하거나 해로운 것이다.

내가 내린 결정이 다 옳다고 생각하지는 않는다. 그리고 보편적으로 누구에게나 유용할 거라고 생각하지도 않는다. 나는 소득을 줄이고, 연봉을 포기하고, 아픈 둘째 아이와 더 많은 시간을 갖는 길을 택했다. 다른 부모에게는 또 다른 선택지들이 있을 것이다.

또 모든 아빠들이 내가 한 것처럼 할 수 있다고 생각하는 것도 아니고 그게 최선이라고 얘기할 마음도 당연히 없다. 이건 내가 가진 문화적 취향이고 정서적 선택이다. 나는 매순간, 조금이라도 더 행복한 것을 선택하면서 살아왔다. 먼 훗날의 더 큰 행복을 위해서 현재를 희생하는 방식으로 살아본 적은 없는 것 같다. 지금 행복하지 않은데 어떻게 먼 미래에 행복할 수 있을까? 나는 그런 행복은 믿지 않는다.

최적인 것도 아니고 보편적인 것도 아닌 나의 선택. 하지만 출산과 육아를 고민하는 많은 아빠들에게 사례로서 참고가 될지도 모른다는 생각을 했다. 직업상 나는 복지와 교육에 관한 기본적인 정책과 앞으로의 방향에 대해 어느 정도 알고 있다. 그리고 기업, 특히 대기업들의 고용 패턴과 채용 방식이 어떻게 흘러갈 것인지도 조금은 알고 있다. 이런 점들을 감안해 내가 내린 선택들이 참고가 될 수는 있을 것 같다.

농촌 지역에서 특별전형으로 서울대에 들어간 학생들이 차별받는 일들이 있다고 알고 있다. 하지만 대학교 3학년, 4학년이 되면 이런 학생들이 일반 학생들보다 성적이 더 좋은 경우가 흔하다. 또 특목고 출신이 일반 대학에 전공 과정으로 들어갔을 때 일반계 학생보다 특별히 성적이 우수하지도 않다. 그리고 대학원 혹은 박사 과정으로 올라가면, 오히려 일반계 학생들과 같이 경쟁하기 어려울 정도로 실력이 차이 난다.

그 단계부터는 농촌 지역 학생, 일반계 학생들이 훨씬 더 잘한다. 당연한 일이다. 10대부터 혼자 공부해야 했던 학생과 남이 떠먹여 주는 학생. 혼자 공부해야 하는 대학원 이상의 과정이 되면 차이는 더 벌어진다. 어른이 되고 나서의 삶도 그렇다. 나이가 들수록 혼자 많이 결정해야 하고, 혼자 많이 개척해야 한다. 경험과 실수를 통해서만 배우는 것들이 많다. 미래에는 더더욱 그럴 것이다.

● 우리가 일반적으로 알고 있는 학생들의 진로는 대학에 입학하는 것, 즉 '어떻게 하면 명문대에 들어갈 것인가'에서 정지되어 있다. 그렇지만 삶은 계속 이어지는 것이다. 아빠로서 그런 생각을 안 할 수가 없다.

무엇을 선택하든, 아니 아무것도 선택하지 않더라도 내가 내린 결정이 참고가 될 것 같다. 아이를 낳지 않거나 결혼을 하지 않기로 한 독자에게도 결혼한 지 9년 만에 두 아이를 연거푸 낳은 사람이 내린 선택은 생각할 거리를 줄 것이다. 아주 넉넉하지는 않아도 세 끼 밥 먹을 걱정은 하지 않아도 되는 삶, 그리고 영어유치원에 '가지 못하는' 게 아니라 '가지 않는' 이유, 그런 의미들에 대해서 같이 고민해보면 좋을 것 같다.

아빠들의 경제적 선택은 합리적일 것 같지만 별로 그렇지 않은 경우가 많다. 유모차는 수십만 원이고 자동차는 수천만 원이다. 보통은 100배 정도 차이가 나는 상품이다. 이 경우, 자동차에 유모차를 맞추는 것이 합리적이다. 하지만 많은 아빠들은 유모차를 고르고, 여기에 자동차를 맞추고 싶어 한다.

이런 건 딱 정답이 있기 때문에 그리 고민할 필요가 없는 일이다. 누구든 잠깐만 생각하면 금방 알 수 있지만 부모라는, 그리고 아빠라는 특수한 상황에 놓이면 평상시의 기준이 흔들리게 된다. 충분히 이해할 수 있는 일이다. 하지만 그렇게 하지 않는 게 좋다. 차고 넘치는 돈을 무의미하게 쓰는 게 목적이 아니라면 말이다.

한국에서 아이 키우는 것을 경제학의 시각으로 보면, '오늘 한 푼 벌면 내일 두 푼 나가는 것'으로 요약할 수 있다. 나도 그렇게 살아가고 있고, 많은 아빠들이 그렇게 살아갈 것이다.

    막중한 책임, 스트레스, 하지만 그 사이사이로 그보다 더 많은 행복들이 스치고 지나가는 것. 이거야말로 삶이다. 우리는 그렇게 살아 있다.

CONTENTS

PROLOGUE 004

PART 01
부모가 된다는 것의 의미

01 오늘 한 푼 벌면 내일 애들한테 두 푼 나가고 028
- 행복 시작, 돈 걱정 지옥 시작
- 열심히 벌면 벗어날 수 있을까?
- 아이들은 정말 자주 아프다
- 육아의 기회비용
- 그래도 웃음이 넘치는 아기 키우기

PART 02
만만히 볼 수 없는 초보아빠가 나타났다!

02 그렇게 아빠가 됐다 048
- "남편의 23가지 죄를 묻노니……."
- 아이들 이름 짓기
- 임신 기간에 아빠가 알게 된 것들
- 양수 검사, 할 것인가 말 것인가

03 흑룡의 해에 태어난 아이 064
- 첫 만남 그 순간
- 흑룡의 해가 출산과 육아에 미치는 영향
- 불필요한 돈을 과하게 쓰게 하는 산후조리원 제도

04 백일나기 075
- 모유 수유와 탈모 스트레스
- 최소한 백일 동안은 국가에서 제공하면 안 될까?
- 백일을 마음 놓고 축하할 수 없는 이유

PART 03
유모차를 고르는 경제학자

05 프랑스식 육아와 이유식 088

아이 입맛과 식사예절, 프랑스의 방식은?
이유식, 어른이 먹는 음식에 익숙해지는 과정
"제발 좀 먹어 줘!" 이유식 분투기
하루 종일 밥만 할 순 없잖아
육아의 모든 책임을 엄마에게 뒤집어씌우는 나라

06 수면 전쟁 103

잠 못 드는 아기의 울음은 전염된다
육아의 가장 강렬한 기억, 아기 재우기
주말 오후 낮잠은 유일한 평화의 시간

07 돌잔치와 앨범 만들기 114

의식하지 않고, 내 멋대로 행복하게 산다
"남는 건 사진이더라." 진짜 성장 앨범 만들기
기고, 일어서고, 걷고, 달리고
아이의 언어

08 버버리 아동복과 유모차 석 대 139

'비싼 옷', 아이가 아닌 부모를 위한 소비
물려받고 물려주는 기쁨
화려한 옷 대신 소중한 기억을 선물하고 싶다
유모차 선정 분투기, 답은 있었다

번외1 기적이 일어났다 153

PART 04
아이가 자란다, 아빠도 자란다

09 정말로 예쁜 나이, 우리 나이 세 살   182

가장 편안하고 아름다운 시간 '세 살'
두 아이의 아빠가 내 정체성이다
배변 훈련 보고서
차를 없애고 나서 얻은 것들
"아파요." 둘째가 처음 배운 말
아빠와 아들의 첫 번째 데이트
아이들의 여름 나기
스스로 배우고, 강해지고, 멋지게 피어난다

10 아이들과 재미있게 놀았다   209

막다른 곳에서 내려놓았다
자, 우리 소풍 간다
아구찜 먹으며 나란히 걷기
아이 손잡고 서울 구경
아빠도 아빠가 처음이라 잘 몰랐어

번외2 소중이네 고래 가게   229

PART 05
평생 가는 생존체력 기르기

11 어린이집이냐, 영어유치원이냐   270

무엇을 가르치고 어떻게 혼낼 것인가
세 살이면 늦는 조기 교육? 영어유치원 딜레마
어린이집, 기다리고 또 기다리고
"가기 싫어요, 아빠."
유치원에 보내지 않기로 결정하다
개돼지를 말하는 특권의식에 고한다

12 우리말, 숫자, 그리고 영어　　　　　　　　　304

가난한 사람들이 덜 차별받게 해주는 학문
여자는 수학을 못한다?
서구 교육 트렌드, 스템(STEM)과 팹랩(Fab Lab)
외국어만 잘하면 된다고?
무섭지 않게, 지겹지 않게 숫자 가르치기

13 두 아들의 아빠가 가르치고 싶은 것　　　　328

국뽕이 존재한다면 남뽕 또한 존재하리라
산타클로스가 싫은 아이
밥 정도는 할 줄 알아야지
시대가 변하면 가치관도 달라진다
여자도 남자도 피곤한 세상
'진짜 중요한 것들'이 있다

번외3　**아빠 홀로 5일간 집중 육아,
　　　 100퍼센트 리얼 다큐!**　　　　　　　　 355

EPILOGUE　　　　　　　　　　　　　　　　379

01 오늘 한 푼 벌면 내일 애들한테 두 푼 나가고

PART

01

부모가 된다는 것의 의미

01

오늘 한 푼 벌면
내일 애들한테 두 푼 나가고

행복 시작,
돈 걱정 지옥 시작

최불암이 진행을 맡은 〈한국인의 밥상〉이라는 프로그램이 있다. 초창기에는 "우리 것이 최고야."라는 어조가 지나치게 강해서 좋아하지 않았다. 보수주의 정권 9년, "난 아무 말도 안 해요."라는 방송들만 살아남았다. 국가주의와 결합된 민족주의 아니면 극도의 자연주의 추구. 솔직히 말해 재수 없어서 안 봤다.

하지만 〈한국인의 밥상〉은 6년 넘게 장수 프로그램으로 자리 잡으며 어느 정도 이야기 틀이 잡혔다. 그 사이, 작가들의 사전 취재가 우리나라에서는 가장 튼튼하게 진행되는 방송이라는 평이 생겨났다. 이제는 나름대로 재미있고 은근한 감동도 있다. 살던 곳에서 그저 평생을 지내는 사람들이 꾸밈없이 툭툭 내뱉는 이야기, 그 소박함이 만들어내는 감동이 작지 않다. 삶, 꾸민다고 꾸밀 수 있는 것이 아니다.

'포항물회' 편을 보았을 때의 일이다. 포항에서 나고 자란 해녀 할머니들이 그 날 바다에서 잡는 성게알과 전복을 가지고 물회를 만들어먹는 장면이 나왔다. 덥기도 하거니와 물질을 하고 나면 입안이 뻑뻑해서 시원한 물을 부어서 먹는 것이 편하다고 했다.

바다에서 물질을 하면서 평생을 살아온 해녀 할머니들의 입담에는 삶이 고스란히 배어 있었다. "저승에서 벌어 이승에서 쓴다." 해녀와 관련해 아주 유명해진 얘기이다. '칠성판'을 지고 물에 들어간다는 표현도 쓴다. 해녀의 삶이란 정말이지 힘들고 고되다.

해녀 할머니들이 물회를 먹으면서 자신들이 살아온 삶에 대해서 한 마디씩 꺼내 놓았다. 이제는 할머니가 된 그들은 모두 엄마이자 누군가의 아내였다. 자연스럽게 이어지는 말들은 길지 않았지만, 그럼에도 그들이 살아온 삶을 파노라마 스크린으로 보듯 시원하게 펼쳐 냈다. 세 할머니가 넉넉하지는 못하더라도 서로 의지하며 함께 살아가는 모습이 정겹게 느껴졌다.

"오늘 한 푼 벌면 내일 애들한테 두 푼 나가고……."

해녀 세 분 중 나이가 가장 적은 할머니가 자신의 삶을 농축해 한 말이다. 이 얘기를 듣는 순간 가슴에서 두웅, 하고 뭔가가 울리는 것 같았다. 한 아이를, 사람을 키운다는 무거운 책임을 이보다 명료하게 표현한 말이 있을까. 내 심정이 딱 그래서인가? 이 말의 여운이 두고두고 머리에서 떠나지 않았다.

자식을 키우려면 돈이 필요하다. 많이 필요하다. 아이가 없거나 이미 장성했을 때는 없으면 없는 대로, 있으면 있는 대로 맞춰 살 여지가 있다. 그러나 아기가 태어나 한참 부모의 손을 타며 자랄 때는 이런 조절이 거의 불가능하다. 부모가 된다는 것은 열심히 살아야 한다는 뜻이기도 하고, 그 어느 때보다 돈에 신경을 써야 한다는 얘기이기도 하다. 우리는 그렇게 살아왔고, 여전히 그렇게 살고 있다.

오늘 한 푼 벌면 내일 애들한테 두 푼 나가는, 그런 삶이 한국에서의 평균적 부모들의 삶이다. 그리고 나도 그런 평균적 삶을 살게 되었다. 내 아이들 또래의 아빠들 평균보다 나이가 많다는 점이 다를 뿐. 내일 나가게 될 두 푼을 생각하면서 벌써 머리가 아파 온다.

열심히 벌면 벗어날 수 있을까?

초등학교 3학년 때 나는, 학교에 너무너무 가기 싫었다. 4월에 임파선염에 걸려 결석을 하게 됐는데, 그때를 기점으로 학교에 안 가겠다고 선언해 버렸다. 꾀병에 또 꾀병, 죽어라 뻗대는데 부모님으로서도 당해낼 방법이 없었을 것이다.

그렇게 여름방학 때까지 버티다 가을에 되어 다시 학교에 가기 시작했다. 공부를 좋아했던 적은 한 번도 없었고, 학교는 더군다나 싫어했다. 만약 아이들이 나를 닮았으면 그 애들도 학교에 안 가려고 할 것 같다. 나를 닮지 않았으면? 그럼 다행이고.

'요람에서 무덤까지'라는 표현을 처음 접한 게 그 초등학교 3학년 때다. 구체적으로는 집에 있던 『김찬삼의 세계 여행』 전집 속에서 보았다. 등교를 거부하는 동안 집에서 읽었던 책이었다. 그냥 먼 나라의 얘기라고 생각했다. 70년대, 박정희 대통령 시절의 한국. 우리나라가 잘사는 나라가 아니라는 것은 그때도 어렴풋이나마 알았던 것 같다. 당시 북한보다 국민소득이 낮았다는 것은 몰랐다. 그건 대학에 가서 알게 됐다.

전두환 대통령 집권 시기, 여전히 우리나라는 잘사는 나라는 아니었다. 대학 때 경제학을 전공하기는 했지만 복지에 대해 뭔가 배운 기억은 거의 없다. 후생경제학을 배우기는 했는데, 당시 젊은 강사가 가난한 사람들을 너무나도 싫어하는 사람이었던 기억만 남아 있다.

한국의 경제학계에서는 'welfare'라는 단어를 복지로 번역하지 않고 후생이라고 번역했다. 군사정권 시절엔 답안지에 후생이 아니라 복지라고 썼다가는 영락없이 F 받는 수업들이 몇 개 있었다. 영어로는 같은 단어지만, 스스로 조심해서 검열하지 않으면 졸업하기 어려웠다.

파리에 살면서 복지라는 게 어떤 것인지 조금 경험하게 된 것 같다. 책에서 본 지식이 아니라 살면서 겪게 된 것이다. 프랑스는 암환자 같은 중병환자들, 그리고 아이를 키우는 부모들에게 정말 괜찮은 사회라는 생각이 들었다. 친한 사람이 암으로 투병하는 과정을 옆에서 지켜보았다. 그는 홀어머니를 모시고 어렵게 살다가 갑자기 암에 걸렸다. 한국에 있었다면 꼼짝없이 죽는 수밖에 없었을 정도로 넉넉지 않은 살림이었다.

하지만 친구는 본인의 노력과 사회의 도움으로 힘든 과정을 잘 이겨내고 훌륭한 사람이 되었다. 꽤 넓은 임대주택에 우선 배정되어 집들이 겸 그 집에 놀러 간 적도 있다. 파리시 경계에 있는 고층 빌딩이었는데, 내가 가 본 임대주택 중에서는 가장 고급스러운 느낌이 드는 곳이었다.

　아이를 서너 명 낳은 부모라면 경제적인 면에서 최소한의 삶은 꾸려갈 수 있는 것도 프랑스에서 보았다. '돔톰 Dom-Tom'이라고 부르는 아프리카의 구 식민지 사람들이 아이를 너무 많이 낳는다고 백인들은 불평하기도 했다.

　다시 한국. 가장 친했던 친구가 몇 년 전에 암으로 죽었다. 어린 두 아이를 남겨놓고 떠나버렸다. 남편이 고통스럽게 떠난 후에도 그의 아내는 죽어라고 열심히 산다. 열심히 사는 것 말고는 다른 방법이 없어서다. 암 보험이라는 '상품'이 인기를 끌면서 현대인의 필수품처럼 판매되는 것 자체가 '요람에서 무덤까지'를 말할 수 있는 사회와는 거리가 멀다는 생각이다. 이처럼 국가가 해야 할 일이 아직 많이 남아 있다.

　프랑스 TV에서 방영하던 시트콤에서 이런 에피소드를 보았다. 젊은 부부가 둘째 아이를 낳고 싶어 하는데 방이 너무 작은 게 고민이었다. 부부는 정부에서 지원하는 육아 보조금을 받고 있었고, 지원 규정에 주거 공간 크기에 관한 조항이 있었나 보다. 둘째를 낳아 지원금을 받기 위해서는 지금 부부가 살고 있는 방 한 칸보다는 좀 더 큰 집으로 옮겨야 하는데, 이래저래 방세가 만만치 않게 드는 게 문제였다.

　매일 시트콤을 챙겨볼 수 있는 형편은 아니라서 그 다음 얘기는 모른다. 여전히 그 뒤가 궁금하다. 그래서 그 젊은 부부는 둘째를 낳았을까, 아니면 포기했을까? 요즘이라면 여러 가지로 상황이 달라졌을 것 같기는 하지만.

　어쨌든 처음 '요람에서 무덤까지'라는 표현을 들은 그 시절부터 지금까지, 한국에서 부모가 되는 것은 무엇보다도 경제적 부담을 지는 일이다. 많으면 많은 대로, 적으면 적은 대로 부담이 된다.

까마득한 어린 시절의 기억부터 되돌아보면, 한국에서 아기 키우는 일은 시간이 갈수록 오히려 더 어려워지고 있다. 대가족을 이루고 공동체가 아직 남아 있던 시절엔 모두 가난하긴 했어도 지역과 골목이 부모의 고통을 덜어 주었다. 집에는 노는 사람들이 한두 명씩 있었고, 육아의 고통을 엄마가 전적으로 다 부담하지는 않았다.

외국에서는 엄마, 아빠, 자식으로 구성된 핵가족으로 전환된 이후의 빈자리를 국가가 어느 정도 메웠다. 그리고 시민의 힘으로 새롭게 만들어진 사회적 경제가 나머지 빈 부분을 채웠다.

우리의 경우는? 골목은 사라졌고 가족 수는 줄어들었지만 '요람에서 무덤까지'를 약속하는 국가는 아직 오지 않았다. 그리고 시민들의 경제 역시 제대로 만들어지지 않았다. 요람에서 무덤까지, 입 꼭 다물고 불평불만 없이 네 할 일이나 하라는 정부만 두 번 왔다.

2016년, 아직도 대부분의 부모들은 '오늘 한 푼 벌면 내일 애들한테 두 푼 나가는' 삶을 살고 있다. 연봉이 1억 원이면 그런 걱정이 없을까? 불행히도 그렇지 않다. 연봉 1억 원이면 상위 2.7% 정도에 해당하는데, 집 마련하고 이것저것 하다 보면 하우스 푸어 되기 십상이다. 아주 넉넉한 삶은 아니라는 것이다. 그럼 상위 1%는 어떨까? 연소득 기준으로 1억 5천 이상이 상위 1퍼센트인데 그 정도는 되어야 약간 숨을 돌리게 된다.

그런데 자식이 어린이집에 다니는 부모 중 연봉 1억 원이 넘는 사람이 얼마나 있을까? 손에 꼽을 정도일 것 같다. 그런 고연봉을 받기에는 아직 아빠의 나이가 젊으니까.

교육 분야에서 아버지의 재력이 아닌 할아버지의 재력으로 자녀의 학력에 관한 상관 분석을 하는 것도 어느 정도는 타당한 얘기다. 당대에 돈을 버는 정도로는 '오늘 한 푼'의 무게로부터 벗어나기는 힘들다.

아이들은 정말 자주 아프다

둘째 아이는 태어나자마자 숨을 못 쉬었다. 집중치료실로 직행했고, 유리관 안에서 호흡기를 단 모습으로 나와 처음 만났다. 다리가 정말로 젓가락처럼 가늘었다. 아내가 퇴원해서 집에 돌아온 후에도 아기는 더 입원해 있어야 했다. 겨우 집에 왔지만 곧 기관지염 때문에 다시 병원에 갔다. 그때는 입원을 하지는 않았지만 하루하루가 비상 상황이었다.

아내는 회사에 사정이 생겨 육아휴가를 석 달밖에 쓸 수 없게 되었다. 당시 차장으로 승진한 지 얼마 되지 않았다. 재판을 할까도 생각해 봤는데, 둘째 옆을 떠날 수 없는 상황이라 결국 포기했다. 아내는 회사를 그만두었다. 나는 별로 중요하지도 않은 일을 한다고 어짰든 출퇴근을 하는 중이었다. 돈이라도 좀 받으면서 그랬으면 후회가 덜했을 텐데 그렇지도 않았다. 나는 그냥 돈을 쓰고만 있었다.

둘째는 계속 아팠다. 두 번째 겨울에는 감기 몇 번 걸리는 정도로 큰 병은 없이 넘어갔다. 하지만 봄이 되자마자 숨을 제대로 쉬지 못했고 다시 병원에 입원했다. 이번에는 폐렴이었다. 그러다 퇴원을 했는데, 몇 주 후 다시 입원했다. 폐의 상처가 아물지 않으면 천식으로 넘어갈 거라고 했다. 아내에게 천식이 있다. 임신 중에 천식 약을 복용할 수 없어서 큰아이 출산 직전 병원에 입원하기도 했었다.

부부가 같이 돈을 벌다가 둘째가 태어나면서 소득이 줄었다. 내 벌이로 말하자면 많이 벌 땐 많이 벌고, 없을 땐 그냥 없다. 대체로 통장이 간당간당하지만 돈이야 있다가도 없고 없다가도 있는 것, 그냥 그렇게 생각하면서 살아왔다.

아침에 일어나서 세 끼 밥 먹을 걱정을 해야 할 정도는 아니니까. 돈의 힘으로 뭔가 하려면 턱도 없겠지만, 그래도 끼니 걱정을 할 만큼은 아니다. 한 사람이 행복하기에 그 조건이면 충분하다고 믿고 살아왔다. 그 이상은 욕심이라고 생각했다.

그런데 막상 아이를 키워 보니 생각보다 돈이 많이 든다. 아내가 직장을 그만두어야 했고, 나도 아기가 아픈 이후로 일을 많이 줄였다. 그리고 언제든 병원에 뛰어갈 수 있다고 생각하고 산다.

그렇게 수입은 줄고 예기치 않은 지출은 늘었다. 아기를 키우는 것, 오늘 한 푼 벌면, 내일 애들한테 두 푼 나가고……, 정말 그 표현이 딱 맞는다.

육아의
기회비용

　아기를 키우려면 하려던 일은 줄이고, 하고 싶은 일은 포기하는 게 다반사라고 보아야 한다. 나도 사람들과 함께 하고 싶은 일들이 좀 더 있었다. 하지만 많은 일을 줄였다.

　즐거운 일이 있고, 보람이 있는 일이 있다. 보람이 있는 일은 생각보다 많다. 그러나 보람도 있고 즐거운 일은 그렇게 많지 않다. 즐겁지 않은데 보람도 없으면 그 일은 하고 싶지 않을 것이다. 하지만 세상의 많은 사람들은 보람도 즐거움도 없는 일을 하며 살아간다.

　하고 싶은 일. 그게 나한테도 좀 있었다. 이를테면 경제 다큐를 만드는 일을 해보고 싶었다. 크게 돈이 되는 일은 아니고 몸도 아주 힘들지만, 보람도 재미도 있을 것 같았다. 그렇지만 할 수가 없다. 여러 사람과 함께, 그것도 늘 일해야 하기 때문이다.

　언제 현장에 나가게 될지 모르니 항상 출동 대기 중인 상태라야 한다. 이런 건 아이들과 같이 지내면서는 할 수 없는 일이다. 보람과 재미를 동시에 주는 일이지만 아직 틀도 잡아 놓지 않았으니 지금은 할 수 없다고 생각하는 게 맞다. 이미 하던 일도 많이 정리해야 하는 마당에 하고 싶은 일이야 더 말할 게 있겠나.

　일본에서 좀 더 해보고 싶은 연구들이 있었다. 또 기회가 된다면 아프리카 경제도 본격적으로 연구하고 싶었지만, 이 역시 지금은 불가능하다. 살면서 하고 싶은 일을 다 할 수는 없다는 생각으로, 아쉽지만 깨끗이 포기한다.

이런 걸 포기라고 하는 게 맞는지는 잘 모르겠다. '할 수 있는데 하지 않는 것'을 보통 포기라고 부르는데, 할 수 없는 것 혹은 할 수 없게 된 것도 포기라고 부르는 게 맞을까? 어쨌든 무슨 상관인가. 할 수 없다는 건 마찬가지인데 말이다.

후보 시절 박근혜는 공공 부문의 비정규직을 정규직으로 전환하겠다는 공약을 내세웠고, 실제 일부 인원을 정규직으로 전환했다. 물론 그다음 채용 때는 다시 비정규직으로 채용해서 본래와 비슷해졌지만. 그렇게 정규직이 된 20대들을 인터뷰한 적이 있다. 비정규직에서 정규직으로 전환된 한국의 20대들이 체감한 가장 큰 변화는 무엇일까?

"소개팅이 들어오기 시작했어요."

그들이 얘기한 건 월급상의 변화나 정년 보장 문제가 아니었다. 다름 아닌 소개팅이었다. 같은 사람이고, 같은 일을 하고 있었는데 그전에는 소개팅도 선도 들어오지 않았다고 입을 모았다. 비정규직끼리 결혼한 사람들을 아예 보지 못한 건 아니다. 비정규직인 방송작가들이 결혼하는 경우가 몇 있었다. 하지만 그들은 고학력, 전문직에 해당해서 일반적인 비정규직들과 비교하기는 좀 어렵다.

우리나라의 비정규직들은 많은 경우, 정규직이 될 때까지 결혼을 유예하고, 그러다보니 연애도 유예하는 경우가 많다. 그렇게 오랜 기간을 보내다보면 결혼은 물론, 연애에 대한 생각도 사라진다. 일본에서는 이런 사람들을 초식남, 초식녀라고 불렀고 그들을 한데 모아 지칭하는 초식계라는 용어도 등장했다.

이런 비정규직 남녀에게 출산과 육아는 너무 먼 나라의 이야기일 수밖에 없다. 결혼을 하고 아이를 낳으면 어쩔 수 없이 많은 것을 포기하게 된다. 기회비용을 감수하는 것이다. 그런데 우리나라의 많은 비정규직들은 저런 '포기하는 것'을 포기하고 있다. 다시 말해 기회비용이 아니라 기회 자체를 포기한다. 이게 현실이다.

연구를 하다 보면 많은 청년들과 비정규직을 만나게 된다. 그럴 때 아이를 낳고 키우는 얘기를 하는 것 자체가 미안해진다. 육아의 비용, 육아의 고통, 그로 인한 기회비용, 이 얘기 자체가 청년들에게는 이미 '럭셔리'가 되어버렸다. 아기들이 너무 귀엽다고 말하는 것 자체가, 누군가에게는 속으로 삼키는 고통이 된 것이다.

상황이 이런 데도 육아 산업은 "인생에 한 번뿐이니" 기꺼이 지갑을 열라고 한다. "세 살이면 이미 늦어요. 스타트라인이 달라진다니까요?" "자녀의 미래, 당신이 책임질 수 있나요?" 그렇게 사교육 시장에 어마어마한 돈을 쏟아붓게 한다. 그걸 눈앞에서 현실로 지켜보는 비정규직의 초식화, 이게 우리에게 보장된 미래이다. 이게 말이 되는가? 본래의 자본주의가 이 정도로 무자비하지는 않다.

그래도 웃음이 넘치는 아기 키우기

결혼하고 9년 만에 아이가 태어났다. 다른 많은 부모들도 그렇겠지만, 나 역시 아이가 생기기 전의 삶과 이후의 삶이 확연하게 구분된다. 정신의 세계에서도 그렇고, 육체의 세계에서도 그렇다. 정신은…… 진짜로 아무 생각이 없어졌다. 그렇다고 피폐해진 것인가 하면 그렇지도 않다. 액면 그대로 하루하루 살아가는 것 외에는 깊은 생각을 하기가 어려워졌다는 것이다.

육체적으로는, 늘 피곤해졌다. 원래도 건강한 편은 아닌데, 아침마다 아이들이 와서 인정사정없이 깨우기 때문에 늘 삭신이 쑤신다. 일어나서 아이 둘을 어린이집에 보내주고 돌아오면, 원래 생각했던 하루 일정들이 뭐였는지 기억이 잘 안 나고 그저 혼미할 뿐이다.

그러나 그 정신없는 와중에 이게 삶이고 행복이라는 생각을 언뜻 하게 된다. 천국을 그린 그림엔 보통 아이들이 있고, 등장하는 사람 모두가 한가해 보이는 모습이다. 하지만 아무 할 일도 없이 멍하니 무료한 시간을 보내는 게 천국은 아닐 것 같다. 돈 걱정만 없고, 너무 심하게 바쁜 일만 없다면 자녀를 돌보고 좌충우돌 속에서 커가는 모습을 보는 게 부모의 천국이다. 아이들이 아프지 않은 날은, 진짜로 천국에 있는 것 같은 느낌이 든다. 그 천국을 유지하기 위해 오늘도 한 푼을 번다.

그렇지만 돈 걱정이 급해지면, 천국은 순식간에 지옥으로 바뀐다. 자식과 함께 곤궁해질 거라고 생각하는 것만으로도 진짜 지옥에 있는 것 같다. 적어도 한국에서는 그렇다. 두 푼 나가고, 또 두 푼 나가면 조금씩 더 지옥으로 향하는 느낌이 든다.

아기를 키운다는 건 천국과 지옥 사이를 매순간 널뛰기하는 것과 같다. 너무너무 행복하거나, 그 행복이 순식간에 사라질 것 같은 불행한 느낌 사이를 수없이 오가는 것. 해녀가 바다에 들어가는 순간의 기분에 비유할 수 있을지도 모른다. 행복할까, 아니면 고통스러울까. 상상도 못한 기쁨과 견디기 어려운 불안이 교차한다. 그중 일부는 아주 개인적인 것이고, 또 다른 일부는 사회적인 것이다.

한국에서 아기를 낳고 키우는 것은 천국문과 지옥문을 동시에 여는 것과 같다. 아빠가 좀 더 아기를 많이 돌보면 천국문 쪽이 좀 더 커질 것이다. 아빠가 좀 더 부자라면? 그건 있지 않은 일을 가정하는 것이기 때문에 변수가 아니다. '내가 좀 더 부자였다면'하고 생각하는 것과 똑같은 건데, 아시다시피 하나마나한 얘기다. 그리고 정부가 좀 더 친절한 것도 천국문이 커지는 방법인데 슬프지만 이것도 하나마나한 얘기에 가깝다.

MB 정권 후반기에 큰 아이가 태어났고, 박근혜 정권 초기에 둘째 애가 태어났다. 큰애가 태어난 것과 비슷한 시점에 어린이집에 대한 국가보조가 시작됐다. 0세부터 12세까지 아동수당을 지급하자는 주장이 있다. 아직은 합의가 어렵고, 전면적으로 도입하기까지 많은 세월이 걸릴 것이다. 또 힘들게 도입된다고 해도 금액은 아이 당 30만

원 정도다. 이 정도 돈을 받으려고 아이를 추가로 낳을까? 그렇지는 않을 것 같다. 실제 의사 결정을 좌우하기에는 너무 적은 액수다.

우리 정부는 출산에 관한 많은 정책을 셋째 아이에 집중시키는 경향이 있다. "기왕에 아이 둘 낳은 거, 하나만 더 낳아 보시면 어떨까요?" 정부에는 이렇게 믿는 사람이 많다. 이에 대한 대답은 영화 〈친구〉의 대사로 대신하면 될 것 같다. "니가 가라, 하와이."

솔직히 정부를 믿고 사람들에게 "아이 낳으세요."라고 말하기는 힘들다. 지금도 또 앞으로도 정부가 육아를 전폭적으로 지원할 가능성은 거의 없다. 정권이 바뀐다고 해도 단기간에 눈에 보이는 변화가 일어나기는 어려울 것이다. 그나마 있는 제도라도 쓸만하게 운용하면 좋겠는데, 그것도 아니다. 정부는 틈틈이 어린이집을 흔들고, 어린이집은 파업하겠다고 충돌하는 일이 벌어진다. 정부가 뭔가 알아서 해준다? 겪어 보니 오히려 정신 바짝 차리지 않으면 큰일 나겠다는 생각만 든다.

둘째 아이가 태어난 저녁의 일이다. 태어나 숨을 쉬지 못했던 아기를 아내는 뒤늦게, 집중치료실 유리관 너머로 처음 보았다. 큰아이가 태어난 날 밤, 모유 수유를 위해 신생아실에 가서 아기를 보듬던 때의 기억과는 많이 달랐다.

"셋째는 힘들 것 같아."

아내가 말했다. 새 생명을 맞이한 가장 기쁜 날, 아내는 더 이상 아이를 낳지 않겠다고 얘기했다. 실은 딸이 정말 갖고 싶었다. 하지만 이미 태어난 두 아이를 잘 키우는 것도 쉽지 않을 거라는 데 나 역시 동의했다.

그날 밤, 병원 밖을 걸어 다니면서 뭔가 생각을 해보려 했다. 큰 애가 태어났을 때는 마음이 너무 편해서 카메라를 들고 발걸음도 가볍게 걸었던 그 길이다. 삶과 죽음이 교차하는 순간, 나도 모르게 안 가본 길 하나를 넘어섰다. 조금 아프거나 덜 아프거나, 조금 더 잘 먹거나 덜 먹거나, 조금 더 넉넉하거나 덜 넉넉하거나, 그런 소소한 일상과 거리가 먼 일이 생긴 것이다. 옛날식 표현으로 창졸간에 큰 강 하나를 건넌 셈이다.

뭔가를 미리 생각하고 대비하는 것. 경제학에서는 그런 식으로 생각하도록 끊임없이 훈련 받는다. 둘째가 우리에게 오던 날, 그런 것과는 전혀 상관없는 새로운 세계가 불쑥 들어왔다.

아이 둘을 낳을 때까지 생각도 많았고 준비도 많이 했다. 그런데 정작 그게 별 도움이 되지 않는 순간들이 있다. 그래도 해녀들이 바다 속에 들어가듯 오늘도 예측할 수 없는 삶을 맞닥뜨린다. 견적서로 따지면 매일 매일이 적자고, 노동 강도로 따지면 중노동 중의 중노동이다.

지금 한국이라는 시공간에서, 경제적 합리성으로 생각한다면 아이를 낳지 않는 게 이문이 남는 쪽이다. 그리고 아이를 갖지 않을 거라면 결혼을 선택할 이유도 많지 않다. 여자의 경우 더 그럴 것이다. OECD 최저 출산율, 한국 경제의 상징적 지표다.

두 아이를 낳고 몇 년 간 키우는 건 정말이지 힘들었다. 이렇게 힘들 줄 알았다면 안 낳았을까? 그래도 낳았을 것 같다. 하지만 생각했던 것보다 몇 배는 더 힘들었고, 그중에는 경제적인 이유도 상당하다는 것을 알게 됐다. 출산 후 엄마의 소득은 줄고 지출은 늘어나니 당연한 것인데 한국의 엘리트들, 특히 남성 엘리트들은 잘 모르는 것 같다.

그래도 집에는 웃음이 넘친다. 아이들은 틈만 나면 웃고, 웃는 게 웃겨서 또 웃는다. 오늘 한 푼 벌면 내일 애들한테 두 푼 나갈 것이다. 그렇게 하루하루를 정신없이 지내고 나면 어느덧 아이들은 크게 자라 있으리라. 다섯 살과 세 살, 두 아이를 한 팔에 하나씩 태우고 걷는 날이 얼마나 남았겠나. 조금 있으면 큰애는 한 팔로 들기 어렵게 자라 있을 것이다.

02 그렇게 아빠가 됐다
03 흑룡의 해에 태어난 아이
04 백일나기

PART
02

만만히 볼 수 없는
초보아빠가 나타났다!

02

그렇게
아빠가 됐다

"남편의 23가지 죄를 묻노니……"

아내와의 결혼은 나에게도 일생일대의 대사건이었다. 대학원을 졸업하고 잠시 이것저것 시도하던 아내가 미국 유학을 결심했다. 꽤 괜찮은 학교 몇 군데에서 장학금을 준다고 했다. 그중 어디를 선택하는 게 좋을지 나에게 물어보러 왔다. 그때 나는 아내에게, 유학 가지 말고 결혼하자고 했다. 아내는 정말 많이 고민했다. 그리고 결국 결혼을 하게 되었다.

나에게도 큰 결정이었지만 아내에게도 그랬다. 미국 대신 한국에서 공부를 하기로 한 아내에게 내가 약속한 것이, 일 년에 두 달은 외국에서 지낼 수 있게 해주겠다는 것이었다. 아주 거짓말을 한 것은 아니다. 매년은 아니더라도 여건이 닿는 대로, 대충 비슷하게는 약속을 지켰다. 그 대신 생활은 아주 검소하게 꾸려간다. 자동차와 옷에는 거의 돈을 쓰지 않지만, 책과 CD 혹은 DVD 같은 것은 주저하지 않고 사는 편이다.

결혼을 하고 아내는 국내 대학의 박사 과정에 들어갔다. 태권도도 다시 시작했다. 그리고 거의 비슷한 시기에 박사 논문과 태권도 4단 심사를 통과했다. 태권도 사범이 되기 위한 사범연수도 받았다. 학위를 받고서 무료하던 시기에 아내는 국제 태권도장에서 외국인들에게 태권도를 가르치는 새끼 사범도 잠깐 했다. 주로 어른들을 가르치는 진짜 사범이었다.

결혼을 하고 나서 거의 대부분의 일을 아내와 같이 했다. 같이 여러 구상을 하고 연구도 함께했다. 나도 아내에게 영향을 많이 받았고, 아내도 내 영향을 이래저래 받게 되었다. 그리고 삶의 기복들도 같이 겪어 나갔다. 힘든 시간이 올 때마다, 나는 아내에게 견딜 수 없이 미안했다. 만약 그때 유학을 갔다면 하지 않았을 고생도 나 때문에 많이 하게 되었다고 생각한다. 그래서 늘 미안하다.

우리 집안의 내력이나 기원은 잘 모른다. 족보 같은 건 본 적 없다. 별로 알고 싶지도 않고, 알려고 한 적도 없었다. 마포에서 새우젓 장사를 하던 집이었다는 정도만 어렴풋이 들었다. 확실치는 않지만, 전형적인 서울 중인 집안이라고 알고 있다.

아내는 연안 김씨, 말로만 듣던 인목대비의 직계후손이다. 성격도 그 내력이 아닌가 하는 생각을 가끔 한다. 인조반정 때 인목대비가 광해군의 죄 23가지를 물었다고 한다. 내가 집에서 살아가는 형편이 딱 그렇다. 지금부터 남편의 23가지 죄를 묻노니……

술을 마시고 늦게 들어가면 아내에게 무섭게 혼난다. 결혼 전에는 친구들하고 새벽까지 술 마시는 것도 좋아했는데, 이제 통금 시간이 생겼다. 저녁 9시까지는 집에 들어오는 게 원칙이 되었다. 가끔 어기기도 하는데 진짜 죽도록 혼난다.

아이가 태어난 후로는 좀 봐주고 있기는 하지만 한동안 나는 늦게 들어올 때마다 반성문을 썼다. 아내는 그걸 냉장고 옆에다 붙여놓았다. 결혼하면 아내에게 편지를 자주 쓸 생각이었는데, 결국 편지 대신 반성문을 쓰게 되었다. 그것도 아주 많이…….

아이들 이름 짓기

아이가 생긴 걸 알고 아내가 처음 생각한 이름은 파호이호이였다. 해안가의 용암 지대를 하와이말로 그렇게 부른다. 제주도 곶자왈에 머물다 온 후에 그 얘기를 꺼냈다. 당시 아내는 골프장이 원인인 곶자왈의 지하수 오염에 관해 연구하고 있었다. 우리 둘 다 좋아하는 몇 안 되는 배우 중 키아누 리브스가 있다. 아내는 만약 아들이 태어나면 그렇게 자연의 느낌이 녹아 있는 이름을 주고 싶어 했다.

왜 하필 파호이호이냐. 평소 아내가 연구하고 싶어 하던 주제가 남태평양 지역의 생태계였기 때문이다. 물론 한국에서는 그런 것을 연구할 기회가 생기기 어렵다. 사모아 제도 같은 곳에 가보고 싶어 했는데 아직은 가보지 못했다. 그런 꿈과 미련(?)이 담긴 이름. 나는 반대하지는 않았는데, 이름으로 사용하기는 현실적으로 쉽지 않은 게 사실이다.

2000년대 초반부터 엄마의 성씨를 붙여 부르는 네 글자 이름이 유행했다. 엄마 성과 아빠 성을 같이 표기하는 방식이다. 행정적으로는 바꾸기 어렵더라도 그 외 대부분의 경우엔 네 자 이름을 쓰는 방식이다. 내 주변에도 그런 네 자 이름을 쓰는 사람들이 많다. 그 방식을 좋아하는 사람도 있고 싫어하는 사람도 있다. 나는 네 글자가 우리말 어감 상 그렇게 예쁜 이름은 아니라고 생각했다.

내가 찾아낸 이름 붙이는 방식은 아내의 항렬자를 사용하는 방식이다. 성은 아빠한테, 항렬자는 엄마한테. 그렇게 한 글자씩 따오는 방식이다. 물론 그 순서를 뒤집어도 된다. 아내는 아이들에게 아내의 성을 주는 것도 생각했다. 나도 별로 반대할 생각이 없었는데, 우리 집이 엄청난 양반 집안 같은 게 아니라 항렬자 자체를 모르는 것도 한 이유다.

아내 쪽 항렬자는 중重자였다. 이름을 만들기 위해서 이제 한 글자만 고르면 되는데, 여기에 제약 조건이 하나 더 있다. 아내는 한문에 약하다. 그래서 너무 어려운 글자를 쓰면 안 된다. 쉬운 글자들 중 부르기 편하고, 뜻이 나쁘지 않은 것. 그걸 선택하면 된다. 예전에 배웠던 작명의 아주 초보적인 원칙은 지킨 셈이다.

내가 찾은 글자는 세世다. 세상을 잘 알고, 세상과 잘 어울려 지내라는 의미를 부여했다. 그렇게 해서 '세중', 큰아들의 이름이 만들어졌다.

둘째 애 이름은 아내가 만들었다. 임신 후반기가 되면 성별은 알고 있는 경우가 많은데 우리는 몰랐고, 알 생각도 없었다. 아내는 아들과 딸한테 같이 줄 수 있는 이름을 만들고 싶어 했다. 그래서 찾아낸 것이 '소중'이라는 이름이다. 소중하다는 말의 그 뜻 그대로다. 나도 그 이름이 나쁘지 않다고 생각했다. 그런데 한문은 역시 내가 알아서 골라야 했다.

내가 택한 글자는 흐를 소疏다. 세상 세世보다 모양이 좀 복잡하기는 한데, 아내가 그 정도 글자는 쓸 수 있다고 했다. 많이 쓰는 글자다. '소통'이라고 할 때 바로 그 '소' 자. 하버마스 느낌이 좀 나기는 하지만 어쨌든 좋은 의미. 큰아들의 이름과 합치면 세상과 잘 소통하라는 의미가 된다. 그래서 소중. 둘째 아이의 이름은 그렇게 정했다. 한글 이름의 느낌도 있고, 부드러운 점이 좋았다.

아내가 자신의 이름을 설명할 때에는 '오징어 윤'이라고 한다. 진실 윤允인데, 실제 단어에서 사용하는 일은 별로 없다. 한자가 오징어 머리에 다리 달린 것처럼 생겼다고 그렇게 부른다. 윤허允許한다고 할 때 이 윤允자를 쓰는데, 영화, 드라마에서나 사용하지 일상생활에서 이런 글자를 쓰는 일은 거의 없다.

아내는 이 이름을 아주 좋아한다. 남자 이름에 많이 쓰이는 글자이기도 하고, 강한 기운도 있지만 동시에 부드러운 느낌도 들어서 마음에 든다고 한다.

'오징어 윤', 이 이름을 지어 준 것은 아내의 친할아버지다. 결혼했을 때는 이미 돌아가셔서 뵌 적이 없는데 공무원이었고, 술을 아주 좋아하셨다고 들었다. 원래 오징어 윤은 당신의 큰딸에게 주었던 이름이다. 안타깝게도 어려서 돌아가셨다고 한다. 그 뒤 같은 이름을 다시 친손녀에게 주었고, 그게 아내의 이름이 되었다.

아내는 가끔 너무 성의 없다고 하지만, 유래를 알고 보면 나름대로 찡한 느낌이다. 일찍 죽은 큰딸의 이름을 손녀에게 물려준 사나이. 아비의 애틋함이 묻어나는 이름이다.

이름을 지으면서 더 중요하다고 생각한 것이 있다. 두 아들이 커서 살아갈 세상이다. 그 시대에는 여성들의 역할이 지금보다 훨씬 더 중요해질 것이다. 맞는 말이라고 생각하든, 아니면 불편한 감정을 느끼든 흐름 자체가 변하지는 않는다.

아들들에게 엄마로부터 온 이름의 흔적을 남기려고 한 것은, 엄마의 소중함이나 위대함을 잊지 말라는 거창한 의미에서 한 일은 아니다. 요즘 같은 시대, 엄마의 위대함을 의미 없이 되새김질 하면서 컸다가는 여성들이 가장 싫어하는 남자 스타일 중 하나인 마마보이가 되기 십상이다.

이를테면 이런 것이다. 언젠가 두 아들이 결혼을 하고, 또 아이의 이름을 고민하는 날이 올지도 모른다. 그때가 되면 아내 가족에서 유래한 항렬자를 기쁘게 자식의 이름으로 준 부모의 마음을 이해할지도 모르겠다. 결혼은 두 사람이 하는 것이고, 아이도 같이 키우는 것이다. 그리고 지독히 가부장적인 삶 대신, 그 이름의 의미대로 조금이라도 더 아내를 배려하는 삶을 살아가기를 바란다.

지독한 가부장의 시대는 한국에서 끝나간다. 경제 면이나 또 정치 면에서도 그렇지만, 무엇보다 문화적으로 그렇게 흘러갈 것이다. 아이 이름 지은 얘기를 하다 갑자기 여성평등의 시대를 만들자고 주장하는 건 아니다. 그렇지만 내가 마초로 살고 싶지 않았던 것처럼, 나의 두 아들도 겁나게 당당한 마초로는 살아가지 않았으면 한다.

시대가 바뀌었다. 아들이라고 가문의 기둥이 될 필요는 없다. 나는 우리 집을 그렇게 뭔가 지키고 기념해야 할 가문으로 만들 생각은 조금도 없다. 다만 자신에게 주어진 귀한 삶을 즐겁고 명랑하게, 그리고 다른 사람들과 편안히 어울리며 살았으면 한다. 그게 아빠의 바람이다.

이렇게 두 아들 세중, 소중의 이름을 정하는데 불만인 사람이 아주 없지는 않았다. 아버지가 아주 불만이었다. 아내 집안의 항렬자를 쓰는 것에 대한 고급스러운(?) 불만은 아니었다. 작명소에서 돈을 주고 이름을 짓지 않은 게 미덥지 않았던 거다.

나를 비롯한 우리 집 삼형제, 그리고 막냇동생의 두 조카까지 다섯 명의 이름을 아버지는 같은 작명소에서 지었다. 좀 유명한 곳이다. 그 덕분에 이 집안이 다 잘된 거 아니냐, 그런 믿음을 가지고 계시다.

'대대로 작명소 먹여 살릴 일 있나.' 나는 아무래도 그렇게만 생각하게 됐다. 큰조카의 이름을 지을 때도 좀 불만이 있기는 했는데, 동생은 아버지와 충돌하고 싶지 않아 했다.

서양에서 이름 짓기는 아주 편하다. 태어난 날의 수호성인이 있고, 그 이름 중에서 그냥 고르면 된다. 오랜 가톨릭 문화가 토대가 된 세계. 평소에는 그런 종교가 있는지 없는지도 생각 안 하는 사람들이지만, 아기 이름을 지을 때에는 다시 가톨릭의 세계로 돌아온다.

태어날 때, 결혼할 때 그리고 죽었을 때, 그렇게 평생 세 번 성당에 간다는 그들이다. 법칙대로 지어진 이름인 경우, 이름만 알면 생일도 알 수 있다. 두꺼운 캘린더 수첩 같은 것에 간혹 날짜별로 해당 성인들의 이름이 적혀 있기도 하다.

드물지만 성씨만으로도 그 사람의 신분을 알 수 있는 경우도 있다. 영어의 오브of에 해당하는 불어의 드de, 독일어의 폰von으로 시작하는 이름은 그 지역의 영주들이 사용하는 이름이다. 화폐론을 공부할 때 가끔 수업을 들었던 수잔 드 브륀호프 **De Brunhoff** 할머니 같은 경우가 그렇다. 마르크스주의 화폐론 전공자로 세계적으로 유명한 학자였는데, 내가 공부할 때는 이미 은퇴 직전이었다. 민중을 위해 평생을 살았던 학자라는 평가를 받는다. 그렇지만 신분만큼은 정말 높은 영주 출신이었다.

칼 마르크스의 아내인 폰 베스트팔렌 부인, 그녀도 역시 베스트팔렌 지역 영주의 딸이다. 이것보다 하나 더 위로 올라가면 영어의 the에 해당하는 정관사 le를 달고 있는 성씨도 있다. 아름다움, 선함, 이런 명사 자체에 관사를 붙여 왕이 하사한 이름이다. 영화 〈비지터〉의 여주인공으로 나왔던 발레리 르메르시에. 프랑스 연극계를 대표하는 여배우이다. 이런 이름들이 영주 중에서도 나라에 큰 공을 세운 귀족들이 갖는 이름이다.

나의 아버지는 아직까지도 작명소에서 비싼 돈 주고 짓는 이름이 가장 좋다고 생각하고 사신다. 평생을 그렇게 사셨는데 누가 뭐라고 하겠나. 큰 아이 출산 전에 부모님과 식사를 몇 번 했다. 내가 잠시 화장실에 갔을 때 이름은 작명소에서 아버지가 지어오면 어떻겠느냐고 아내에게 말씀하셨단다.

작명소의 흰 봉투에 담긴, 빳빳하게 접힌 종이에 붓으로 적은 두 글자, 그걸 아버지는 지금도 최고의 이름이라고 생각하신다. 아버지에겐 죄송하지만 어림없는 소리라고 생각한다.

세상에서 가장 좋은 이름은 부모가 지어 준 이름이다. 부르기 편하고 의미도 있는 이름을 어련히 알아서 잘 지어주겠는가. 무엇보다도, 작명소에서 지은 이름엔 유행이 있다. 시기마다 비슷한 글자를 많이 사용해서 결국은 비슷비슷해져 버린다.

임신 기간에
아빠가 알게 된 것들

　아내가 점점 만삭을 향해 가던 그해, 아내는 버스로 출퇴근을 하고 있었다. 버스에 사람이 워낙 많아서기도 하겠지만 임산부라고 자리를 비켜 주는 일은 거의 없나 보다. 정부에서 주는 핑크색의 임산부 배지라는 게 있다. 버스 타는 게 너무 힘들어 그것도 달았는데 별 도움이 되지는 않았다.

　어쩔 수 없이 아침과 저녁, 출퇴근 시간에 아내의 회사까지 운전을 했다. 만삭의 몸으로 혼자 운전을 해서 출퇴근하는 여성들에 대해 처음 알게 되었다. 아픈 건 둘째 치고, 물리적으로 핸들을 잡기가 힘들다. 그래도 방법이 없으니 억지로 참고 운전하는 경우가 많다고 들었다.

　제도상으로는 이렇다. 임신하면 의료비를 지원하고, 출산을 하면 해산급여도 지원된다. 하지만 소득에 연동되는 방식이라 대부분의 사람들에게는 해당사항이 없다. 부부 기준으로 소득이 120만원보다 적어야 받을 수 있다. 2017년 최저임금을 주휴수당 포함해서 월급으로 따지면 130만원이 조금 넘는다. 최저임금도 안 주는 회사는 처벌을 받는다.

요약하면, 최저임금도 못 받으면서 아기를 낳는 경우에 그 용기가 너무도 가상하니 60만원을 주겠다는 게 이 제도다. 쌍둥이를 낳으면 놀랍게도 120만원을 준다. 고마운 일이기는 하지만 상상 속에서만 작동하는 제도라고 봐야 한다. 소득이 있는 사람과는 별 상관이 없고, 소득이 없는 사람에게는 더군다나 의미가 없는 금액이다.

임신을 하면 '고운맘카드'를 만들게 된다. 이건 소득에 연동되는 게 아니라서 누구나 받을 수 있다. 큰애 때는 30만원, 둘째 때는 증액이 되어 50만원을 받았다. 진짜로 아끼고 또 아껴서 출산 시 진료비용을 이 카드로 다 충당하는 산모도 보기는 했다.

하지만 이렇게 하려면 병원에서 하자는 것을 거의 하지 않아야 한다. 양수 검사가 60만원이니, 이거 한 번 하면 50만원으로 부족하다. 많은 산모가 양수 검사를 하니까 정부 지원이 실질적 도움이 되기는 어렵다. 초음파 검사는 5만 원 정도고 의료보험이 적용되지 않는다.

제도 중 도움이 된다고 생각한 것은 철분제, 엽산제 지원이다. 임산부가 먹어야 하는 영양제가 몇 가지 있는데, 동네 보건소에 가면 무료로 준다. 보건소가 어디에 있는지 나도 이때 처음 알았다.

임신 중에 했던 일 중 가장 실질적으로 도움이 되었던 건 뭐였나? 임산부를 위한 마사지 교육이 큰 도움이 되었다. 동사무소 같은 데에서 저렴하게 운영하는 프로그램이 있는데, 워낙 대기자가 많아 신청하기가 쉽지 않다. 결국 백화점 문화센터로 갔다. 일주일에 한 번인데, 그나마도 여러 일이 겹쳐 매번 가지는 못했다.

그래도 가격대비 효과는 이게 제일이다. 임신 중엔 다리가 쑤시고 발이 붓는 일이 많은데 마사지 덕에 그런 고통을 덜 수 있었다. 그리고 출산 후에 필요한 마사지도 배우기 때문에 실용성도 오래간다. 1주일에 한 번 마사지를 받으러 간다고 치면 그 100배 이상의 효과를 볼 수 있다. 게다가 우리는 아이를 둘 낳았다.

태교는 어떻게 했느냐는 질문을 받을 때가 있는데, 아마 '야구'라고 해야 할 것 같다. 아내와 나는 둘 다 야구를 좋아한다. 시즌 중에는 야구를 보고, 시즌이 아닐 때는 무료해 하면서 다음 시즌을 기다린다. 연애할 때는 같이 야구장에 가지 못했는데, 결혼 초에는 종종 갔다. 고관절 수술을 하고 돌아온 김재현이 복귀전에서 홈런을 치는 걸 직접 보았다. 오래 기억에 남는 장면이다.

신혼여행은 강릉으로 갔다. 강릉 시내에 야구연습장이 하나 있었다. 그때 아내에게 배팅하는 걸 가르쳐 줬고, 며칠 동안 아침저녁으로 열심히 배팅을 했다. 아내와 참 많은 여행을 같이 다녔는데, 여전히 그때 야구연습장에서 배팅하던 것을 즐거운 기억으로 함께 회상한다.

우리도 가끔 부부 싸움을 한다. 보던 야구를 끄고 방으로 들어가면 정말 화가 났다는 뜻이다. 물론 그런 일은 잘 벌어지지 않는다. 서로 잔소리하고 싫은 소리를 하면서도 어지간하면 야구는 본다. 나는 응원하는 팀이 지면, 급한 일을 처리하기 위해 중간에 그만 볼 때도 있다. 하지만 아내는 지는 게임도 끝까지 본다. 진짜 야구를 좋아하는 사람이다.

2012년은 류현진이 미국에 가기 전 마지막으로 한국에서 뛰던 해였다. 한화는 그 해에도 어김없이 꼴찌를 했다. 그리고 '꼴쥐'라고 불리던 LG는 한화 바로 앞이었다. 삼성이 왕 먹던 시절, 그해도 프로 야구는 뜨거웠다. 큰아이는 한창 야구 시즌이 클라이맥스를 찍고 막바지를 향해 가던 시점에 태어났다. 그러니 굳이 얘기하자면 우리의 태교는 야구였다. 아내가 가장 마음이 편안할 때는 자기 팀이 이기든 지든, 야구를 보고 있을 때였으니까.

아기가 만약에 커서 야구 선수가 된다면? 아내와 종종 하는 얘기다. 물론 될 수만 있다면 땡큐다. 직업이 뭐든, 자신의 삶을 행복하게 꾸려갈 수만 있다면 뭐가 문제겠나.

양수 검사, 할 것인가 말 것인가

임신 기간에 병원에서 하는 검사가 많은데, 입원 전에 하는 양수 검사는 하지 않았다. 비싸서는 아니고, 위험해서 안 했다. 양수 검사로 인해 태아가 위험해질 확률이 생각보다 높았다. 괜히 돈까지 써 가며 위험한 것을 할 필요는 없다고 생각했다.

위험에 비해 생겨나는 실익도 없다. 좀 알아보니, 기형아라고 판정되면 알아서 낙태를 하라는 의미의 검사였다. 나도 그렇고 아내도 그렇고, 기형이라도 낙태할 생각은 없었다. 그렇다면 굳이 양수 검사를 할 필요가 있을까? 나중에 물어보니 양수 검사를 하지 않은 엄마들이 생각보다 많았다. 그리고 대부분 비슷한 이유였다.

그러나 나는 의심이 많은 사람이다. 출산을 경험한 여성 산부인과 의사에게 한번 물어보았다.

"할 마음은 없었는데, 사정상 안 할 수가 없었어요."

민간 병원에서 직접 양수 검사를 하는 산부인과 의사 처지라, 병원 눈치가 보여서 결국 했다는 답변이었다.

요약하면, 장애가 있다는 이유로 낙태할 생각이 없다면 할 필요가 별로 없는 검사다. 이건 문화적이며 개인적인 판단의 문제다. 몇 년 전 남녀 출산 비율에 대한 연구를 한 적이 있다. 자연 비율로는 남녀 성비가 105 정도 된다. 여자 100명에 대한 남자의 비율을 말하는 것인데, 원래 남자 아이들이 여자 아이보다 약간 더 많이 태어난다.

2000년대 초반엔 흔히 가부장적 성격이 강해 남자 아이를 선호한다고 하는 지역들에서 이 수치가 평균과 현저히 차이가 났다. 수도권에도 차이가 나는 지역이 좀 있는데, 지역 거주민의 출신 분석과 맞춰 보면 대체적으로 일관된 수치를 보여준다. 일종의 태아 살해, 아니 여아 살해 현상이 벌어지고 있었던 것이다. 2010년 이후에 다시 한번 이 수치를 검토했는데, 그때는 대체로 자연 비율에 가까워져 있었다. 즉 2000년대까지는 알게 모르게 성별 검사를 하고 낙태하는 경우가 많았다는 게 잠정적 결론이다.

그렇다면 태어날 아이에게 장애가 있다면 어떻게 해야 할까? 물론 그것도 살해다. 그렇지만 알게 모르게, 상업적인 이유로 그런 걸 권장하는 것이 양수 검사다.

2014년 영화 〈악마의 탄생〉에 양수 검사를 하는 장면이 나온다. 악마를 임신하게 된 엄마가 뱃속의 아기에 대해서 알고 싶어 검사를 한다. 양수 검사가 어떤 것인지 궁금하면 이 영화를 참조해도 좋을 것이다. 공포영화라 좀 공포스럽게 앵글을 잡기는 하지만, 꼭 비용을 들여 해야 할 일인가, 한 번쯤 고민할 문제다.

뱃속의 아기가 장애인이면 어떻게 해야 할까? 이건 철학적이고 윤리적인 문제다. 그리고 동시에 문화적인 문제이기도 하다. 어쨌든 한국 사회는 '사전에 검사해 가능하면 낳지 마라'라는 판단을 주로 내리고 있다고 보면 될 것이다.

병원에서 퇴원하던 중 문득 아내가 영수증을 보고 속았다며 억울해했다. 다른 검사들은 미리 알아보고 별 필요가 없다고 판단했었는데, 청력 검사는 아무 생각 없이 했다는 거다. 그 검사비가 영수증에 찍혀 나온 것을 보고 좀 억울했던 모양이다.

민간 병원에서 출산을 하면 태아 대상으로 하는 검사가 무척 많다. 건강한 아이의 경우엔 대부분 필요 없는 검사이다. 둘째 아이 때에는 집중치료실로 갔고, 열흘 정도 아기만 입원을 했다. 퇴원을 하기 위해서는 패키지로 되어 있는 몇 개의 검사를 추가로 할 수밖에 없었다.

큰아이 때는 병원비가 참 적게 들었다. 입원비를 제외하면 청력 검사 비용이 정작 출산 비용보다 비쌀 정도였다. 둘째 아이 때는 집중치료실에 있었고, 이것저것 치료도 많이 받았다. 진짜로 비용이 겁나게 많이 나왔다. 큰 문제가 없더라도 출산 중에 호흡 곤란이 오는 등, 절차와 규정상 집중치료실로 가게 되는 아이들이 10% 정도는 된다고 알고 있다.

국가가 지원하는 출산 비용. 이것도 대부분 건강한 아이 대상이다. 한데 아기가 건강하게 태어날지, 태어나 보니 어딘가 아플지 미리 알 수가 없으니 문제다.

03

흑룡의 해에
태어난 아이

첫 만남
그 순간

아주 더운 여름이었다. 아내의 진통이 시작되었다. 준비해 둔 가방을 들고 병원 분만실로 갔다. 결혼하고 9년 만에 태어나는 아이라, 아내도 20대 청춘은 아니었다. 법적으로는 19세 이하, 35세 이상이 고위험군 산모로 분류된다. 수중분만 같은 것도 잠깐 고려해 보긴 했지만 그냥 산부인과에서 일반적인 자연분만을 하기로 했다. 나중에 생각해 보니 정말 큰일 날 뻔했다.

진통은 오래 갔다. 아내는 한때 직업 태권도인을 생각할 정도로 무술을 열심히 했고, 4단이 된 후 정식 사범이 되어 성인들을 가르치기도 했다. 주먹으로 송판 격파 같은 것도 거뜬히 하는 아내지만 진통은 너무나 힘들어했다.

병원에서도 시도해 볼 만큼 해봤는데 해결되지는 않았다. 아기가 나오다가 목 한쪽이 끼었다고 했다. 태아에게 호흡 곤란이 올 때까지 기다렸는데, 제힘으로는 나오지 못해 결국 수술을 하게 되었다. 옛날 같았으면 진짜 꼼짝없었을 것 같다.

수술은 무사히 끝났다. 자연분만을 하면 산모가 먼저 아기를 보게 되는데, 수술을 했을 경우엔 마취에서 회복될 때까지 잠시 더 누워 있어야 한다. 그럴 땐 당연히 아기 확인을 아빠가 하게 된다. 간단한 서류 작성을 하고, 태어난 아이의 얼굴을 보았다. 그때서야 비로소 긴장이 풀렸다.

딱히 좋은 일은 아니지만, 엄마보다 아기 얼굴을 먼저 보는 아빠가 얼마나 될까 싶었다. 그나마 저때는 편안한 순간이었던 걸 둘째를 낳고야 알게 되었다. 병실에서 잠시 쉬는데 전화가 와서 급하게 달려갔다. 둘째 아이는 태어나자마자 바로 집중치료실로 갔고, 위험한 고비는 넘겼다는 얘기만 전해 들었다.

태어난다는 것은 삶과 죽음이 교차하는 건널목을 지나는 것과 같다는 생각이 들었다. 많은 남자들은 아이가 태어나는 것을 일종의 기능적인 일로 생각한다. 나도 그랬던 것 같다. 돈을 벌고, 일을 처리하고, 또 돈을 벌고, 그렇게 투입에 의해 산출이 생기는 것처럼 생각하는 방식에 남자들은 익숙해져 버렸다. 이게 지혜로운 것 같고, 일을 잘하는 것처럼 여겨진다.

그러나 삶은 늘 그렇게 기능적으로 움직이지는 않는다. 생명이 탄생하는 일은 더욱 그렇다. 내내 끔찍한 고통을 겪는 사이 행복과 불행이 교차한다. 아기가 태어나는 순간이 고통스럽다는 것은 지식으로도 알고 있었지만, 이렇게 많은 위험이 존재한다는 생각은 못해 본 것 같다.

아이와의 첫 만남. 흔히 하는 말 '사랑'을 대입해 생각해 본다. 사랑은 순간에 올까? 지내온 시절을 돌이켜 보아도 잘 모르겠다. 하지만 처음에 좋았던 사람, 처음에 좋았던 것……. 이런 것 중에서 지속된 사랑은 내게는 없었던 것 같다. 아내와도 처음 만났을 때부터 사랑한 것은 아니다. 알고 지내고 익숙해지는 데 몇 년이 걸렸다. 그리고 이젠 그보다 몇 배는 많은 시간을 같이 보내고 있다.

내가 공부한 경제학도 그렇다. 처음에는 그게 뭔지도 잘 몰랐고 그냥 점수 맞춰서 대학에 가다 보니 선택한, 아니 선택된 전공이다. 평생을 경제학자로 살아가게 될지 그때는 몰랐었다. 사랑도 오랜 시간 공을 들여가면서 만드는 거라고 믿고 있다. 처음 좋았던 것, 딱 마음에 들었던 것, 왠지 그냥 무조건 하고 싶었던 것, 이런 것들 중에 오래 간 것이 없다.

자식의 문제가 되면 더욱 그렇다. 아이는 선택하는 것이 아니다. 말 그대로 '점지되는' 것이다. 처음 아기를 보았을 때 든 생각은 이제 괜찮다는 안도의 한숨이 제일 컸다. 좋고 싫고, 그런 게 있을 리는 없지만 처음 본 모습이 약간 어색하기는 했었다. 그때 아이는 울고 있었다.

지금은 그 애가 많이 커서 얼마 후면 여섯 살이 된다. 얼굴도 많이 바뀌고, 인상도 많이 바뀌었다. 그렇지만 큰 두 눈을 찌그러트리고 우는 그 얼굴만큼은 지금도 그대로 남아 있다. 큰아이는 아플 때, 슬플 때, 동생만 예뻐하는 것 같아서 서러울 때, 막 태어나서 내가 처음 보았던 그 얼굴로 돌아간다.

어쩌면 우리 모두가 그럴 것이다. 마음속의 가식을 잠시 벗고, 다른 사람의 눈도 생각하지 않고서 정말로 감정이 움직여 울음을 터뜨릴 때, 세상에 태어나서 처음 빛을 보았을 때의 그 모습으로 돌아가게 되는지도 모른다. 슬프든, 괴롭든, 혹은 행복하든 진심으로 눈물이 나는 순간에 태초의 모습으로 돌아가는 것이다.

큰아들과의 첫 만남, 그 감회는 먹먹했다. 안도감과 기쁨. 그리고 저 어린것이 앞으로 세상을 어떻게 살아갈까 싶은 아비의 걱정 같은 것들이 묘하게 겹쳐 들었다. 처음 병원에 갈 때는 이렇게 길게 있을 줄 몰랐고, 갑작스럽게 수술을 하게 될 줄도 몰랐었다.

그때 인물 사진을 찍을 때 주로 쓰는 50밀리 렌즈를 가지고 갔다. 친자 확인을 위한 잠시의 시간, 엉겁결에 사진 한 장을 찍었다. 셔터를 누른 건 아주 짧은 순간이었지만 그래도 사진은 잘 나왔다. 더벅머리를 하고 크게 우는 얼굴이 남게 되었다. 해외여행 가면 "다 필요 없고, 사진만 남는 거야", 이런 일념으로 사진만 찍고 다니는 사람을 종종 보는데 내가 딱 그랬다.

길고 긴 하루를 보내고 집에 돌아와서 아이 사진을 보며, 앞으로 남은 시간들에 대해 생각해 보게 되었다. 그 시간에 아내는 병원 신생아실에서 첫 수유를 하면서 힘겹게 태어난 아기를 안고 있었다.

그날부터 나는 '늙은 아빠'가 되었다. 기쁘다는 생각이 반, 살아갈 날들에 대한 막막함이 반이었다. 물론 고민할 틈도 없이 육체적으로 힘든 나날이 곧 닥칠 거라고는 생각하지 못했다. 하긴 알아야 소용없는 일이다. 그저 중요한 하루를 무사히 보냈다고 생각하는 게 더 나을 것이다. 원래도 잠을 못 자지만, 그날은 특히 잠을 잘 이루지 못했다.

처음 아기를 안아 본 아내가 다음 날 부탁한 물건은 쿠션이었다. 아이 젖 먹일 때 팔이 너무 아팠다는 것이다. 수유쿠션도 준비하지 않고 출산을 맞은 걸 보면, 하나의 삶이 시작하는 순간을 우리는 너무 안이하게 생각했던 건지도 모른다.

흑룡의 해가
출산과 육아에 미치는 영향

2012년은 흑룡의 해였다. 그걸 고려해서 아이를 가진 건 아니었는데 어쩌다 보니 그렇게 되었다. 흑룡이든 아니든 무슨 상관이 있나 싶기도 했다.

하지만 출산이 가까워져 산후조리원을 예약하려는 순간부터 뭔가 이상하다는 걸 느끼게 됐다. '아뿔싸.' 이런 생각을 했을 때는 대개 이미 늦어 있다. 흑룡의 해에 아이를 낳는다는 일이 그랬다.

출산에 필요한 것들은 이것저것 나름대로 준비했다고 생각했었다. 아이를 낳기로 한 병원에서 운영하는 산후조리원이 있다. 그냥 같은 데로 예약하면 되겠지, 라고만 생각하고 있었는데 그게 그렇게 간단한 일이 아니었다.

예약을 받는 인터넷 페이지가 열리는 순간, 10초가 채 지나지 않아 전부 마감됐다. 다른 데를 좀 알아봤는데, 이미 몇 달 전에 인원이 다 찬 상태였다. 멀리 있는 곳까지도 물색해 봤지만 결국 포기할 수밖에 없었다. 정말 어쩔 수 없는 일이니까. 겁도 없이 흑룡의 해에 아기를 낳는 무지한 부모에게 하늘이 내리는 응징이라고 생각했다.

산후조리원은 깨끗하게 포기하고, 결국 집에 있기로 했다. 아내는 처가를 선택했다. 나중에 돌이켜 보니 나쁜 선택은 아니었다. 하지만 산후조리원을 예약하는 게 불가능하다는 걸 안 순간엔 정말 당황스러웠다.

흑룡의 해, 너무 많은 아기들이 한꺼번에 태어났다. 광속으로 산후조리원 예약접수가 마감된 것은 큰아이가 살면서 평생 겪어야 할 일들의 전조에 불과했다. 어린이집에 보낼 때도 같은 일이 벌어졌다. 국공립은 언감생심, 대기번호 100번 안으로 들어가 보지도 못했다.

나중에 집에서 5분 거리에 국공립어린이집이 생겼다. 진짜 집 바로 앞이라 좋았지만 몇 초도 지나지 않아 인원이 다 찼고, 우리 애의 순번도 안드로메다로 갔다. 민간 어린이집도 한참을 기다린 후에야 겨우겨우 얻어걸렸다.

그즈음 일본 대사관에 새로 외교관이 왔는데, 그 집에도 큰애와 비슷한 나이의 아이가 있었다. 부임하자마자 바로 일을 해야 하는데, 6개월을 기다려도 어린이집에 자리가 있을까 말까라는 사실을 알고 완전히 '멘붕'이 왔다고 한다. 그 얘기를 들으며 '같은 동양 문화권인데 일본에는 흑룡의 해가 없다 보다.' 하는 생각을 했다.

일본도 어린이집 사정이 그렇게 만만하지는 않다고 알고 있다. 그래도 우리나라만큼 심하지는 않은 것 같다. 프랑스도 국공립어린이집이 부족해서 사회적으로 문제가 된다는 얘기를 들었다. 하지만 거기는 국공립 비율이 55% 정도 된다. 짧은 시간에 출산율이 급등했는데 그 속도를 국공립어린이집이 따라가지 못해서 생긴 문제일 뿐. 그러니 이런 나라 사람들이 한국의 사정을 알면 기절초풍할 만하다.

흑룡의 해에 태어난 아이의 부모로서 겪어 보니 진짜 보통 일이 아니라는 생각이 들었다. 여러 가지 이유로 큰애는 유치원 보내는 것을 일찌감치 포기했다. 안 보내는 것과 보낼 수 없는 것, 그리고 포기한 것- 그 사이의 어떤 경계에서 결정을 내린 것이다. 아마 중고등학교는 물론, 대학에 들어가려고 할 때도 똑같은 일이 벌어질 것이다.

출산 전에 이것저것 생각해 됐다고 믿었는데, 이런 기상천외한 변수가 있을 줄은 나도 몰랐다. 그냥 몰랐다고 하기에는 내가 너무 무심했다고 할 수밖에 없다. 청년 문제나 저출산 문제 등에 있어 나도 우리나라에서는 어지간한 전문가 축에 들어가는 것 같은데, '흑룡'이라는 문화적이면서 사회적이고 또 경제적으로 두루 영향을 미치는 조건이 있다는 얘기는 전에 들어본 적이 없었던 까닭이다.

대학교 입학까지 고려할 때, 웬만하면 남들이 아이를 덜 낳는 해에 낳는 게 좋을 것 같다. 남들이 좋다는 걸 그대로 따라 해서 좋을 일이 없다는 것을 뼈저리게 배웠다.

불필요한 돈을 과하게 쓰게 하는 산후조리원 제도

흑룡의 해에 태어난 아이, 그 덕분에(!) 산후조리원이란 것을 좀 자세히 알 수 있게 됐다. 산후조리원은 전 세계에서 한국에만 있는 제도고, 조금만 사회제도를 정비한다면 필요가 없어지는 존재다.

산후조리원을 이용하면 평균적으로 2주간, 186만원을 지불하게 된다. 비싼 데는 헉 소리 나게 비싸다. 또 비용도 비용이지만 예약이 순식간에 끝나 버린다. 원래 내가 산후조리를 위해 골랐던 곳도 그렇게 겁나게 비싼 데 중 하나였다. 아내에게 늘 미안한 마음을 가지고 살기 때문에, 출산할 때라도 제일 비싼 걸로 해주고 싶었다.

일반분만의 경우, 우리나라는 3일간 입원하게 된다. 그 이상 입원하려면 눈치도 보이고 사실 가능하지도 않다. 일본의 경우는 출산 후 6일에서 7일 정도 입원한다. 또 프랑스는 보험의 종류마다 조금씩 다르지만 산모가 원하는 경우 4주까지 입원할 수 있다.

그러니까 우리나라의 산부인과는 진짜로 아기 받아내는 공장처럼 운영되는 것이다. 출산 초기에 이것저것 검사를 하기도 하지만, 어떤 일이 생길지 모르니까 불안한 마음으로 퇴원하게 된다. 그리고 수유 등 부모가 알아야 할 것도 생각보다 많다. 일본에서는 병원에서 시행하는 이런 교육들을 포함해 일주일을 입원한 뒤 집으로 돌아간다.

2000년대 기준으로 우리나라에는 500여 개의 산후조리원이 있다. 그중에는 저렴한 곳도 있고, 비싸고 '럭셔리한' 곳도 있다. 한데 기술적인 면의 문제가 남는다. 산후조리원은 병원과 같은 수준으로 감염을 예방하거나 막을 수 없기 때문에 위생관리가 어렵다. 비싼 곳도 크게 다르지는 않다. 솔직히 기분 상의 문제다.

상황이 이렇다 보니 산후조리원에 가기 어려운 가난한 엄마들이 심리적으로 박탈감을 느끼게 된다. 그래서 이 문제를 해결하려 공공이 개입해서 저렴한 산후조리원을 만들자고 하는데, 이건 좀 방향성이 잘못됐다. 진짜 기분 상의 문제를 기분학적으로(?) 푸는 길이다.

그러면 어떻게 하냐고? 일본처럼 하면 된다. 출산 후 입원 기간을 원하는 경우 일주일이나 열흘 정도로 늘리고, 여기에 의료보험을 적용하면 된다. 그리고 이런 입원 시설을 확충하기 위해 정부가 병원에 지원을 하면 큰 문제가 없다. 갑자기 아기들이 확 늘어나면? 흑룡의 해는 60년에 한 번 온다. 그리고 지금의 흐름들, 특히 정부가 하는 일을 보면 어느 날 갑자기 아이들이 확 더 많이 태어날 가능성은 안 보인다. 줄면 줄었지, 당분간 늘지는 않을 것이다.

엄마들이 병원에서 좀 더 안전한 서비스를 받으면서 수유나 아기 목욕, 건강관리에 대한 교육 프로그램을 운영하면 산후조리원 자체가 필요 없어진다. 그리고 지금도 일부 존재하는 공공 산모도우미를 확충하면 더욱 섬세하게 보완될 것이다. 우리도 첫아이 때 산후조리원에 못 가는 대신 산모도우미의 도움을 한 달 정도 받았다.

대부분의 선진국들이 출산을 한 엄마에게 어떤 식으로든 현금을 준다. 일본의 경우는 출산지원금을 준다. 국내 출산이냐 국외 출산이냐에 따라 좀 다르기는 하지만, 400만 원 정도를 일시불로 지급한다.

우리나라는 고운맘 카드로 약간의 재정지원을 하지만, 가까운 일본과 비교해도 수준 자체가 다르다. 한국의 경우 출산할 때 정부에서 돈을 주는 대신, 퇴원 후 산후조리원에 재입원(!)해서 평균적으로 200만 원 정도를 쓰게 만든다. 돈은 돈대로 쓰고, 비용을 쓰는 만큼 위험도 높아진다. 이게 무슨 짓인가 싶다.

아내와 아기에게 정말 뭔가 보탬이 된다면, 몇 천만 원이든 몇 억이든 기꺼이 쓸 생각이 있다. 그런데 아기를 갖고 퇴원할 때까지, 별 쓸모도 없을 뿐 아니라 오히려 위험만 높아지는 지출이 이 사회엔 너무 많았다.

　많은 부모들이 그렇겠지만, 나도 아기에게 쓰는 돈들을 아깝다고 생각하지는 않는다. 아내에게 쓰는 돈도 아깝지 않다. 그러나 유용하고 의미가 있어야지, 단지 기분 내려는 목적으로 쓰고 싶지는 않다. 대충대충 사는 것 같아도 나는 경제학 박사다. 돈을 꼭 부여잡고 살지는 않는다. 그렇지만 단 10원이라도 내 주머니에서 나갈 때 이게 누구에게 가고, 경제적으로 또 사회적으로 어떤 의미가 있는지 꼼꼼하게 따져본다. 돈이 어떻게 돌아가고 어떻게 작용하는지, 이걸 살피는 게 내가 평생 해온 일이다.

　우리나라는 출산에 관해 엄마들에게 너무 많은 돈을, 그것도 무의미하게 쓰게 한다. 그중에는 개인이 조심하면 줄일 수 있는 것도 있고, 좀 더 구조적인 문제라 개인이 어떻게 하기 힘든 것도 있다. 산후조리원 같은 것이 후자의 대표적인 문제다.

　둘째가 태어났을 때에는 그래도 한 번 해본 뒤라, 산후도우미도 없이 그냥 집에 있었다. 아기 근처에 못 가게 하고, 엄마 근처에도 못 가게 해서 큰애가 스트레스를 좀 받기는 했다. 하지만 아예 엄마가 몇 주 없는 것보다는 그 편이 나을 것 같았다. 어쨌든 큰 문제라고 할 만한 건 전혀 없었다.

　아이가 태어나자마자 당장 쓸 돈이 엄마에게 없다면 큰 문제가 되겠지만, 기분 상 이것저것 지출하지 못하는 게 문제가 되지는 않는다. 막상 내가 이것저것 경험해 보니 정부가 방치하고 있는 게 너무 많아 보였다.

04

백일나기

모유 수유와
탈모 스트레스

　큰아이가 태어난 후 가을 내내 집은 공사 중이었다. 집을 새로 사고 또 고쳤는데, 돈도 돈이지만 시간이 많이 들었다. 아기와 아내는 처갓집으로 갔다. 그리고 나는 전셋집에서 지냈다. 아파트를 팔고, 집을 사고, 또 그 집을 고치고, 전세를 내놓고……. 이래저래 복잡한 일들을 처리하는 수밖에 없었다. 처가와 집을 오가면서, 한동안 두 집 살림을 했다.

　결혼하고 아내와 떨어져서 지낸 일은커녕, 다른 곳에서 잔 적도 거의 없다. 지방에 가든 외국에 가든 대부분 같이 있었다. 내가 일본에 출장 갔을 때, 아내가 멕시코로 출장 갔을 때 정도를 빼곤 늘 같이 있었다. 아이가 태어나자마자 본격적으로 떨어져 지내기 시작했다. 일주일에 절반 정도를 집과 처가를 왔다 갔다 하며 살았다. 백일이 지나고 나서야 큰애는 집에 돌아올 수 있게 되었다. 그동안에 집은 계속 공사 중이었다.

　삼칠일이라고 부르는 기간, 그동안에는 사람들이 찾아오지 않고 산모도 외출을 하지 않는다. 첫애 때는 칼같이 지켰지만 둘째 때는 좀 달랐다. 앞서 얘기한대로 태어나자마자 입원을 해야 했는데, 퇴원해서 집에 오자마자 바로 기관지염에 걸렸다. 태어난 지 열흘 만에 항생

제 치료를 받게 된 것이다. 어쩔 수 없이 아내와 같이 아기를 데리고 병원에 갔다. 삼칠일이라곤 해도 그걸 다 지키기는 어려웠다.

    모유 수유를 하는 엄마는 힘들다. 아기가 두세 시간 간격으로 깨니 깊이 자기도 어렵고, 수시로 일어나야 하니까 육체적으로도 정신적으로도 아주 괴롭다. 우유를 먹는 시기엔 아기들이 스스로 트림을 할 수 없으니, 먹고 나서 트림이 나올 때까지 등을 두드려 줘야 하는데 이것도 보통 일은 아니다. 어떨 때는 비교적 쉽게 트림을 하지만, 못할 때는 몇 십 분씩 계속 두드려 주기도 한다. 우유 먹이고 트림 시키는 것은 나도 가급적이면 하려고 하지만, 하루 종일 집에 있는 게 아니라서 늘 해주지는 못했다.

    아내가 100일 동안 가장 마음 상해했던 것은 탈모였던 것 같다. 결혼 초기에 내가 하도 속을 썩여서 원형 탈모증이 온 적이 있었다. 그리고 아이를 낳았을 때 두 번 다 탈모가 심해졌다. 아내는 상당한 스트레스를 받았다. TV에 머리 숱 많은 여배우들이 나올 때마다 속상해했다. 위로하고 싶어도 할 말을 찾기 어려웠던 게, 시간이 지나면 나아질지 아니면 이대로 계속 진행될지 알 수 없었기 때문이다.

    이럴 때 병원에서 마이녹실을 처방해 주는데, 아내의 경우는 효과가 있었다. 그렇더라도 나중에 "과연 효과가 있었네." 하고 깨닫는 거지 바로는 알기 어렵다. 출산과 탈모는 아내뿐 아니라 많은 엄마들의 고민이었다. 물론 머리숱이 워낙 많아 탈모 걱정이 없었다는 엄마들도 있다. 그러나 대개의 경우, 육체적 피로만큼 탈모 스트레스도 만만치 않다는 얘기들을 했다.

    아내의 모유수유 기간은 6개월 정도였다. 양이 충분치는 않아서 우유도 같이 먹였다. 출산, 육아와 관련된 많은 것들은 가격에 따라 '클래스'가 매겨지는 경향이 어느 것보다 심하다. 분유도 그렇다. 브랜드에 따라 가격 차이가 많이 났다. 특수한 기능이 들어간 아주 비싼 분유도 있다. 같이 일하는 에디터가 큰애와 거의 같은 시기에 아기를 낳았는데, 소화를 잘 못시켜서 비싼 분유를 먹일 수밖에 없었다. 그렇지만 보통의 경우라면 일부러 아주 비싼 분유를 먹일 필요는 없을 것 같다.

　아내가 출산한 산부인과는 조금 비싼 곳이었다. 비싸다고 소문날 정도의 병원은 아니었지만, 그렇다고 싼 것도 아니었다. 비싸고 유명한 병원을 추천받기도 했지만 집에서 거리도 멀고 해서 기각했다. 병원마다 사용하는 분유가 다른데, 처음에는 병원에서 먹던 분유를 그냥 먹였다. 중간보다는 좀 비싼 분유였다.

　태어나서 처음 먹인 분유를 바꾸는 데는 약간의 용기가 필요하다. 아내는 더 싼 분유로 바꾸고 싶어 했다. 괜히 그런 데 돈을 쓸 필요가 없다는 거다. 나도 사실 동의하기는 했는데, 문제없이 잘 먹고 있는 분유를 바꾸는 것도 선뜻 마음이 내키지 않았다. 아내는 싼 분유로도 거뜬히 자란다는 걸 증명하고 싶었던 것 같다. 하지만 나의 반대로 그렇게 하지 못했다.

　두 아이를 낳았던 병원이 같으니 결국 둘 다 같은 분유를 먹게 되었다. 많이들 먹는 분유를 먹으니까 좋은 점이 있기는 하다. 스틱이나 액상 등, 같은 분유지만 포장이 다양하게 나온다는 게 편리했다. 먼 곳에 갈 때도 분유를 바꿀 필요가 없다. 범용성이 의미 있을 때도 있다는 점을 배웠다.

최소한 백일 동안은
국가에서 제공하면 안 될까?

　백일 혹은 모유 수유 기간 중에만 필요한 물건들이 있다. 모유수유기는 모유를 모아 둘 때 사용되는 작은 전기 펌프다. 두 아이를 낳은 아내의 후배와 출산 기간이 묘하게 엇갈려서 돌려가면서 썼다. 나머지 자잘한 것들은 렌트를 했다.

　애가 하나일 때는 필요성을 못 느꼈지만, 두 살 터울의 큰애와 작은애가 같이 자야 하니 아기 침대가 필요해졌다. 그것도 렌트했다. 막상 두 아이가 옆에서 자는데 금방 익숙해져서 그리 오래 쓰지는 않았다. 나중에는 아기용 수건을 쌓아 두는 용도로 전락했다.

　산부인과 근처를 보면 '필요하니 사라'는 메시지처럼 관련 용품의 광고가 이것저것 붙어 있다. 하지만 대부분은 필수적이지 않다. 광고는 광고일 뿐이라는 얘기다.

　젖병이나 컵 같은 아기들 물건은 플라스틱으로 만들어진 게 많다. 우리는 가급적이면 플라스틱을 안 쓰려 했고, 컵은 옥수수 컵을 주로 썼다. 말 그대로 옥수수 전분으로 만든 컵인데 매립되면 몇 달 안에 분해된다. 그리고 당연히 플라스틱이 갖고 있는 환경 호르몬의 위험도 없다. 사용 전엔 약하지 않을까 걱정했지만 생각보다 내구성이 있었다.

플라스틱 물건을 사용할 때는 기본적인 팁이 있다. 육아에 한정되는 게 아니라 성인들도 평소 알아두면 좋은 것이다. 물건을 아껴서 오래 쓰는 것도 중요하지만, 플라스틱의 경우에는 설계 수명보다 조금 덜 쓰는 편이 안전하다. 플라스틱에 상처가 나면 환경 호르몬이 나와 인체에 흡수될 위험이 높아진다.

안전성을 내세우는 제품도 기본적으로는 너무 오래 사용하지 않는 것이 좋다. 특히 가장 문제가 되는 건, 일회용 플라스틱을 생활용품으로 너무 오래 사용하는 일이다. 일회용 제품은 한 번만 쓰는 것을 전제로 해서 만들어진 것이다. 알뜰한 주부들이 일회용 플라스틱을 상품 보관용으로 아주 길게 냉장고에 보관하는 것을 종종 보게 된다. 좋은 의도에서 한 일이나, 일회용 제품의 안전 규격 자체가 장기간 사용하기에는 맞지 않다.

어른들은 머그컵이나 자기를 쓰면 환경 호르몬의 위험이 없다. 하지만 아기들 물건은 여건상 그렇게 하기 힘들다. 때문에 지나치게 많은 플라스틱을 사용하지 않으려 한 게 100일 동안에 제일 신경 쓴 일 중 하나다.

젖병과 관련한 기억 하나가 있다. 아이들을 데리고 소아과 병원에 갔다 본 장면이다. 배탈이 난 아기를 안고 온 젊은 엄마가 있었다. 베트남 엄마였는데, 젖병이 하나밖에 없었나 보다. 결국 아기는 장염에 걸렸다. 의사의 처방은 젖병을 하나 더 쓰고 자주 소독해 주라는 것이었다. 차례를 기다리다가 우연히 들은 것이지만 정말 마음이 아파서, 그쪽에서 불편해 하지만 않으면 내가 젖병을 사주고 싶은 심정이었다.

그리고 위생적이고 환경 친화적인 젖병과 기본적인 물품 몇 가지는 정부가 제공하면 좋겠다는 생각을 했다. 만드는 회사 입장에서야 어차피 정부에 납품하는 것이니 기준만 명확히 하면 큰 문제는 없을 것이다. 생후 100일 동안 모든 엄마가 사용하는 물품 정도는 정부에서 지원할 수 없을까? 더 비싼 것을 사고 싶은 사람들은 몰라도, 간절히 필요로 하는 사람에게는 그냥 줘도 괜찮을 것 같다.

아기들 기저귀 문제는 그야말로 딜레마다. 생태적인 부분만 고려해 면 기저귀를 권하는 사람들도 있는데, 모든 가정에서 상용화하는 건 현실적으로는 불가능한 일이다. 우리도 생태적인 이유에서는 아니지만 면 기저귀를 조금씩 사용하기는 했는데, 큰아이가 기저귀로 인한 발진이 심했기 때문이다.

'기저귀 발진'이 있다고 하니까 다들 권해 주는 일제 기저귀가 있었다. 그거 안 쓴다고 면박까지 당했다. 그래서 일제 기저귀도 써 봤는데, 결국 거기서 거기였다. 외제를 선호하는 사람과 국산을 선호하는 사람이 있지만, 아이 둘을 키운 경험으로 국산을 써도 별 문제가 없다는 결론을 내렸다. 국산 기저귀를 쓸 때의 문제점은, 의외로 사기가 꽤 어렵다는 점이다. 워낙 외제를 많이 쓰다 보니 잘 안 팔지를 않는다. 내가 사는 동네 슈퍼에는 아예 없다. 그래서 택배로 몇 박스씩 사다가 쌓아 놓고 썼다.

갓난아기들이 사용하는 소소한 소모품들을 보면 의외로 외제가 많다. 독일제나 일본제가 많지만, 호주제도 만만치 않게 있다. 호주에서 하는 정도라면 우리나라의 공업력으로도 충분히 만들 수 있을 것 같다. 물론 국가별로 공업제품의 차이나 특색이 있긴 하지만.

모든 나라가 다 자기나라 제품을 쓸 수 있는 것은 아니다. 하지만 한국은 공업 기술이 발달한 나라다. 이런 장점을 살려 유아용 공산품을 엄마들에게 무상으로 제공하고, 이를 체계적으로 산업화하면 두루두루 좋을 거라고 생각한다.

백일을 마음 놓고 축하할 수 없는 이유

100일, 아기가 엄마한테 물려받은 저항력이 힘을 발휘하는 기간이 그 정도 된다. 때문에 백일까지는 크게 아프지 않은데, 생후 1년이 되면 그때부터는 아기 스스로의 면역력으로 이겨내야 한다. 하지만 그리 쉽지는 않아서, 돌쯤 되면 아이들이 많이 아프다. 우리 집 아이들도 그랬다.

우리나라의 많은 엄마들이 이 100일 동안을 아기와 같이 보내지 못한다. 출산 휴가가 세 달밖에 안 되는 직장이 태반이기 때문이다. 때문에 가급적 출산 후 아기와 좀 더 같이 있기 위해 만삭이 될 때까지 꽉꽉 채워 일하다가 휴가는 산후에 좀 더 많이 쓰려고 한다. 당연하지만 그리 인간적인 처우가 못된다.

유럽은 지금도 출산 휴가가 넉넉한 편이지만, 본인이 원하면 3년까지도 쓸 수 있도록 제도를 개선하는 논의가 진행 중이다. 멀지 않은 미래엔 출산 휴가와 육아휴가를 합쳐서 3년 정도 쓰는 게 OECD 기준이 될 것이다. 우리는 1년을 보장해 주는 직장도 얼마 없다. 그나마도 비정규직인 경우에는 진짜로 그림의 떡이다. 그림의 떡……, 이게 무슨 개떡 같은 경우인지 모르겠다.

큰애를 낳았을 때 아내는 출산 휴가를 1년 받았다. 그래서 조금은 여유 있게 지냈다. 연봉이 나름대로 높은 편이었고 그 사이에 차장으로 승진도 했다. 출산 기간에 받은 소득은 백만 원이 조금 넘는 것 같다. 생활을 꾸려가기엔 현실적으로 힘든 액수라 많은 엄마들이 경제적으로 고통 받는다. 그래서 휴가를 보장해 주는 직장이라도 생활이 어려운 탓에 먼저 복직하는 경우를 종종 보았다.

둘째 때는 아내가 속한 부처에 변동이 생겨 석 달밖에 출산 휴가를 쓸 수가 없었다. 앞서 말했듯 작은아이는 태어날 때부터 아팠다. 또 둘째가 백일이 되어 갈 무렵엔 나도 바빴고, 출퇴근을 해야 하는 상황이었다. 아내는 퇴사를 했다. 둘째의 백일 때 아내는 실업수당을 받고 있었다. 꽤 까다로운 조건이었다. 아기 때문에 퇴사했으나 일하고 싶다는 의사를 증명해야 한다는 복잡한 규정이 있어서다. 실업급여를 받기 위해 구직원서를 쓰고 교육도 받았다. 또 담당자가 조금 더 우호적으로 해석을 해주었다.

운이 나쁜 경우엔 아이가 아파서 퇴사하는 엄마가 실업급여조차 받지 못하는 상황이 발생한다. 게다가 우리 집의 경우처럼 퇴사를 선택할 수 있는 엄마가 얼마나 있겠나 싶다. 많은 엄마들이 아직 백일도 지나지 않은 아기를 떼어놓고 일하러 나가야 한다. 분명한 건 우리가 만들어 가야 하는 나라가 이런 것은 아니라는 점이다.

생각해 보자. 한국에서 백일을 즐거운 마음으로, 정말 행복하게 기념할 수 있는 집이 얼마나 되겠나? 속 모르는 사람들은 축하한다고 말하지만 정작 엄마는 백일도 지나지 않은 아기를 두고 일하러 나가야 한다. 그런 엄마 마음속에도 기쁨이 있을까?

옛날에 백일은 아기가 무사히 첫 관문을 넘어선 것을 축하하는 기쁜 날이었다. 지금의 백일은 엄마를 위로하는 날이라고 보는 게 맞을지도 모른다. 돈을 쌓아 놓고 살지는 않아도 끼니 걱정은 없는 우리 집도 백일을 마음 놓고 축하할 상황은 아니었다.

아내는 둘째 애 백일 때, 소위 '경단녀*'라는 게 됐다고 말했다. 사실 아내가 정말 싫어하는 게 이 경단녀라는 단어다. 많은 사람들이 그 단어를 사용하는데, 선의를 갖고 쓰는 일도 많다. 하지만 본인들은 정말로 듣기 싫어한다는 걸 알게 됐다. 그 후로 나도 이 단어를 사용하지 않는다.

백일을 마음 놓고 축하할 수 있는 세상, 우리는 거기 도달하기엔 아직 멀었다. 많은 엄마들이 아직 젖도 떼지 못한 아이를 집에 두고 울면서 떠나는 날, 그게 백일이다.

* 결혼과 육아 등으로 경력이 단절된 여성을 이르는 말

05 프랑스식 육아와 이유식
06 수면 전쟁
07 돌잔치와 앨범 만들기
08 버버리 아동복과 유모차 석 대
번외1 기적이 일어났다

PART
03

유모차를 고르는 경제학자

05

프랑스식
육아와 이유식

아이 입맛과 식사예절, 프랑스의 방식은?

파리에 살던 시절, 집 길 건너편에 파스퇴르 학교가 있었다. 이튼 스쿨 같은 곳과 비견되곤 하는 대단한 명문이라고 들었다. 세 들어 살던 집 주인의 아들이 여기 다녔다. 프랑스 귀족 교육 얘기를 그때 좀 들었다.

다른 건 차치하고. 방학 때 학생들이 배를 타고 지중해 항해 같은 것을 한다는 얘기를 들었을 때 좀 놀랐다. 학생들이 선택할 수 있는 고가의 교육 프로그램 같은 걸 운용하는 건가 생각했다. 중고등학교 때 자기들끼리 배를 타고 항해하는 것, 그건 진짜로 귀족들이나 받는 고급교육이면서 아주 좋은 교육이라고 생각한다. 배를 타는 것과 배를 운항하는 것은 완전히 다른 경험이다.

우리가 흔히 알고 있는 외국의 좋은 교육기관은 사실 영화 〈죽은 시인의 사회〉에 나오는, 꽉 막혀서 통제와 규율만을 얘기하는 그런 학교다. 하지만 진짜 좋은 학교가 지금도 그렇게 운영되는 것은 아닌 듯했다.

파리에서 내가 애를 낳고 키웠던 것은 아니니 간접 경험을 얘기하는 수밖에 없겠다. 파리 외환은행 지점장의 아들이 프랑스에서 고등학교를 다녔다. 그 친구에게 길지 않은 시간이지만 미분과 적분을 가르친 적이 있었다. 그 덕에 중고등학교 교육 프로그램이 어떻게 생겼고 운용되는지 약간 알게 됐다.

어쨌든 미국 사람들이 본 프랑스 육아에 대한 얘기가 전 세계적으로 히트하면서 '프랑스식 육아'라는 개념이 꽤 유행하게 되었다. 육아에 프랑스식이 있고, 미국식이 있고, 일본식이 있을까 싶지만 사실 국가마다 문화와 시스템이 조금씩 다르다. 그리고 강조하는 것도 서로 달라서 약간씩 차이가 있다. 한국식 육아? 그딴 건 없다. 있다면 엄마의 희생이라고 해야 할까.

특징만 놓고 비교해 보면, 프랑스식 육아의 기본은 국가의 역할이고, 미국식 육아는 엄마의 역할, 특히 중산층 엄마의 역할을 근간으로 한다. 기원을 분석해 봤는데, 5~60년대 풍요의 시기에 생겨난 핵가족과 베드타운의 존재가 미국과 유럽 간 차이의 핵심이다.

미국의 경우 아빠는 베드타운에서 시내로 장거리 출퇴근을 하고, 그 시간 동안 엄마 혼자 아이들과 버텨야 하니까 이것저것 다 집에 구비하는 방식으로 진화했다. 물론 양쪽 다 기초적인 육아에 관한 사회적 인프라가 어느 정도 갖추어져 있기는 한데, 그래도 사회 분위기상 다른 부분이 생긴 것이다.

미국식 육아에서 세계적으로 가장 성공한 개념이 '헬리콥터 맘'이다. 물론 모두가 그렇게 하는 건 아니고 중산층 이상의 집에서 벌어지는 일이다. 학교를 다니는 내내 자녀의 주변을 헬리콥터처럼 떠다니는 엄마, 이건 유럽에서는 좀 보기 힘든 것이다. '미국적'이라는 표현을 쓸 때 많은 사람들이 이 헬리콥터 맘이라는 단어를 연상했다.

반면 프랑스식 육아의 핵심 개념은 국공립 어린이집의 역할이다. 그리고 그 안에서 진행되는 급식과 식사 예절, 이런 게 가장 많이 거론되는 내용이다. '어린이 입맛과 식사 예절 정도는 국가가 맡아서 돌보고 지도한다'는 게 프랑스식 육아의 핵심이다.

프랑스식 육아와 관련해 프랑스 엄마들끼리 하는 농담이 하나 있다. 출산이 끝나고 원래의 몸매를 회복하지 못한 여성에게, 여성들끼리 서로 좀 핀잔을 주고 흉을 보는 일이 있나 보다. 너무 아기한테만 매달려서 스스로의 삶을 돌보지 않으면 헌신적인 엄마라고 우러러 보는 게 아니라 게으르다고 흉을 본다. 미국식 육아에서 신사임당이 롤 모델이 될 수는 있지만, 유럽에서는 그렇지 않을 것 같다.

이유식, 어른이 먹는 음식에 익숙해지는 과정

프랑스식 육아를 한국에서 직접 하기는 어렵다. 국공립 어린이집이 튼튼하게 자리 잡은 걸 전제로, 그 안에서 많은 토론을 거치면서 도출한 결론을 통해 국가가 만들어낸 것이기 때문이다. 소소한 것은 개인도 따라할 수 있지만, 기본적으로는 국가의 일이다.

아내와 함께 프랑스식 육아를 다각도로 분석해 봤는데, 우리나라와의 가장 큰 차이점은 이유식이라는 결론에 도달했다. 이유식 얘기를 하면 사실 내가 할 말이 없어진다. 아내보다는 내가 요리를 더 잘했고, 실제로 밥을 더 많이 하던 시기도 있었다. 그래서 이유식만큼은 꼭 내가 만들어 먹여야 한다고 생각했었다. 하지만 현실은, 아이들 이유식 먹을 때만 되면 바빠졌고 결국 아내가 만들게 되었다.

프랑스식 육아에서 이유식의 개념은 '어른이 되어서 먹을 음식에 익숙해지는 과정'이다. 영양만 고려하는 게 아니라 어른이 되어가는 과정에 대한 교육을 겸한다는 철학을 갖고 있다.

이런 지식들을 갖고서 우리나라의 이유식 프로그램을 분석해 봤다. 기본적으로 외국 이유식 매뉴얼에 의지해 메뉴를 만들다 보니, 어른이 되면 먹지 않을 음식이 너무 많다. 그리고 고기를 너무 일찍 먹는다. 우리나라는 전통적으로 채소부터 먹었다.

이유식용으로 이것저것 파는 도구가 많다. 실제로 해보니까 이유식용 믹서나 분쇄기 등은 필요가 없었다. 어차피 만드는 양이 많지 않아서다. 분쇄용 국자 정도만 새로 샀는데, 이건 꽤 요긴하게 썼다. 재료를 다지거나 칼질하는 일은 나도 많이 거들었는데 별도의 도구가 그리 필요하지 않았다. 가지고 다니거나 냉장고에 보관하기 위해 이유식을 보관하는 통은 새로 샀다.

당연한 얘기겠지만 이유식은 미음부터 시작한다. 우리도 그렇게 했다. 6개월이 지난 뒤 미음의 농도를 조금 더 진하게 하면서 토마토를 먹였고, 다른 채소들도 먹였다. 그리고 그게 익숙해진 다음부터 고기를 먹이기 시작했다. 앞서 언급했듯 한국은 원래 채소부터 먹게 했는데 미국식 육아의 영향으로 일찍 고기를 먹이게 된 것이다. 우리는 전통적인 방식을 따르기로 했다.

프랑스식 육아에서 배운 가장 중요한 점은, 어른이 되어서 먹어야 할 음식들에 익숙해지는 문화적 과정으로 이유식을 이해하게 된 것이다. 이유식은 간을 하지 않으니, 어른들이 먹을 찌개나 국을 끓일 때 양념하기 전 재료를 먼저 건져서 만들었다. 이렇게 하면 편하다. 또 어른들과 같은 음식을 먹는 데 익숙해지며 생겨나는 약간의 문화적 일체감 같은 것도 있는 것 같았다.

돌이 되기 전에 빵도 먹였다. 우리 집은 아침 식사로 바게트 같은 식사용 빵을 자주 먹는다. 얇게 자른 바게트 한 조각을 주면, 이가 다 나기 전인데도 오물오물 잘 먹었다. 큰애도 둘째 애도 잘 먹는다. 결국 제빵기를 사서 빵을 굽기 시작했다.

빵을 만드니 또 좋은 점이 생겼다. 만드는 과정을 아이와 함께 할 수 있다는 점. 계란이나 건포도, 건블루베리 같은 것을 넣는 건 아기도 할 수 있다. 엄청난 발견이라고 할 만한 일은 아니지만, 자기가 먹을 것이 어떻게 만들어지는지 직접 보고 체험하는 데 의미가 있다.

빵을 주식으로 먹고 살던 시절이 있어서 나도 빵을 많이 먹는 편이다. 디저트용은 아니고 식사 목적으로. 원래는 식사용 빵인 바게트나 호밀빵을 만들려고 시작한 빵 굽기인데, 아직 거기까지 가지는 못했다. 작은 전기 오븐을 하나 갖고 있지만 부엌이 그리 넓지 않아서 창고에 들어가 있는 신세다.

때문에 지금은 식빵 믹스에 건포도 등 마른 과일을 다양하게 넣어 만드는 정도로 하고 있다. 호밀빵 정도는 구워 주는 아빠가 되는 게 오래된 로망이었는데, 이제 절반은 왔다.

"제발 좀 먹어 줘!" 이유식 분투기

우리는 보편적인 이유식 매뉴얼 대신 다른 방법을 택했다. 프로그램은 아내가 짰다. 조금 과감하기는 했지만 나는 그것도 괜찮을 거라고 생각했다. 결론부터 말하면, 큰애의 경우는 대성공이었다. 프랑스 식을 우리나라 식으로 응용했는데, 이유식이 끝나고 나서 두부와 된장을 맛있게 먹게 하는 데 성공했다.

둘째 애의 이유식 효과는 아직은 잘 모르겠다. 큰애는 채소를 된장에 찍어먹는 걸 좋아한다. 날 오이도 아주 잘 먹고, 호박잎 찐 것도 잘 먹는다. 고구마 순, 해초무침, 이런 것들이 아주 좋아하는 음식 중 하나가 되었다. 지금은 어른들 된장국에 들어간 두부도 안 주면 심통 낼 정도로 잘 먹는다. 아직 김치는 먹지 못해서 같이 백김치를 담아보려고 했는데 늘 시간이 여의치 않았다.

둘째 애의 경우는 아직 잘 모르겠다. 이유식까지는 성공적으로 마쳤다. 토마토도 잘 먹고, 채소도 잘 먹고, 밥과 생선을 먹는 정도까지는 무난하게 왔다. 그때까지는 흔히 하는 표현대로 '입 딱딱 벌리며' 잘 먹었다. 그 시절 어린이집 선생님들은 둘째 애가 이유식을 먹는 걸 보고 있으면 같이 먹고 싶은 생각이 든다고 했었다.

한데 계속 감기에 걸리더니 결국 폐렴으로 두 번 병원에 입원했다. 그 후에도 계속 목이 부어 있어서 음식을 잘 먹을 수 없었다. 그 사이에 장염도 몇 번 걸렸고, 수족구병이 유행할 때 감염되어 먹을 것을 삼키기도 어려운 상태가 오래 지속됐다. 그렇게 몇 달을 지내고 나서는 밥과 생선, 그리고 토마토만 먹는 아이가 되었다.

목이 아프던 기억이 있어서 그런지 극도로 편식이 심해졌고, 새로 주는 음식은 아예 입에 대지를 않았다. 먹는 음식이 몇 가지로 줄어들었고 잘 먹던 과일들도 안 먹게 되었다. 슈퍼마켓에 갔을 때 둘째가 갑자기 말했다. "바나나." 혹시 먹을까 해서 샀는데 역시나 입에 대지 않는다.

폐렴을 한바탕 길게 앓고 나서 생선의 종류를 늘리고, 닭고기를 먹이고, 조금씩 여러 음식을 먹어보는 단계를 다시 거치고 있다. 태어났을 때 보기 괴로울 만큼 비쩍 말라 있던 둘째는 이유식을 거치고 밥을 먹기 시작하면서 나름대로 통통하게 살이 올랐다. 하지만 두 번째 병원에 입원했을 때 보니 다시 다리가 젓가락처럼 가늘어져 있었다.

그 뒤로 잘 먹이는데 집중하고 있는데 쉽지는 않다. 어린이집의 담임 선생님도 나름대로 심혈을 기울인 프로그램을 짰다. 어린이집에서는 아이들이 특별한 반찬을 안 먹으면 그냥 넘어가는 경우가 많은데, 둘째 애는 담임 선생님이 계속 고심하며 먹을 수 있는 음식을 조금씩 늘려갔다. 그래선지 어린이집에서는 먹는데 집에서는 안 먹는 음식이 좀 있다.

둘째의 경우는 아마 정신적인 문제일 것이다. 하지만 몇 가지 음식이나마 맛있게 먹고 좋아하는 것만도 다행이라고 생각한다. 이제

고기 종류는 대부분 먹게 되었는데, 채소는 여전히 도전하기 쉽지 않다. 밥 안에 잘게 썰어서 숨겨도 악착같이 찾아서 뱉어내고는 했다. 이럴 땐 참 속 터진다. 그래도 지난여름을 기점으로 아드님께서 좀 너그러워지셔서, 밥에다 섞어 주면 전처럼 찾아내서 뱉지는 않으신다. 감읍하옵나이다. 굽신굽신.

영양은 섭취해야 하니 우유도 많이 먹이고, 정 아무것도 안 먹으면 분유를 숟가락으로 퍼 먹이기도 했다. 큰애 때는 슈퍼에서 파는 과일 주스 같은 건 안 먹였는데, 둘째는 손에 잡히는 대로 이것저것 먹인다.

"쭈쭈". 주스를 이렇게 부른다. 사과즙이나 포도즙 같은 게 떨어지면 슈퍼에서 파는 주스도 준다. 덕분에(!) 파는 주스는 한 번도 못 먹어 본 큰애까지 요즘은 가끔 주스 맛을 본다. 먹는 걸로 차별하면 집안 분위기가 험악해지니 주의할 일이다.

하루 종일
밥만 할 순 없잖아

집에서 요리하는 것, 이게 중산층의 특징이던 시절이 있다. 물론 이때 요리는 재료를 구입하고, 손질하고, 먹을 수 있는 형태로 바꾸는 것까지를 포함한다. 우리나라는 아직도 집에서 요리를 많이 하는 나라다. 중산층 정도 되면 집에서 밥을 직접 해 먹는다. 외식도 물론 많이 하지만 동시에 요리를 하는 비율도 우리나라가 OECD 가입국 중 월등히 높을 것이다.

그렇다고 외국이 외식을 많이 하는 것은 아니다. 집에서 먹기는 먹는데, 요리하는 것은 아닌 식사, 그런 게 2000년대 이후 외국에서도 급증하는 현상이다. 90년대 중후반 이후 본격화된 신자유주의의 영향으로 분석하기도 하고, 여성들의 사회적 진출이 늘어나면서 생겨난 현상으로 보기도 한다.

냉동식품이 증가하고, 미리 가공해 둔 재료가 증가하면서 집에서 뭔가 끓여서 식사를 만들기는 하는데, 예전에 우리가 알던 그 요리와는 좀 다른 방식이 늘어났다. 오죽하면 가난한 청소년들이 간단하게나마 직접 요리를 해서 먹을 수 있게 해주는 프로그램을 운영하던 영국의 요리사 제이미 올리버가 세계적인 스타가 되었겠나.

1인 가구의 증가 때문이 아니더라도 유럽의 중산층 가정에선 전통적인 방식으로 요리를 하는 일이 드물어졌다. 유럽의 가정식 식사에 많은 사람이 로망을 갖고 있지만, 시간이 많이 걸리는 그런 요리를 지금의 중산층 가정에서 직접 하기는 어렵다. 그래서 아주 가끔 별식으로 먹는 경우가 많다.

우리 집도 크게 다르지 않다. 나도 가끔 밥을 짓고 요리를 하지만, 또 가급적 자주 하려고 노력하지만 그래 봐야 일주일에 몇 번 안 된다. 아내라고 마냥 한가한 것은 아니다. 아내도 연구자라서 분석도 하고 논문도 쓰면서 재취업 준비를 한다. 불투명한 앞날에 마음이 산

란해 아무것도 손에 잡히지 않으면 오래된 고전이나 여행기를 읽기도 한다.

아무튼 이유식에서 아기 식단까지, 우리도 한 번 만들고 얼려 놓았다가 며칠을 먹는 것은 마찬가지다. 그리고 어른들 먹을 음식을 만들 때 같은 재료로 아기용 음식도 준비한다. 그렇게 안 하면 하루 종일 밥만 하고 있게 된다. 생활이 되지 않는다. 시작은 그랬는데, 시간이 지나니까 결국은 아이들 먹을 메뉴부터 결정하고 어른들이 그걸 얻어먹는 형국이 되기는 했다. 매운 건 진짜 구경하기 힘들고, 된장도 조금만 푸니까 아주 밍밍하다.

그렇게 몇 년을 지내고 나니 아내에게 있어 제일 먹고 싶은 음식은 떡볶이가 되었다. 혼자 분식집에 들어가서 떡볶이를 먹기도 한다. 그래도 나는 밖에서 이것저것 사먹을 일이 좀 있는데, 아내는 친구를 자주 만나는 편이 아니라 그럴 기회가 별로 없다. 또 만나는 사람들도 아기 엄마들이니, 결국 모아 놓으면 아이들만 한 무더기이다. 입에 맞는 별미 같은 걸 먹어 보기가 쉽지 않다.

아내와 나는 정말 스트레스를 받을 때면 애들이 없는 틈을 타 돼지고기와 고춧가루를 왕창 넣고 김치찌개를 끓여먹는다. 그 이상 손 가는 음식은 생각하기가 어렵다. 하는 일이 힘들지 않더라도, 아이들을 돌보는 것 자체가 무척 소모적이기 때문이다.

이유식에 좋은 재료를 쓰고, 세심한 주의를 기울이는 것은 좋은 일이다. 하지만 너무 정성을 쏟아 초반에 힘을 다 써 버리고 나면, 나중엔 힘에 부쳐 감당하기 힘들어진다.

육아의 모든 책임을
엄마에게 뒤집어씌우는 나라

프랑스식 육아의 핵심은 국가의 역할이다. 어린이집의 55%가 국공립이고, 그걸 통해 보편적이지만 세심한 문화적 배려를 몸에 익히게 하며 아기를 키워 나간다. 억울하면 프랑스로 이민 가라는 얘기가 나올 법도 하다.

한국 이야기로 돌아와서, 성북구에 '공공급식위원회'가 있다. 학교와 유치원, 어린이집, 노인정, 돌봄센터 같은 곳에 친환경 식재료를 공급하고 관리하는 규정들을 총괄하는 기구다.

우리 동네는 아직 성북구 수준으로 어린이집이나 유치원 급식을 관리하지는 못하고 있다. 성북구가 우리나라에서 가장 먼저 무상학교급식을 시작한 곳이다. 시작도 먼저 했고, 이미 사례도 많이 쌓였다. 나는 뭔가 이름을 걸고 하는 사회활동에서 대부분 물러났지만, 그 와중에 딱 하나 남은 직책이 성북구 공공급식위원회 부위원장이다.

파리의 급식사들이 매달 모여서 하는 회의 내용을 보고 시스템이 작동하는 방식에 놀란 적이 있었다. 어떻게 아기들을 먹여야 하는지, 어떤 음식은 왜 안 먹는지 세세히 분석하고 조리법을 바꾸는 등 계속 변화를 준다. 시대가 바뀌고 문화가 바뀌는 만큼, 절대로 정체돼 있지 않고 유연하다.

성북구 공공급식위원회가 한국에서 가장 앞서 나가는 곳이기는 하지만 파리 수준에는 비할 바가 못 된다. 쌀이나 된장 등 몇 가지 식재료를 친환경으로 갖추는 예산을 확보하고, 그걸 뒷받침하기 위한 제도를 만드는 수준이다. 어떻게 하면 아이들이 음식을 가리지 않고 먹을까, 조리법을 어떻게 바꿀까, 이런 디테일을 시 전체가 고민하고 혁신하는 상황까지는 아직 가지 못했다.

그리고 앞서 말했듯 이 정도의 급식 시스템이 전국에 마련된 것도 아니다. 초등학교 이상은 좀 나은데, 유치원이나 어린이집으로 내려오면 사각지대가 많다. 예컨대 100명 미만의 소규모 어린이집은 영양사를 의무적으로 고용하지 않아도 된다든가.

하긴 규모에 따른 편법이 꼭 급식에만 해당하는 것은 아니다. 어린이집 원생이 50명 이상이면 실내나 실외에 놀이터를 설치하거나, 인근에 놀이터가 있어야 한다. 회사의 어린이집 인원이 49명인 경우가 많은 건 이런 이유에서다. 상식적으로 생각할 때 작은 실내 놀이터를 하나 만드는 건 그리 어려운 일이 아니다. 그런데도 아주 큰 회사들마저 어린이집 정원을 49명으로 제한하는 것이다.

이렇다 보니 서울경찰청이 놀이터를 설치하고 직장 내에 큰 어린이집을 만든 게 한참 화젯거리가 되었을 정도다. 경찰청이 여경을 남성 경찰관과 동등하게 대우하려 한 것과 달리, 많은 대기업들은 아직도 여성 직원을 남성과 동등하게 보지 않는 것 같다.

어린이집은 작은 편이 오히려 더 좋을 수 있지만, 급식과 같은 몇 가지는 규모의 효과란 게 있어서 좀 더 상위의 위원회에서 관리해야 한다. 한국에서는 참 이상하게도 학교급식이 진보와 보수를 가름하는 의제가 됐고, 보수적인 성향이 강한 동네에서는 급식을 '알아서 하게' 하는 쪽을 더 선호하는 문화가 자리 잡았다.

기원을 따지면 학교급식은 원래 보수 쪽이 주도했던 일이다. 2차 세계대전이 끝나고 미국이 전투에서 고전했던 이유를 분석해 보니, 가난한 청소년들이 영양을 충분히 공급받지 못한 점이 주요했다고 본 듯하다. '더 강한 전투력', 이게 미국의 보수들이 학교급식을 주도하게 된 이유다.

프랑스도 다르지 않다. 최강으로 여기던 마지노선이 독일에게 뚫렸고, 아예 나라를 빼앗겼다. 옛날부터 크고 강건하기로 이름난 게르만족에게 밀리지 않기 위해 아이들을 정말 열심히 먹였다. 독일의 주식인 감자를 마구 권장하기도 했다. 원래 안 먹던 음식을 국민 체력 강화를 위해 먹게 하려다 보니 별별 메뉴를 다 개발하게 됐는데, 그게 감자튀김을 '프렌치프라이'라고 부르게 된 이유다.

이걸 사회당의 좌파들이 했을까? 좌파는 당시 정권 근처에도 못 가봤고 대표적인 보수파인 드골주의자들이 주도했다. 영유아기와 청소년기에 건강한 체력 만들기, 이건 대부분의 국가 보수주의자들이 사명감을 가지고 추진하는 정책이다. 이와 비교할 때 우리나라의 경우는 좀 많이 이상하다.

그렇게 몇 가지를 놓고 분석해 보면, 한국은 모든 걸 엄마한테 '옴팡지게' 뒤집어씌우는 시스템이란 결론이 나올 수밖에 없다. 아기를 낳고 백일도 못되어 직장에 나가야 하는 엄마가 무슨 수로 매일 이유식을 만들 수 있나. 그러니 좀 더 현실적인 방법들을 생각해 보는 게 좋을 것 같다.

몇 가지 원칙만 갖고 있으면 일주일에 한두 번만 준비해도 이유식을 먹이는 데 큰 문제가 없다. 산해진미를 먹어야 하는 것도 아니고, 완벽한 프로그램이 존재하지도 않는다. 이유식을 먹이는 것은 우유로 부족해지는 영양분을 보충하고, 딱딱한 음식을 먹을 수 있도록 몸을 준비시키는 데 그 의미가 있다. 그때의 식습관이 평생을 좌우한다느니, 두뇌 발달에 결정적이니 하는 것들은 별로 검증된 바 없고 그저 마케팅의 영역에 속하는 것이다.

언젠가는 한국도 프랑스식 육아가 국가의 기본이 되는 순간이 올 것이다. 그때까지는? 엄마가 조금은 더 고생하는 수밖에 없다. 그렇다고 마케팅이 시키는 대로 모든 걸 다 뒤집어쓰고 살 필요는 없다. 어른들이 먹는 음식의 조리법을 바꾸고 양념을 빼는 것만으로도 기본은 된다. 육아는 단거리 경주가 아니니 길게 할 수 있는 방식을 택해야 할 것이다.

사랑하는 것과 안달하는 것은 다르다. 방치하는 건 당연히 안 될 일이지만 너무 지극정성인 것도 문제다. 육아는 단거리 경주가 아니니 길게 할 수 있는 방식을 택해야 할 것이다.

'엄마가 행복한 것', 그게 프랑스식 육아에 담긴 최고의 가치다. OECD 국가 중 합계 출산율 2를 넘어선 곳은 프랑스밖에 없다. 아이가 행복해야 한다고 백날 얘기해 봐야 공염불인 또 하나의 이유는, 일단 행복해야 결혼을 하고 아이를 낳기 때문이기도 하다. 한데 우리는 너무 많은 짐을 엄마에게만 지워 놓고, "애 잘 키우라"는 무책임한 말만 툭 던지는 사회에 살고 있다.

06

수면 전쟁

잠 못 드는 아기의 울음은 전염된다

Nessun dorma!

Nessun dorma!

Ma il mio mistero è chiuso in me,

Il nome mio nessun saprà, no, no

Sulla tua bocca, io le dirò,

Quando la luce splenderà!

All'alba vincerò!

Vincerò!

Vincerò!

아무도 잠들지 못해요

아무도 잠들지 못해요

하지만 내 비밀은 내 안에 있지요

아무도 내 이름을 모를 거예요

빛이 어둠을 물리칠 때

비로소 내가 당신의 입 위에 말해 줄게요

황혼이 틀 무렵, 난 승리할 것이다!
승리할 것이다!
승리할 것이다!
　　　　- 오페라 〈투란도트〉 중 아리아 '공주는 잠 못 이루고'

　10여 년 전의 일. 지인이 동영상을 하나 보내 줬다. 허름한 양복을 입은, 외관상 그리 매력적이지 않아 보이는 한 사나이가 초조하게 무대 위에 서 있었다. 그때는 오디션 프로그램이 뭔지도 잘 몰랐고, 영국에서 하는 오디션은 더더욱 몰랐다. 남자는 전주곡에 맞추어 천천히 입을 열었다. '네순 도르마!' 아무도 잠들지 못한다는 가사가 나왔다. 어, 이거 뭐지? 나는 몸을 곧추 세웠다. 그리고 '빈체로!' 즉 승리하겠다는 가사가 세 번 반복됐다. 클라이맥스에서 내 기분은 요샛말로 심쿵! 소름 쫙.
　'네순 도르마'에서 마지막 하이 B까지 올라가는 '빈체로', 이 부분까지가 딱 1분 4초. 원곡은 3분 정도 길이다. 어쨌든 그는 도입과 클라이맥스만으로 구성된 1분 4초짜리 노래를 불렀고, 이걸로 한 사나이의 운명이 완전히 바뀌었다.
　휴대폰을 팔던 회사원 폴 포츠는 〈브리티시 갓 탤런트〉라는 영국 오디션 방송을 통해, 정확히는 그 1분 4초짜리 노래를 통해 전혀 다른 인생을 살게 되었다. '네순 도르마'는 푸치니의 오페라 〈투란도트〉에 나오는 유명한 아리아다. 원래 파바로티가 부른 것으로 잘 알려져 있었는데 그 1분 4초 이후 정말 많은 사람이 폴 포츠 버전으로 알게 되었다.

'네순 도르마', 한국 제목은 '공주는 잠 못 이루고'다. 아주 이상한 번역은 아니다. 오래전 오페라 〈투란도트〉를 자세히 볼 일이 있어서 가사를 어렴풋이 알고 있었는데 폴 포츠의 영상을 본 후로는 완전히 머릿속에 박혀 버렸다.

그리고 아이가 태어난 이후로 그것은 밤마다 환청처럼 귀에 맴도는 소리가 됐다. '네순 도르마, 아무도 잠들지 못한다.' 아기들이 자기 전까지는 아무도 자지 못한다. 공주는 잠 못 이루고, 아기도 잠 못 이루고, 아무도 잠들 수 없다.

한동안 약간 떨어진 옆집과 뒷집에 비슷한 또래의 아기가 살았다. 저녁 8시에서 9시 사이, 집집마다 돌 언저리의 아기들을 재우느라 그야말로 난리였다. 한 아이가 울면 다른 아이가 울고, 다른 아이가 울면 또다시 울음이 반복된다. 창문을 열어 놓고 지내는 여름이면 잠 못 드는 아기의 울음이 집에서 집으로 퍼져 나간다. 사람의 울음이란 게 본디 전염되는지는 모르겠지만 한여름 밤, 잠 못 드는 아기의 울음은 전염된다.

동네에 그렇게 많은 아기들이 살고 있었는지 그때 처음 알았다. 친정에 와 있는 딸의 아기, 시부모가 맡아 주고 있는 아들의 아기……. 생각보다 정말 많은 아기들이 있었다. 그렇게 시작된 울음 릴레이가 얼마나 멀리 퍼져 갔을까? 어쩌면 몇 킬로미터를 갔을지도 모르겠다.

그리고 그 집집마다, 아기가 잠들기 전에는 아무도 자지 못한다. 한여름 밤의 꿈이 아니라 한여름 밤의 슬픈 자장가였다. 그리고 그 자장가는 골목을 지나고 또 골목을 지나고, 다시 골목을 지나, 거대한 합창이 되었다.

네순 도르마, 네순 도르마
아무도 잠들지 못한다, 아기가 잠들기 전까지는.
알라바바, 빈체로, 빈체로.
황혼이 뜰 무렵, 나는 승리할 것이다, 승리할 것이다.

육아의 가장 강렬한 기억, 아기 재우기

생후 100일이 될 무렵까지 아기는 두세 시간 간격으로 깨고 일어나기를 반복한다. 아직 엄마 뱃속에 있던 기억과 현실의 기억이 명확히 분리되지 않을 때다. 심지어 엄마와 이어진 탯줄의 기억이 공존하는 시기이기도 하다. 시간이 지나야 눈이 조금씩 보이고, 더 시간이 지나야 소리가 제대로 들리기 시작한다. 잠을 자는 것과 잠을 자지 않는 것 사이의 분리도 명확하지 않을 것 같다.

이유식을 시작할 때쯤, 이제 아기는 공포와 싸우게 될 것이다. 엄마가 보이지 않는 것도 무섭고 만져지지 않는 것도 무섭다. 애착 관계가 본격적으로 형성되면서 엄마와 떨어지는 것에 대한 분리불안도 시작된다. 워킹맘들이 이 시기에 가장 고통스러워하는 것이 주 양육자로서의 엄마와 아이의 관계 형성, 그리고 아기의 분리 불안이다.

두 아이를 키우고 보니, 엄마 외에 보조 양육자가 많은 것이 길게 보아 도움이 되었다. 우리의 경우는 우여곡절 끝에 주중에 장모님이 집에 계시게 되었다. 나도 아이들과 꽤 많은 시간을 보냈다. 큰애는 상대적으로 분리불안 증상이 별로 없었고, 둘째는 아예 없었다. 그래도 재우는 것만큼은 쉽지 않다.

이유식 기간이 어느 정도 끝나갈 때쯤 아기는 좀 더 규칙적으로 잔다. 아침에 오전 잠을 한 번 자고, 오후에 낮잠을 잔다. 오전 잠시간이 점점 줄어들면서 어느덧 밤잠과 오후 낮잠 한 번으로 정착된다. 오후 낮잠은 꽤 오래 가는데, 이게 사라질 즈음에 학교에 가게 된다.

아기는 기억하지 못한다, 이 어린 날의 잠들지 않던 시간들을. 그렇지만 대부분의 부모에게는 잠을 재우는 게 육아의 가장 강렬한 기억으로 남을 것이다. 매일매일 몇 시간씩, 아침과 오후, 밤마다 힘든 시간을 반복적으로 보내는 탓이다.

잠든 아기의 모습은 얼마나 아름다운가? 그 증거로 새근새근 잠든 아기의 아름다움을 그린 문학이나 회화가 많다. 이 경우 아기가 아름다운 게 아니라 잠든 게 아름다운 것이다. 그렇게 갖은 고초 끝에 재운 아기를 깨우는 존재……, 그건 악마다. 술을 마시고 늦게 집에 왔다가 애를 깨운 적이 있다. 남의 집에 잘못 들어가서 당하게 되는 봉변의 몇 배는 심하게 얻어 터졌다.

큰애는 특히나 잘 자지 못했다. 안아서 재우다가 잠이 들면 눕히는데, 눕히면 바로 깬다. 그렇다고 내내 안고 있을 수만은 없다. 아내가 지치면 나도 같이 재우려고 안간힘을 쓰지만 성공한 적이 몇 번 없다. 패배자(?)이긴 해도 어느 정도의 노역인지는 실감한다. 순수하게 몸이 힘들다. 오래 안고 있으면 말 그대로 팔이 떨어져 나갈 것 같다. 그러다 겨우 잠이 들어 내려놓으면 바로 깨 버린다.

공갈젖꼭지, 흔들이 그네 등 온갖 도구들이 동원된다. 그래도 매일 밤 전쟁 같은 상황이 계속된다. 아침도 점심도 마찬가지다. 아기는 졸린다고 그냥 자지 않는다. 졸리고 피곤할수록 더 자기 힘들어 한다. 지쳐 쓰러져 자는 경우야 있겠지만, 유아에게 그 정도의 스트레스를 주고 싶은 엄마가 있겠는가.

그래서 아이를 재우는 일에 관해 루틴*을 만들게 된다. 커 가면서 루틴이 잘 생기는 경우와 그렇지 않은 경우가 있으므로 차이가 존재하긴 하지만, 공통적인 부분이 있다. 이 절차가 진행되는 동안 집안에 있는 사람들이 모두 숨을 죽이고, 아기가 잘 때까지 전부 대기해야 한다는 것.

아기가 너무 안 자서 차에 태우고 돌아다녔다는 얘기를 들었다. 차에서 내리자마자 깨니 별 효과는 없었다고 했다. 아이 셋을 키우는 방송국 직원의 아기가 아기그네에서 한 시간씩 흔들어 주어야 잔다는 얘기도 들었다. 하여간 수면 습관이 어느 정도 자리를 잡기 전까지, 잠재우기는 육아에서 가장 힘든 순간 중의 하나다. 그리고 아빠가 많이 도와주기 어려운 일이기도 하다. 똥 기저귀 갈아 주고, 밥 먹이

---

* 규칙적으로 하는 일의 정해진 순서와 방법.

고, 이런 건 재우는 데 비하면 일도 아니다.

두 아이를 놓고 비교해 보니, 큰애 때는 첫아이라서 우리가 너무 정성을 들였던 것 같다. 울면 엄마며 외할머니며 아빠며 죄다 부리나케 뛰어가서 어떻게든 문제를 해결해 주려고 했다. 둘째는 아이가 둘이니 형편상 그렇게 해줄 수 없어서 울어도 그냥 방치해 둔 적이 많았다. 한창 큰애가 응가 중인데 둘째가 운다고 갑자기 뛰어갈 수 있나?

잠은 둘째가 쉽게 그리고 훨씬 빨리 잔다. 울어 봐야 소용없다는 것을 너무 어린 나이에 배웠는지도 모른다. 아이가 둘 이상인 집에서 첫째 애는 아기용 욕조에서 애지중지 목욕시켰는데, 둘째 애는 싱크대에서 물만 묻혀 씻기게 된다는 얘기들을 하고는 했다. 첫애는 산부인과에서 시키는 정기검진 등 온갖 검사를 하는데, 둘째 애는 산부인과 한두 번 데려가면 많이 가는 거라는 얘기도 들었다.

우리 집 두 아이에겐 소소한 차이가 있다. 둘째는 혼자 노는 걸 잘한다. 장난감도 혼자 갖고 놀고, 책도 혼자 본다. 안쓰러운 마음에 읽어 주려고 하면 그냥 자기가 혼자 보겠다고 심통을 부릴 때도 있다. 어울려 놀면 또 재미있어 하긴 하지만 기본적으로 혼자 하는 일을 좋아한다. 반면 큰애는 아직도 혼자 뭘 하는 걸 재미없어 한다. 그런 차이가 잠드는 과정에서 꽤 큰 차이로 나타났다.

아이들이 세 살과 다섯 살인 지금, 잠자리에 누우면 둘째가 훨씬 먼저 잠든다. 대충 10분이면 자는 것 같다. 큰애는 쉽게 잠들지 못하고, 중간에 몇 번씩 방에서 나온다. 아기에게 정성을 쏟는 건 좋은 일이지만 공들인다고 뭐든 다 해주는 게 꼭 좋은 것 같지는 않다. 수면 습관을 보니 확실히 그랬다.

지난한 '수면 전쟁'의 경험을 잠시 소개했다. 아, 한 가지 확실한 것은 있다. 잔디밭이나 운동장 등 야외에서 지칠 때까지 뛰어 논 날은 잘 잔다는 것. 큰애가 다섯 살이 된 지난여름, 처음으로 가족이 해수욕장에 갔다. 해가 떠서 다시 사라질 때까지 바닷물과 모래 위를 누비며 신나게 놀았고, 그날 밤은 잠자리가 바뀌었는데도 숙소에서 꿀잠을 잤다. 덕분에 아내도 간만에 곤히 잘 수 있었다.

주말 오후 낮잠은 유일한 평화의 시간

세 살과 다섯 살 두 아이의 오후 낮잠 시간은 비슷하다. 요즘은 어린이집에 보내기 때문에 두 아이의 낮잠을 재우는 날은 일주일에 딱 두 번, 토요일과 일요일이다. 딱 두 번이라지만 주말 이틀 내내이기도 하다.

결혼 전엔 주말이 '내 일'을 할 수 있는 유일한 시간이었다. 처음 회사에 다니기 시작했을 때는 아직 주 5일 근무가 시작되기 전이었다. 그러다 토요일 출근을 안하게 되니 그 하루가 그렇게 소중할 수 없었다. 꼭 써야 할 글이 있거나 뭔가 공부해야 할 때가 아니면 대부분 여행을 갔다.

돌이켜 보니 그간의 주말 중 절반은 집에 있고, 절반은 여행을 갔던 것 같다. 내가 가진 생각의 거의 대부분은 그렇게 여행 다니면서 정리한 것이다. 때문에 긴 여행은 아니더라도 일상의 공간을 벗어나는 일을 자주 하는 편 이다.

하지만 아이가 태어난 후 주말의 가장 큰 관심사는…… 그렇다. 낮잠이다. 아이가 더 어릴 때는 아기가 잘 때 나도 같이 잤다. 그때 안 자면 하루를 버티기 힘드니까. 아기들은 아무리 힘들게 놀았더라도 자고 일어나면 만땅 충전되어 "지금부터 시작!"이다. 오전 내내 한바탕 했는데 오후 3시부터 다시 밤까지……? 그렇게 오래 버틸 수 있는 있는 강인한 체력이 나에겐 없다. 둘째가 세 살 가까이 되면서부터는 한결 수월해졌지만.

두 아이가 동시에 낮잠을 자면 평화가 온다. 글을 쓸 수 있고, 책을 읽을 수도 있다. 아내도 아내의 일을 한다. 하지만 그런 기회가 매번 오는 건 아니다. 큰애는 재밌게 놀다 보면 낮잠을 건너뛰어 버린다. 세 살 된 둘째도 고정된 시간에 자지는 않고, 큰애가 딱 일어난 시간에 잠이 들기도 한다. 이러니 잠만 재우다 황금 같은 주말이 가 버리는 일도 적지 않다.

최근에는 두 아이가 동시에 낮잠을 자게 하기 위해 꼭 오전에 외출을 한다. 특별히 갈 데가 없더라도 뭐라도 생각해 내 밖에서 한두 시간 논 후, 돌아오는 차 안에서 애들이 잠들기를 바란다. 이것도 성공률 100%는 아닌 데다 길어야 두 시간 정도지만, 주말에 쉬거나 뭔가 할 수 있는 유일한 시간이다.

결혼을 하고 나서 대부분의 시간을 아내와 함께 보냈다. 여행을 많이 갔고, 그게 어려우면 서점이라도 같이 갔다. 아이가 태어나고 나서는 주말에 둘만 외출한 게 손에 꼽을 정도이다. 주로 아이들과 돌아다니는데, 1시간 정도 거리에 있는 문화시설에 가는 일이 많다. 별로 볼 것이 없는 경우도 많지만 집에서 티격태격하고 있는 것보다는 나가서 뭐라도 하고, 잠을 제때 재우는 게 낫다.

낮잠이란 게 중간에 턱 끼니 일상의 스케줄이 완전히 달라졌다. 그리고 외출하는 목적도 바뀌었다. 일단 집밖으로 나가고 본다. 하지만 아주 추운 겨울이면 꼼짝없이 집에서 내내 뒹구는 수밖에 없다. 큰애는 TV를 틀어 달라고 하루 종일 조른다.

낮잠 재우는 건 정말 얼마 안 남았고, 주말에 아이들과 보낼 수 있는 시간도 그리 오래 남지는 않았다. 더 크면 아이들도 자신만의 주말을 갖고 싶을 것이다.

시간은 그렇게 흐른다. 곧 엄마와 아빠의 시간이 지나고, 아이들의 시간이 올 것이다. 지나면 이 순간의 기억은 대수롭지 않은 게 될 거고, 다른 기억들도 함께 희미해지거나 사라지리라. 하지만 지금은 '어떻게 두 아이를 동시에 낮잠 재울까?'가 내가 주말마다 가장 많이, 그리고 중요하게 생각하는 것이다.

07

돌잔치와
앨범 만들기

의식하지 않고,
내 멋대로 행복하게 산다

누군가 나를 보는 게, 특히 여러 사람이 나를 지켜보는 게 싫었다. 아마 중학교 이후부터 그랬던 것 같다. 중심이 되는 자리라면 질색을 하니 그때부터는 생일 파티를 한 적도 없다. 내 생일인데 그 정도도 마음대로 못하나? 그래서 생일 파티를 안 하는 게 내 개성이 되었다. 나이 먹은 후에도 당연히 환갑 같은 걸 챙길 생각이 없다.

남이 날 어떻게 볼지, 내가 어떻게 기억될지, 그런 걸 생각하기 시작하면 삶이 고달파진다. 내가 살면서 누리는 소소하지만 중요한 행복들은 생일 파티를 안 하기로 마음먹은 그 순간으로부터 기원한 것 같다. 순간을 행복하게 사는 것 외에 더 필요한 건 없다. 그게 장례식이든 혹은 무덤이든.

사업하는 친구가 돈이 없어서 큰 곤경에 빠진 적이 있었다. 그것도 아주 오랫동안 곤란을 겪었다. "내가 죽으면 한국은행에다 뿌려줘. 돈 냄새라도 실컷 맡게." 그 친구가 종종 하던 얘기다. 어떻게 죽을 것인가, 그것도 살면서 가끔은 스스로 던져 봐야 할 질문이기는 하다. 나는 어떤 기념할 것도 남기지 않을 생각이다. 죽고 나서의 일들을 생각하면 살아있는 순간에 행복하기 어렵다. 그날 행복한 것이 죽고 나서의 영광보다 백만 배는 중요할 것 같다.

돌잔치와 앨범 만들기

내 생일을 따로 챙기지는 않아도, 남의 생일이나 기념일 같은 것은 여력 닿는 대로 챙긴다. 장례식은 가급적 가려고 하고, 결혼식은 잘 가지 않는다. 좋은 날이라 나 말고도 축하해 줄 사람이 많을 테니. 아이 돌은 딱 한 번 갔는데 장소는 63빌딩이었다. 그건 정말 친한 친구라서 갔고, 뭐 이런 식으로 살아왔다.

아기가 돌이 되었다. 하던 대로 했다. 어머니가 많이 아프셔서 잔치 같은 걸 하기도 어려웠던 터라 그냥 집에서 치렀다. 마루에 돌상을 차렸고, 친가와 외가, 그렇게 따로 두 팀을 불렀다. 둘째 애 돌 때는 어머니 병세가 더 나빠지셔서 밥 한 그릇 먹는 걸로 끝냈다.

돌이라면 역시 '돌잡이'가 있다. 나는 꼭 필요할까 싶었지만 아내와 어른들은 모두 하고 싶다는 의견이었다. 그래서 아이에게 한복을 입히고 상 위에 이것저것 올려놓았다. 큰애도 둘째 애도 제일 먼저 집은 게 돈이었다. 이런! 둘 다 경제학자의 자식 맞군.

돌잔치는 아기가 태어나고 나서 처음으로 돈을 많이 쓰게 되는 행사다. 남들 하는 만큼 이것저것 하면 식대를 포함해 200만원 정도가 든다. 좀 더 비싼 데서 하면 300만원이 넘기도 한다. 돈이야 어차피 사람들이 와서 내 줄 거고 돌 반지도 받을 수 있고 하니 괜찮지 않은가, 뭐 이렇게 생각하는 사람이 많은 것 같다.

한데 그게 다 빚이자 신세지는 것이다. 금반지를 받았으면 나도 금반지를 주어야 하고, 어차피 돌려주는 거라면 더 좋은 걸 줘야 한다. 그러니 아무 계산도 없이 식구들끼리 하는 게 마음 편하다. 아기 핑계 대고 친구들이랑 노는 게 목적 아니냐는 사람들도 봤는데, 노는 건 평소에 놀면 된다. 더구나 돈 쓰면서 노는 건 가급적 안 하는 게 좋다는 게 내 소신이다. 그럼 사진은? 당연히 내가 찍었다.

"남는 건 사진이더라." 진짜 성장 앨범 만들기

큰애가 날 때쯤 성장 앨범이라는 게 유행했다. 문제의 '흑룡의 해'라 그런지 더 극성이었다. 스튜디오 촬영 몇 번에 사진사가 방문해서 하는 촬영을 포함해 수백만 원을 불렀다. 처음 들었을 때 과연 장사가 될까 싶었다. 세상에 아무리 돈 많은 사람이 많다지만 저런 사업이 장기적으로 유지될 수 있을까? 아니나 다를까, 몇 년 지나니 대부분 망했다. 일단 엄마들이 돈이 없고, 사진은 다들 찍을 줄 알아서다.

앞서 얘기한대로 애들 돌 사진은 내가 찍었다. 큰애 때는 간만에 대포 같은 칼 자이스*도 꺼냈고, 50밀리 단렌즈도 썼다. 나중에 확인해 보니 50밀리로 찍은 사진들 중 기가 막히게 나온 것들이 있었다. 한복 입은 사진도 잘 나왔고 일본 갔을 때 샀던 유아용 유카타를 입

---

* 독일의 회사로 광학기기 제조사 중 가장 오래된 곳. 미러리스, DSLR, 시네마 등 카메라 렌즈로 유명하다.

은 것도 멋지게 나왔다. 집에서 하는 대신, 옷은 이것저것 갈아입히면서 계속 찍었다. 장모님과 장인어른의 사진도 좋은 것을 건졌다.

이렇게 첫째 때는 렌즈도 갈아가면서 썼지만, 둘째 애 돌엔 정신도 없고 해서 초소형 미니 줌으로 찍었다. 기본 렌즈 중 하나라 가볍고 가격도 싸다. 사진 좀 찍는다는 사람들은 우습게 보기도 하지만, 방송국에서 드론을 날려 항공 촬영할 때 주로 쓰는 카메라와 렌즈다. 드론에 겁나게 무거운 탱크 같은 카메라를 태우지는 않으니까. 물론 인물 사진용은 아니지만 그래도 그냥 사용했다. 생각보다 괜찮게 나왔다.

돌잔치는 집에서 소박하게 하고 사진도 아마추어인 아빠가 찍었지만 앨범을 소박하게 만들지는 않았다. 인화해 주는 곳에서 앨범용 책자를 디자인해 줘서 총 3부를 만들었다. 보통 앨범보다는 조금 더 비싼, 마치 책처럼 생긴 그것을 친가와 외가에 한 부씩 드렸다. 효도란 걸 한 기억이 도통 떠오르지 않는데, 이게 내 삶의 유일한 효도였는지도 모르겠다.

노인들이 시간 나면 들여다보는 게 돌 앨범 책이다. 나는 조금 좋은 카메라와 렌즈를 썼는데, 사실 그냥 휴대폰으로 찍어도 아무 무리 없다. 대형으로 인화해 벽에 걸어 놓을 용도라면 화소 수가 문제가 되지만 앨범 정도론 전혀 티가 나지 않는다.

그 후로도 몇 번 더 앨범 책자를 만들 일이 있었다. 자기 사진이 있고, 친척들 사진도 있으니 아이들은 참 좋아했다. 그림책을 보듯 자주 끼고 본다. 특히 둘째가 좀 자라 형의 앨범을 보며 즐거워했을 때는 나도 정말 기분이 좋았다.

세상에서 제일 좋은 사진은, 부모가 찍어 준 사진이다. 그 이상의 사진은 없다고 단언할 수도 있다. 카메라는 도구일 뿐, 사진은 피사체와 빛, 그리고 찍어준 사람의 기억으로 구성되는 것이다. 그러니 엄마들이 휴대폰을 꺼내 순간순간 담은 사진이 유명 사진가의 사진보다 더 의미 있는 것이다. 앨범뿐 아니라 가슴에 남기 때문이다.

또 사진에 있어 가장 중요한 부분은 찍는 게 아니라 고르는 것이다. 더 잘 나온 사진을 고르는 것, 그게 진짜 사진의 기술이다. 엄마들도 충분히 할 수 있다. 그렇게 찍은 사진들을 모아 만든 것이 진짜 성장 앨범이다. 품질도 더 낫고, 추억이라는 면에선 비교 자체가 힘들다.

필름으로 사진을 찍던 시절과 달리 요즘은 '사진 기술'이 대부분 필요 없어졌다. 가슴에 남을 사진을 고르는 법만 알면 된다. 그리고 이거야말로 기술로 안 되는 일이다. 가슴으로 사진을 고르는 것.

중학교 때 사진반에 들어갔다. 특별활동을 위해 의무적으로 하나씩 고르게 돼 있었는데, 그때 사진반을 택한 것이다. 사진반에선 휴일에 사진을 찍기 위해 여행을 갔다. 소위 얘기하는 출사라는 건데, 담당 선생님이 참 열심히 사는 사람이었다는 생각이 든다. 아무튼 그때 찍는 법을 배워 고등학교 내내 열심히 찍었다.

대학에 들어가면서 사진을 끊었다. 필름 카메라 시절이었다. 이제 현상과 인화도 해야 하는 단계가 됐는데, 혼자서 할 만한 공간이 없었다. 이러다 계속 사진만 찍게 될 것 같기도 해서 카메라를 내려놓았다. 내 막냇동생은 대학에 들어가면서 사진반에 들어갔고 평생 사진을 찍었다. 아버지가 쓰던 카메라를 내가 물려받았고, 그걸 다시 막냇동생이 물려받았다.

카메라를 다시 손에 잡은 것은 고양이를 키우기 시작하면서부터다. 이렇게 멋진 피사체가 있는데 그냥 눈으로만 보기 아까웠다. 그 시기는 영화감독 이준익과 하루 종일, 그리고 매일 붙어 있던 무렵이다. 이준익 감독도 사진을 괜찮게 찍는다.

그가 몽골에 여행갈 때 카메라와 렌즈를 협찬을 받아서 가져갔다. 배낭에 든 카메라가 너무 무거워서 내내 고생했다고 했다. 자기 카메라면 그냥 던져버리고 왔을 텐데 협찬 받은 거라 끝까지 모시고 다닐 수밖에 없었다. 그의 표현이 이렇다. "아주, 패 죽이고 싶었어."

그때 이 감독의 '살의'를 불렀던 것은 소위 천만 원 대는 아니지만 꽤 좋은 카메라였다. 내가 다시 사진을 찍어 볼 생각이라고 했더니 지인인 사진작가가 권했던 모델이기도 했다. 좋긴 하지만 무거운 걸로도 유명한 놈이다. 계속 필름 사진을 고집하던 젊은 사진작가가 이 카메라로 며칠 작업하다가 목 디스크가 올 뻔했다는 얘기도 들었다.

그리하여 결국 내가 고른 카메라는 가장 가볍고, 렌즈 종류도 별로 없는 것이었다. 공교롭게도 그 즈음에 이준익 감독이 고른 카메라도 같은 놈이었다. 그걸로 〈평양성〉 바로 다음에 발표할 가벼운 독립영화를 촬영하려 했다. 시나리오 기획 작업이 늦어져 불발되긴 했지만.

그 후로 이준익은 '휴대폰 영화'에 잠시 꽂혔다. 휴대폰 영화제의 심사위원을 맡기도 했다. 물론 휴대폰으로 영화 한 편을 다 찍기는 어렵다. 그러나 단편영화 같은 것엔 일부러 색다른 느낌을 주기 위해 휴대폰 영상을 사용하기도 한다. 부분적으로 영화 카메라를 채워 넣으면서 휴대폰을 중심으로 영화 작업을 하는 것도 본 적 있다.

같은 시기에 나는 경제 다큐 프로그램을 진행하게 됐는데 바로 그 카메라가 방송 인트로에 소품으로 사용되었다. 현장에서 찍은 사진은 클로징 멘트가 나갈 때 배경 화면으로 쓰였다.

사진에도 트렌드가 있다. 최근에는 고가 장비에 '밝은 렌즈', 그러니까 비싼 렌즈를 써야 나올 수 있는 효과가 유행이다. 휴대폰 사진으론 따로 수정을 하지 않는다면 그런 효과를 주기 힘들다. 〈무한도전〉에서 일명 '오두막'이라고 부르는 사진용 카메라를 투입하면서 대중적으로 알려지고 유행하게 됐는데, 이후로 드라마까지 번졌다.

"휴대폰으로는 이런 거 못 찍어요."

요즘 좋은 사진이라고 하는 것들의 트렌드는 휴대폰이 못 하는 것을 강조하는 방식이다. 물론 사진의 본질과는 아무런 상관없는 부분이다. 내가 꼽는 가장 사진을 잘 찍고, 그 작업이 의미 있었던 사람은 루이스 캐롤이다. 그는 상자처럼 생긴 백 년 전의 사진기로 촬영했다. 사진을 찍었던 사람 중에서 루이스 캐롤보다 대중적으로 유명해진 사람은 없다.

사실 그는 수학을 전공한 수학자였지만 사진을 더 좋아했다. 특히 소녀들의 사진이 그의 전공 분야였다. 그래서 어린 소녀들의 세계와 머릿속 생각들을 알게 되었다. 그러니 루이스 캐롤이야말로 마음으로 사진을 찍은 사람이다. 단지 찍기만 한 게 아니라, 피사체의 마음과 삶도 함께 마음에 담아 두었으니.

이 보수적인 수학자가 사진을 통해 마음에 새긴 것들을 모아 탄생시킨 작품이 『이상한 나라의 앨리스』다. 소녀들의 기괴하고도 괴팍한 상상의 세계를 이만큼 들여다본 사람은 전에도 후에도 없다. 이

관찰과 상상의 산물은 지금도 전 세계 어린이들이 읽고 있고, 몇 번이고 영화로도 만들어진다. 나도 루이스 캐롤에게서 많은 영감을 받았다. 고양이 학교에 대한 얘기를 구상하기 시작한 것은 순전히 루이스 캐롤 때문이다.

좋은 사진이 뭐냐고 묻는다면 '마음으로 찍고 마음에 남는 것'이라고 정의하겠다. 사진기와는 상관없다. 지금 엄마들이 아이들 사진을 찍는 데 사용하는 보편적인 도구인 휴대폰 카메라도 루이스 캐롤이 쓰던 구형 사진기보다는 백만 배쯤 좋은 성능을 갖고 있다.

당연히 모두가 루이스 캐롤처럼 기념비적인 사진을 찍지는 못할 거고, 그 사진을 형상화해 『이상한 나라의 앨리스』 같은 얘기를 만들 수도 없다. 그래도 무슨 상관이랴. 사진기의 품질만은 루이스 캐롤보다 뛰어나지 않은가. 자신을 가져도 좋다.

아이 돌잔치, 복잡하게 할 이유는 없다. 집에서 간단하게 상을 차리고 식구들이 모여 밥 한 번 먹으면 된다. 그 대신 사진이 남는다. '남는 건 사진 밖에 없다'는 게 돌잔치의 핵심이다. 괜히 성장 앨범 만든다고 애먼 돈을 쓸 필요는 없다.

기고, 일어서고,
걷고, 달리고

    태어난 지 1년이 되면 아이에겐 많은 변화가 일어난다. 그리고 이제 엄마들, 아니 할머니들 사이의 경쟁이 시작된다. 누워만 있다가 몸을 뒤집고, 곧 자리를 박차고는 기어 다니기 시작한다. 아이는 혼자 열심히 팔 힘을 길러, 결국 뭔가를 지지대 삼아 짚고서 두 발로 선다. 우리 집 애들은 침대 대신 놓은 매트리스를 잡고 처음 일어섰다.

    그리고 다시 다리 힘을 열심히 단련해 걷기 시작한다. 돌이 되면 대부분의 아이들이 걷기 시작하는데, 돌 전에 걷느냐 못 걷느냐를 두고 경쟁이 시작된다. 이건 개인차가 심한 데다 우열을 가릴 수 있는 일도 아니라 한 마디로 무의미한 경쟁이다. 또 그렇지 않은 게 사람 마음이기는 하지만.

    아주 어릴 땐 우유를 먹인 후 트림까지 할 수 있게 돕지 않으면 결국 토하고 만다. 그러니 스스로 트림을 하는 것도 큰 변화다. 혼자 힘으로 소화를 할 수 있게 된 것이다. 갓난아기를 안을 때 목을 잘 받쳐 주는 것도 꼭 해야 하는 일이다. 그런데 1년 사이에 목도 가누지 못하던 아이가 일어서 걸음마를 한다. 놀라운 일이 아닐 수 없다.

    아기가 태어나면 눕혀 놓고 컴퓨터 앞에서 작업을 해야지, 이런 야무진 생각을 했었다. 그런데 태어나서 처음 노트북을 본 아기가 제일 먼저 한 행동은, 광속에 필적할 속도로 기어와 노트북을 마구 만지는 일이었다. '아, 불가능하구나!' 누구에게 말하지는 않았지만 내가 바보였다는 깨달음을 마음속에 한 번 더 적립했다.

아직 몸을 제대로 일으키지 못하는 아이에게조차 컴퓨터 모니터는 너무나 매혹적인 물건이다. 큰아이가 노트북을 향해 겁나도록 빠른 속도로 기어오던 장면이 지금도 눈에 선하다.

그게 컴퓨터, TV, 휴대폰과 같은 문명의 이기와의 싸움이 시작된 첫 순간이었다. 스스로 움직이게 되면서 제일 먼저 만지려고 한 게 노트북이었다. 그리고 몸을 편히 가눌 수 있게 된 후 제일 먼저 손에 넣은 것은 리모컨이다.

아기가 몸을 일으키기 시작하면 서둘러 준비해야 하는 게 수많은 쿠션들이다. 이리 쿵, 저리 쿵, 이리저리 쿵쿵. 초보운전자답게 엄청 박으면서 다닌다. 매트를 깔아 주어야 하는데 이게 참 등골이 휠 만큼 비싸고, 또 개수도 많이 필요하다. 돈 드는 육아의 서막이다.

장난감은 물려받은 게 최고고, 그편이 더 안전하다. 새 장난감에 많이 들어 있는 화학물질 때문이다. 하지만 아기들이 쓰는 매트는 정말 형편이 어렵지 않다면 새것을 사는 게 낫다. 옷은 아무거나 입혀도 되지만, 매트는 비싼 것을 사는 수밖에 없다. 환경 호르몬 때문이다.

화학적으로 덜 해로운 물질을 사용하는 에코폼은 비싸다. 그래도 별 방법이 없다. 거기다 수명도 길지 않다. 물리적 수명만 보면 반영구적이라고 할 수 있지만, 화학적 수명이 길지 않다는 의미다. 그래서 아이들이 쓰는 물건을 물려주고 물려받는 것을 선호하는 나도 쿠

선만은 구입해야 했다. 그리고 등골이 휘었다.

　서울시에서 운영하는 녹색장난감도서관이라는 곳이 있다. 시청역에서 바로 이어지는 지하에 위치해서 접근성이 아주 좋다. 꽤 다양한 장난감을 여기에서 빌릴 수 있다. 제때 반납하면 나중에는 대여할 수 있는 기간도 늘려준다. 어지간한 장난감은 다 있지만, 너무 부품이 많은 것은 빌리지 않기를 권해 드린다. 반납할 때 콩알만 한 부품들을 전부 찾느라 오밤중에 난리가 난다.

　기어 다니던 아기가 한참 다리를 단련시킨 후 어느 날 기적과 같이 일어난다. 그리고 한발씩 떼며 스스로 걷는 연습을 한다. 이제 보행기가 등장할 시간이다. 나는 보행기 사용에 반대했다. 무리하게 근육을 사용하게 되어서 장기적으로는 좋지 않다는 게 정설이기 때문이다. 그렇지만 결국 하나 샀다. 아기가 걷는 모습만 마냥 지켜보고 있을 수는 없기 때문이다.

　위험하니 바퀴는 빼고, 그냥 그 안에 들어가서 서 있게 했다. 그러면 이것저것 붙은 방울이나 바퀴 같은 것을 돌리면서 혼자서 10분 정도는 논다. 제일 싼 기본형으로 샀다. 고급 제품이나 수입품을 사게 되면 보행기도 정말 비싸다. 하지만 아이 성장에 아주 필수적인 물건은 아니라는 점을 말해 두고 싶다.

　비슷한 용도로 사용하는 범보 의자가 있다. 아기 다리를 낄 수 있는 두 개의 홈이 있고, 엉덩이 부분이 깊게 파여 있다. 즉 앉은 자세로 두 다리가 의자에 묶여 있는 상태가 된다. 잠깐 동안은 여기 앉혀 놓고 다른 일을 볼 수 있다. 하지만 너무 오래 앉아 있으면 울기 시작한다. 주로 빠져 나오려고 버둥거리다 실패해서 우는 것인데, 정서상

별로 좋지 않을 것 같았다. 우리 집 애들은 돌을 지난 뒤엔 범보 의자를 쓸 수 없었다. 남자 애들이라 힘이 좋아서 그런지 쓱 다리를 빼고 일어나 버린다. 이것도 싼 것이나마 새로 샀었다.

아이가 일어서게 되면 이제 집에 있는 모든 물건이 다 위로 올라간다. 아기 손닿는 곳에 아무것도 없게 할 수밖에 없다. 주방에 아일랜드 식탁이 있다. 이사 온 초기에는 아내와 여기 앉아 얼굴을 마주 보면서 차도 마시고 밥도 먹고 했다. 하지만 큰애가 첫 걸음을 떼고 나서는 온갖 물건의 피난처로 전락했다. 그때 아일랜드 식탁으로 올라간 물건들은 아직도 내려오지 못하고 있다.

아기가 자라고, 또 새로 태어나면서 소소한 짐들이 기하급수적으로 늘어난다. 이때쯤 부엌 서랍 등 아이 손에 닿는 모든 것에 아기용 잠금쇠를 걸게 된다. 비싸지는 않은데 자주 교체해 주어야 해서 이 비용도 만만치는 않다. 아기가 잡아서 떼버리는 경우도 있지만, 보통은 어른들이 무심결에 열다가 망가트린다.

또 아이들이 쿵하고 박는 곳마다 여기저기 스펀지 패드 같은 것도 붙여놓게 된다. 아기가 움직이는 공간이 늘어날수록, 방지 패드를 붙이는 곳도 늘어난다. 한 단계씩 성장할 때마다 방어하기도 그만큼 힘들어지는 것이다.

아이의
언어

돌을 지나면서 '엄마', '아빠'와 같은 기본적인 단어를 말하기 시작한다. 돌 전에 말을 하는 아이도 있고, 돌이 지나야 시작하는 아이도 있다. 시기가 빠르든 늦든 중요한 것은 아니지만 그래도 그 시절엔 작은 변화 하나도 크게 느껴지니 애타게 기다리게 된다.

큰애는 엄마보다 아빠를 먼저 말했다. 물론 '아빠빠빠'하고 돌아다닌 거라 '아빠구나.'하고 이해하면서 듣는 거지, 분절음으로 보기는 힘들다. 제대로 발음한 건 '엄마' 쪽이 빨랐고, '아빠'라고 정확하게 말한 건 그로부터 6개월이 더 지난 후의 일이다. 큰애가 돌이 지나기 전에 아내는 복직해 출근하기 시작했고, 낮에는 나와 장모님이 돌아가면서 아기를 보았다. 돌 이전보다는 아빠와 지내는 시간이 확실히 더 많아졌었다.

엄마, 아빠의 단계를 넘어가면 이제 '하무이', '하부지' 같이 할머니 할아버지를 찾기 시작한다. 그러면 할머니와 할아버지의 지갑이 본격적으로 열린다. 오죽하면 6개의 지갑이 열린다는 '식스 포켓'이라는 개념이 다 등장했겠는가. 할머니, 할아버지 소리를 손자 입으로 들으면 정말 지갑이 술술 열린다. 이것도 다 먹고 살자는 애들의 생존 전략이 아닐까 하는 생각이 들 정도다.

이 시기, 몇 개의 단어를 더 말하게 된다. 우리는 집에서 고양이를 길렀기 때문에, 고양이 이름인 '옹구' 등 고양이에 대한 단어를 인지했다. 큰애는 강아지를 '머머'라고 불렀다. 다른 집에서 기르는 강아지들이 '멍멍' 소리를 내는 것을 보고 따라 부른 것이다. 둘째는 그 시기에 강아지나 고양이보다 '아파요.'를 먼저 말했다. 병원에 몇 번 입원해서 링거주사를 팔목에 꽂고 있던 것에 대한 기억이 아주 강렬했던 모양이다. 가슴이 찢어지는 것 같았다.

여자 아이들은 두 돌이 되기 전에, 남자 애들은 두 돌이 넘어야 동사나 부사 같은 것을 조금씩 사용하게 된다. 보통은 큰아이보다 둘째가 먼저 말을 시작한다고 하는데, 길러 보니 진짜로 그렇다. 큰애는 두 돌이 한참 지난 후에야 말 비슷한 것을 했지만 둘째는 두 돌이 되기 전에 더듬더듬 말하기 시작했다. 아이들이 많은 집일수록 말은 더 빨리 한다고 하는 게 보편적인 이론이다. 어른한테 배우는 것보다 같은 애들한테 배우는 게 더 편하고 빠른 모양이다.

큰애 때는 자세히 살피지 못했는데, 둘째를 관찰해 보니 스스로 말을 배우는 자신만의 단계가 존재하는 것 같았다. 돌 즈음이 되면 아기는 어른들이 말할 때 입모양을 뚫어지게 쳐다본다. 나는 살면서 이 정도의 집중력을 갖고 무언가를 본 일이 있었나 뜬금없이 성찰하게 될 만큼 진짜 열심히 관찰했다. 그러다 가끔은 입을 오물거리며 흉내를 내기도 한다.

큰애를 돌볼 때 나는 평소처럼 좀 과묵했다. 책을 읽어 줄 때를 제외하면 특별히 애기를 걸거나 하지 않았던 것 같다. 잘 몰라서 그랬다. 쓸데없는 얘기라도 어쨌든 많이 하고, 설명도 해주고, 원리 같은 것도 가르쳐 주는 게 좋다는 걸 둘째가 어른들 입모양을 뚫어지게 관찰하는 것을 보면서 깨닫게 됐다.

아기는 아는 게 없고 경험치가 없으니 논리적으로 생각하려고 해봐야 별 소용이 없다. 그런 와중에도 스스로 말을 배우려 노력하는 걸 보고, 내가 침묵으로 지켜보기만 했던 것이 모자란 아빠의 만용이었다는 사실을 깨달았다.

큰아이는 말이 좀 늦었다. 많은 이들이 돌 전에 말을 시작할 거라고 했지만 턱도 없는 얘기였고, 두 돌이 넘었어도 할 줄 아는 말은 엄마, 아빠가 고작이었다. 그로부터 몇 달이 지나자 점점 할 줄 아는 말이 늘어났다. 많은 엄마들이 "입이 터졌다"고 표현하는 그 순간은 보통 두 돌과 세 돌 사이에 벌어진다. 참아왔던 말들이 쏟아져 나오기 시작하고, 주어와 목적어 그리고 동사만으로 구성되던 문장에 형용사와 부사들이 화려하게 붙기 시작한다.

그리고 세 돌을 전후해서는 기적과 같은 통찰력을 보여 준다. 이제는 아이들의 말이 그저 성장의 한 단계가 아니라, 우리가 무심하게 쓰던 말들의 숨겨진 의미들을 되짚어보는 거울과 같은 존재가 된다. 그 시기에 큰아이가 했던 말들의 예시를 잠시 보여 주고 싶다.

● **시킨 게 왜 뜨겁게 나와?**

중국집에서 탕수육을 시켜 먹은 어느 날. 돼지고기를 좋아하는 큰아이가 랩을 벗기자마자 성급하게 한입 베어 먹는다. 그러곤 놀라서 물었다.

"시킨 게 왜 뜨겁게 나와?"

아들은 "오늘은 시켜 먹자."의 '식혜'를 '식혀'로 들었다. 그러니 '식혀서 가지고 왔구나!'라고 생각하며 신나게 집어 먹었는데 뜨거웠던 것이다. 아이 입장에서는 배신당한 기분이었을 것이다.

● **방구 할아버지**

'아름다운 이 땅에 금수강산에 단군할아버지가 터 잡으시고 홍익인간 뜻으로 나라 세우니 대대손손 훌륭한 인물도 많아…….'

오래 전 유행했던 〈한국을 빛낸 100명의 위인들〉이라는 노래는 정부에서 건국절을 만든다고 나서면서 다시 유행하게 됐다. 본래 의미의 건국절은 단군이 나라를 세운 개천절이다.

고조선의 이름이 조선과 다르니까 전혀 다른 나라라고 생각하는 사람들이 간혹 있다. 그러나 고조선의 고古는 이성계가 새로 나라 이름을 지으면서 옛날 조선을 구분해서 부르기 위해 만든 명칭이다. 단군 할아버지는 고조선을 세운 적이 없고, 그가 세운 나라 이름 역시 조선이었다. 정부에서 역사를 이상하게 다시 쓰려 하니, 적어도 기본은 알자는 의미에서 이 노래가 유행하게 된 것이다. 어린이용 동요 CD에도 흔히 들어 있다.

'건국절 논쟁을 통해 조선의 의미를 다시 한 번 생각해 보자'는 취지의 글을 신문에 쓰려 했었다. 큰아이가 '방구 할아버지'가 뭐냐고 물어보았다. 방구 할아버지라니 해괴하다. 대체 뭐하는 할아버지인가? 며칠을 곰곰이 생각해 보고서야 알았다. 〈한국을 빛낸 100명의 위인들〉에 나오는 단군할아버지가 아이의 귀에는 그렇게 들린 것이다.

'건국절'은 박근혜 정부가 사활을 걸고 추진한 일 중 하나다. 내가 생각해도 그렇지만 아이들 눈에도 '방구' 같은 짓으로 보일 것 같다. 단군할아버지에 대한 글을 쓰려고 심각한 자세로 앉았다가, '방구 할아버지'란 말이 자꾸 귀에 맴돌아서 감정을 잡을 수 없었다. 책상 앞에서 자꾸 웃기만 하다가 결국은 글쓰기를 포기했다.

● **어린이 도서관이 놀아?**

"일요일에는 어린이 도서관이 놀잖아."라고 말했다가 왜 도서관이 노느냐는 질문이 돌아왔다. "누구랑 놀아?" 생각해 보니 그렇네. 도서관은 누구랑 놀지?

영어나 불어 혹은 독일어 등에서 기관이 일하지 않는 걸 논다고 표현하지는 않는다. 왜 우리는 도서관이 논다고 말하는 걸까? 당연히 도서관이 신나게 뛰어노는 건 아니고, '도서관에서 일하는 사람들이 논다'는 의미로 쓰는 것이다. 주중에 일한 뒤 휴식을 갖는 시간을 왜 굳이 그렇게 표현했을까? 혹시 일하지 않는 것에 대한 혐오가 뼛속 깊이 박혀 있었던 탓은 아닐까?

로라 마르크스의 남편이자 칼 마르크스의 사위였던 폴 라파르 그는 '노동권', 즉 노동의 권리에 대해 반박하면서 『게으를 권리』라는 책을 썼다. 자본주의 구조상 더 열심히 일해 봐야 더 가난해질 거라고 그는 주장했고, 실제로 그렇게 되었다.

아빠만 일해도 되던 사회가 변화해 엄마도 같이 일하게 될 것이고, 그렇게 해도 더 넉넉해지지는 않을 거라고 150년 전에 이미 예견한 사람이다. 그는 여권신장에 대해서도 많은 글을 썼다.

우리는 왜 도서관이 '논다'고 생각했을까? 언제부터 그랬을까? 질문만 있고 답은 잘 모르겠다. 어쨌든 일요일에 도서관은 놀지 않고, 도서관에서 일하는 사람도 놀지는 않는다. 특히 도서관에서 일하는 아기 엄마들은 일요일마다 아기를 보느라 죽어날 것이다.

● 천 원이 왜 많아?

우리 집 애들에겐 숫자를 좀 일찍 가르쳤고, 장사와 돈의 개념도 참 일찍 알게 되었다. 장사놀이를 좋아한다. 돈에 대해 굳이 어려서부터 알 필요가 없다는 게 평소의 내 지론이었다. 청소년 경제학 책이나 어린이 경제동화를 써 보자는 요청이 많이 들어왔지만 그 시간에 소설을 읽는 게 더 낫다고 생각했었다.

막상 아이들을 키워 보니, 다른 집 애들도 마찬가지인지 아니면 우리 집 애들만 그런지는 몰라도 가게에서 물건을 사고 파는 놀이를 아주 좋아한다. 그때만은 경제학자의 자식 같다. 워낙 좋아하니 억지로 못하게 하지는 않는다. 세 살 넘어서는 종이로 지폐를 만들어서 놀았다.

그렇게 놀다가 만 이천 원이라는 단위가 나오게 됐다.

"천 원이 왜 많아?"

만 이천 원이 '많이, 천원', 이렇게 들렸나 보다. 그 다음부터는 일상적으로 만 이천 원이라는 말을 쓸 때마다 '많이……'라는 환청이 들리는 것 같았다.

아이들이 어른이 되면 큰 숫자를 계산할 때, 동그라미 3개로 단위가 바뀌는 유럽식 체계와 동그라미 4개로 단위가 바뀌는 한국식 체계의 환산 문제로 꽤 고생할지도 모른다. 나도 중요한 계산을 할 때 가끔 이 단위 환산 문제로 고생을 한다. 최소한 단위는 맞아야 하는 건데, 달러화와 원화를 환산하다 까딱 잘못하면 단위마저 틀린다.

정부에서 일할 때 공무원들이 많이 하던 말이 있다.

"오더만 맞으면 맞는 거야."

오더는 숫자에서 동그라미 개수를 의미한다. 천만 단위인지, 억 단위인지, 10억 단위인지……, 그런 식으로 단위만 맞추면 잘 맞춘 거라는 의미다. 나랏일이 그렇게 엉성하게 움직이나 싶지만, 이명박 이후 정부가 중점적으로 추진했던 많은 일에서 동그라미 두세 개 차이 나는 일은 아주 흔해졌다.

그 정도가 아니다. 플러스, 마이너스 부호도 틀린다. 4대강은 환경에 기여하는 플러스 요인이라고 당시 정부는 주장했지만, 실제로는 마이너스 요인이 되었다. '오더'가 문제가 아니라 부호 자체가 틀렸다.

● **소나무여, 출출한 가을날……**

　독일 민요 〈소나무여〉는 크리스마스를 전후해 많이 들리는 노래다. 우리 애들이 듣는 캐럴 CD에도 이 노래가 들어 있다. 소나무가 들어간 노래는 왠지 전부 축축 늘어지고, 자꾸 숙연하게 만드는 특징이 있다. 대학 때 과 노래가 〈선구자〉였는데, 이 곡도 '일송정'으로 시작한다. 나는 그게 싫었다. 좀 더 가볍게 살고 싶은데, 그 시절의 노래는 분위기를 무겁게 끌고 가려는 힘이 너무 강했다. 때문에 잘 듣지 않는다.

　어느 날 큰애가 〈소나무여〉를 부르는데, 가사를 '출출한 가을날'로 불렀다. 세 살이나 네 살, 아기는 늘 배고프다. 키 크느라 배고프고, 근육 늘리느라 배고프고, 힘에 비해 많이 움직이니까 배고프다. 아침을 먹고 어린이집에 가자마자 또 간식을 먹는다. 오후 간식을 먹고 바로 집에 오면 또 먹는다. 그리고 잠시 앉아 있다가 저녁을 먹는다.

　누군지는 몰라도 가을은 남자의 계절이고 봄은 여자의 계절이라던가, 뭐 그런 말도 안 되는 얘기를 했다. 아이 둘을 키우다 보니 무조건 통장이 넉넉한 계절이 좋고, 달랑달랑한 계절은 제일 싫다. 그 결과 이제는 쓸쓸하고 끈적끈적한 가을 묘사를 아예 질색하게 됐다.

　한데 아들이 '쓸쓸한 가을날'을 '출출한 가을날'로 바꿔 놓은 후 이 오래된 독일 민요가 좋아졌다. 그래, 날도 쌀쌀한 가을인데 출출하면 안 되지……. 출출한 가을날, 아이들에게 감자튀김을 해 주었다. 한번은 솜씨를 좀 내서 버터를 넣고 웨지감자도 만들었다. 맛 자체는

흠만 살짝 다듬어 껍질째 요리한 웨지감자가 나왔다. 그렇지만 두꺼워서 금방 식지 않으니 먹일 때 생각보다 힘이 들었다.

아이들과 지내면 '쓸쓸한 날'은 없고 '출출한 날'이 있을 뿐이다. 아이들은 쓸쓸하다는 감정은 이해 못하고, 출출하다는 감정만 이해한다. 아, 우리는 언제 처음 쓸쓸하다는 감정을 이해하게 되었을까?

● **느느님**

둘째 아이가 폐렴으로 처음 병원에 입원했을 때의 일이다. 손목에 수액주사를 맞으며 정신적으로 충격이 컸던 것 같다. 퇴원한 후 엄마를 밀치는 바람에 엄마도 충격 받았다. '날 병원에 데려간 사람=엄마'로 이해한 탓이다. 입원한 첫날, 당시 옮긴 지 얼마 안 됐던 어린이집의 담임 선생님도 병원에 왔었다. 녀석은 자기 담임 선생님도 밀쳐냈고 선생님까지 깊은 충격에 빠졌다.

그 후에 어린이집 선생님이 정말로 잘해 주셨나 보다. 퇴원하고 몇 달 뒤부터 둘째는 선생님을 '느느님'이라고 부르기 시작했다. 입원 이후에 목이 아파서 뭘 먹는 걸 계속 거부했다. 이를 기점으로 편식도 심해져 정해진 몇 가지만 먹게 됐다. 한데 '느느님'이 먹을 수 있는 음식을 조금씩 늘려갔다. 아직도 채소는 집에서는 안 먹고 어린이집에서 '느느님'과만 먹는다. 나는 단 한 번이라도 누군가의 '느느님'이었던 적이 있었는지 삶을 돌아보게 된다.

돌이 지나서 꼭 좋은 일만 있는 건 아니다. 뱃속에 있는 동안 엄마의 저항력을 물려받고 태어난 아이는 한동안 아프지 않고 잘 버틴다. 돌이 가까워지면 엄마가 준 저항력이 사라지고, 스스로의 저항력은 아직 갖추지 못한 애매한 시점이 온다. 그리고 그때부터 본격적으로 아프기 시작한다. 어지간한 병은 걸리지 않던 애들도 이때부터는 꽤 많이들 아프곤 한다.

돌을 즈음해 하도 많이 아프니 이걸 '돌앓이'라고 부른다. 헤르판자이나 바이러스가 대표적으로 이 시기에 극성을 부리는 놈이다. 열이 엄청 나는 게 이 병의 특징이다. 큰아이도 딱 그 시기에 열이 올랐다. 38도, 39도를 왔다 갔다 하는데 해열제를 먹어도 열이 안 떨어졌다. 밤에 응급실에 가야 할까 말아야 할까 고민하다 주변에도 물어봤는데, 막상 가 봐야 별것 없고 불편하기만 하니 집에서 지켜보는 게 낫다는 것이 주된 의견이었다.

다행히 다음 날 동네 병원에 가서 진찰을 받고 약도 지어 먹으니 금세 나아졌다. 열이 내려가면서 배 위로 빨간 점들이 생겨났다. 그걸 '돌발진'이라고 부른다. 어쨌든 이렇게 한숨 돌리고 나니 2주 후에 또 열이 올랐다. 이번엔 다른 바이러스였다.

큰애 때는 응급실에 안 가고 잘 버텼다. 둘째는 이미 말했듯, 돌이고 뭐고 없이 늘상 아팠다. 그래서 밤이든 주말이든 좀 심하게 아프다 싶으면 바로 응급실로 간다. 응급실에 가 봐야 의사도 없다는 얘기를 정말 많이 들었는데 그렇지는 않았다. 당직 의사가 있고, 처방전도 나온다. 며칠 분량은 안 되고 딱 하루치만.

아기들은 호흡기가 짧아서 찬 공기가 충분히 덥혀지지 않은 상태로 기관지에 들어간다. 그래서 짧은 외출로도 쉽게 감기에 걸린다. 게다가 기관지염이나 중이염, 폐렴 등 많은 병들이 감기로부터 시작한다. 별로 튼튼한 편이 아닌 나는 감기만은 거의 들지 않아 잘 몰랐는데, 감기가 심해지면 바로 중이염으로 넘어가기도 한다. 편도선염, 임파선염, 중이염, 이런 것들이 고열을 만든다.

아이 둘을 키우다 보니 감기 주기가 같아진다. 거기다 가끔은 아내까지 감기에 걸린다. 한 번 감기가 들어오면 잘 나가지 않는다. 그리고 이미 걸린 사람이 낫지 않았는데 새 감기가 시작되기도 한다. 학교 갈 나이쯤 되면 많은 것들이 괜찮아진다고 하는데, 우리 집에서는 아직 잘 모르겠다.

겨울에 집 밖으로 나오려고 하면 목 수건, 모자, 장갑, 마스크 등 갖가지 장비가 투입된다. 많이 아프지 않았던 큰애는 나이를 먹기 전까지는 마스크 쓰는 걸 싫어했다. 그리고 잠시만 딴 데를 보고 있으면 곧바로 마스크를 던져버렸다. 둘째는 워낙 많이 아파서 그런지 '마크크'라고 손수 챙기며, 마스크를 씌워 주지 않으면 집 밖으로 나가려 하지 않았다. 두 살 때부터 마스크의 중요성을 너무 잘 알았다. 그때마다 대견하다는 생각보다는 그냥 마음이 아플 뿐이었다.

체온 조절이 가장 어려운 것은 차에서 내릴 때다. 겨울에 히터를 틀면 차내 온도는 유지된다. 그러다 잠이 들거나 하면 땀을 많이 흘리게 된다. 그리고 차에서 내리는 바로 그때 온도를 유지해 주는 게 어려운 것이다. 그렇다고 처음부터 외투를 다 벗기고 추운 차 안에 바로 태우기도 곤란하다. 방법이 별로 없다.

아기들의 방한 제품 중 한국에서 히트한 물건이 하나 있다. 똑딱이가 달린 삼각건인데, 목 앞으로 삼각건의 한쪽이 내려와서 바람을 막아 준다. 외출할 때 참 유용한 제품이다. 워싱턴에서 두 살 난 아이를 키우는 후배가 놀러왔을 때 같이 어린이집에 간 일이 있다. 모든 아이들이 다 이걸 메고 있으니까 요즘 유행하는 패션인 줄 알았나 보다. 그래서 우리도 알게 됐다. 아이들이 쓰는 방한용 삼각건이 미국에는 없다. 남대문에서 사면 별로 비싸지 않으니 외국에 선물로 보내기에 딱이다. 그 후로는 외국에서 아이 키우는 사람들을 만날 때 선물로 이 방한용 삼각건을 준다. 매번 환영받은 초 인기 아이템이다.

비슷하게 인기를 누린 상품이 하나 더 있다. 어린이집에서 아이들이 낮잠 잘 때 쓰는 일체형 이불이다. 요, 이불, 베개 세 가지가 하나로 합체되어 있다. 큰애가 처음 어린이집에 갔을 때는 이게 없었다. 이불과 요, 베개 세 가지를 따로 챙기고, 매주 다시 받아와서 빨아 보냈다. 그러다 어느 날, 일체형 이불을 사서 보내라고 어린이집에서 연락해 온 것이다.

아이들 세계에도 유행이 있다. 어느 한 명이 좋은 걸 쓰면 전부 해주어야 한다. 빨대 물병, 수저통, 어린이용 젓가락 등등 좀 더 가볍고 좀 더 예쁜 것들이 유행한다. 하지만 일체형 이불처럼 삽시간에 전국으로 퍼진 히트 상품도 없을 것이다. 어린이집에서 여기에 맞춘 가방을 만들어 배포할 정도다. 금요일 오후에 어린이집에 가면 전부 같은 가방을 들고 나온다. 주말에 빨래를 하고, 월요일이면 다시 똑같은 가방을 들고 간다.

08

버버리 아동복과
유모차 석 대

'비싼 옷', 아이가 아닌 부모를 위한 소비

아기를 키운다는 일, 그중 가장 중요한 것은 무엇일까? 여러 번에 걸쳐 곰곰이 생각해 봤는데 1. 잘 먹고 2. 잘 싸고 3. 잘 자는 것 세 가지에 집중되는 것 같다. 가장 어렵고 마음대로 안 되는 것들이다. 돈으로 해결할 수 있는 일도 아니다. 아이가 지능이 높고 재주가 있고 그런 건 아주 뒤에나 생각할 일이다.

인간의 삶을 가장 크게 나누면 의식주 세 가지로 요약된다. 많은 경우, 이 세 가지 요소로 분석하면 시대적 상황이 잘 드러난다. 그렇지만 이건 어른들의 세계고, 아이들에게는 좀 다른 것 같다. 어른들에게는 옷도 중요하다. 그런데 아이들에게도 옷이 중요할까? 그렇게 생각되지는 않는다.

'버버리' 아동복을 비롯해 아주 비싼 아동복을 입히는 부모들을 가끔 보게 된다. 내 기준으로는 황당한 방식으로 돈을 쓰는 사람들이 꽤 많았다. 신분제 사회라면 그 자체가 하나의 사회적 프로토콜이라서 어쩔 수가 없다고 치지만, 한국은 그런 신분제 사회는 아니다.

경제학에서 100년이 넘도록 거의 반박되지 않은 이론이 하나 있다. 교과서에도 앞부분에 빠지지 않고 나온다. 톨스타인 베블렌이 얘기한 '과시적 효과'다. 신분제 사회에서 귀족들이 자신이 돈이 많고 힘이 세다는 것을 보여 주기 위해서 만들어낸 비실용적인, 아니 실용적이길 거부하는 패션에 관한 이야기다.

중세에 귀족 남자들은 스커트를 입었다. 활동하기 불편하지만, 자신은 돈이 충분히 많아 일할 필요가 없다는 것을 이만큼 쉽게 보여 주는 방법도 없다. 귀부인들은 손톱을 길렀고, 농사일을 절대로 할 수 없다는 것을 보여주기 위해서 코르셋을 비롯해 최대한 활동하기 불편한 옷을 입었다. 그리고 이것이 패션이 되었다. 이런 게 '돈이 있는 유한계급들의 과시적 소비'라고 베블렌은 분석했다.

아름다움과 돈, 두 가지는 종종 같이 간다. 돈이 있는 게 아름다운 것이다. 그리고 가끔은 아름다운 게 돈이 되기도 한다. 실용적인 것과 아름다운 것, 이 관계는 어떨까? 베블렌이 말한 이론의 요지는 실용적이지 않은 것이 아름답다는 것이다. 이중적 의미의 '치명적 아름다움'으로 불리는 킬힐의 기원론과 같은 얘기이다.

실용적이지 않은 것을 아름답고 멋지다고 여기는 자본주의의 시대. 아름다운 것이 돈이 되다 보니, 이제 실용적이지 않은 것이 오히려 실용적인 것으로 둔갑하기도 한다. 편하지는 않지만 돈이 된다면 더욱 아름답다는 생각을 강화한다. 프로이드가 〈성욕에 관하여〉라는 논문에서 모유와 젖가슴 사이의 관계를 분석한 것도 참조할 만하다.

실용성과 패션에 관해 완전히 새로운 생각을 도입한 사람은 샤넬이다. 남성은 운전을 하고, 여성은 뒷자리에 타던 시절이었다. 그 당시 여성의 패션은 옷이 땅에 끌려 뒷자리에 타는 것조차 불편했다. 누군가 도와주지 않으면 차에서 타고 내리기도 힘들었다. 이런 상황에서 여성들이 운전을 할 때 편하게 입는 옷을 만들겠다고 나선 게 바로 코코 샤넬이었고, 샤넬 슈트와 트위드 바지 같은 여성의 활동성을 대폭 개선한 옷들이 나오게 된다.

물론 샤넬의 옷은 그때도 비싸고 지금도 비싸다. 그렇지만 코르셋을 없애고, 주렁주렁 달린 장신구들을 떼어 버리고, 심지어는 바지를 입을 수 있게 한 게 샤넬 패션의 특징이다. 프랑스에는 여성이 바지를 착용하는 것을 금지하는 법이 200년가량 존재했고, 몇 년 전에야 공식적으로 폐지되었다.

샤넬의 패션은 실용적이고 아름다웠지만, 동시에 도발적이고 불법적이기까지 했다. 샤넬 이후 패션의 실용적인 속성은 과시적인 속성과 불안한 동거를 했다. 샤넬은 손가방에 끈을 달아서 여성의 손을 자유롭게 해 주었다. 어깨에 가방을 멜 수 있게 된 후, 여성의 활동성은 더 높아졌다. 그렇지만 지금 샤넬 백을 여성 자유의 상징과 연결할 수 있는 사람은 없다. 백팩의 활동성을 샤넬백은 도저히 당하지 못한다.

남자들의 장난감의 대표 격인 슈퍼 카에도 이런 성격이 있다. 아이들 짐이 많은 부모들은 탈 수가 없다. 지대가 낮고 포장이 잘돼 있는 등 도로 상태가 좋은 곳만 다녀야지, 안 그러면 바닥이 득득 긁힌다. 이동을 위한 차 말고도 다른 차가 있다는 것을 보여주는 비실용적 과시, 이게 베블렌 효과가 설명하는 영역이다.

물론 과시가 그 자체로 실용적인 의미를 가질 때도 있다. 부자들을 상대하는 서비스업을 하는 사람들이 너무 허름하게 입어서는 곤란할 것이다. 미장원에서 너무 실용적인 헤어스타일을 하고 있다면 그것도 장사하기가 좀 어려워진다.

가끔 경제학자들끼리 논쟁하다 나오는 얘기가 있다. 한국의 외제차 딜러가 가장 많이 타는 차는? 아무도 전수 조사 같은 것을 해본 적은 없지만, 정설은 모닝과 같은 경차이다. 자신이 파는 것 같은 수입차를 타는 딜러가 더 돈을 많이 벌까, 경제적 현실에 맞게 경차를 타는 딜러가 더 돈을 많이 벌까? 이론만으로는 최적의 답을 도출하기 힘든 문제다. 과시로 인한 효과가 클까, 실용을 택해 얻는 효과가 클까.

만약 내게 외제차를 사야 하는 경우가 생기고, 외제차를 타는 딜러와 경차를 타는 딜러 중에서 골라야 한다면 개인적으로는 경차를 타는 딜러를 고를 것이다. 그쪽이 허황된 조건을 얘기하지 않을 가능성이 더 높을 거라고 보기 때문이다. 그보다 더 중요한 이유는, 스스로의 삶에서 수입과 소비를 적절히 맞출 수 있는 딜러가 오랫동안 그 직업을 가질 확률이 높아서다. 딜러가 그 자리에 오래 있어야 나중에 뭔가 문제가 생기면 조언이라도 구할 수 있지 않겠는가.

자녀에게 버버리로 상징되는 고가의 유아복을 입히는 것은 전형적인 과시적 소비이면서, 약간은 특수한 과시적 소비다. 아이는 부모가 자신에게 비싼 옷을 사 줬는지 아닌지 기억하지 못한다. 당사자가 좋은지도 아닌지도 모르고 기억도 못하는데 비싼 옷을 사주는 건, 아기가 아니라 부모를 위한 소비다.

돈이 엄청나게 많다면 이러든 저러든 아무 상관없다. 사회나 자연에 엄청나게 큰 피해를 주는 것이 아니면 타인이 간섭할 문제는 아니라는 것이다. 하지만 한국의 대다수 2, 30대 부모들이 돈을 쌓아놓고 육아할 수 있는 형편은 아니다. 즉 경제학에서 얘기하는 '예산 제약'에서 자유롭지 않다. 그러니 필요하지 않은 것을 제해야 한다면 비싼 아동복이 먼저 그 안에 들어간다.

물려받고 물려주는 기쁨

출산을 기다리면서 우리는 열심히 절약했다. 물려받을 수 있는 것은 다 물려받았다. 새로 산 것은 젖병을 비롯해 재활용할 수 없는 단기성 소모품이다. 큰애가 태어난 후 카시트도 물려받았다. 나중에 돌려주기로 한 것인데, 둘째 애가 태어나서 돌려주지 못했다. 미안해서, 아기들이 쓰는 뽀로로 소파를 사주는 걸로 갚았다. 하지만 카시트가 더 비싸다.

나는 아주 늦게 부모가 됐지만 아내도 이른 편은 아니었다. 어쨌든 결혼하고 9년 만에 첫아이가 생겼으니까 그럴 만도 하다. 내가 친하게 지내는 사람들에게 얻을 수 있는 건 별로 없었고, 아내는 교우 관계가 그리 넓지 않다.

아기 옷가지 등 물건들을 물려받으면서 느낀 것은, 이렇게 물려받고 물려주고 하는 사람이 흔치 않다는 것이었다. 어차피 한 명 낳는 거니까, 인생에 한 번이니까 새로 사주려고 하는 부모들이 많았다.

아이들 옷이나 장난감은 일반적인 물건과는 조금 다른 속성이 있다. 어차피 다 상품 아닌가 싶겠지만 또 그렇지가 않다. 그 근거로, 이미 커버린 아이들의 옷을 모아 두는 부모가 많다. 물건에는 기억과 시간이 담긴다. 그리고 그것들이 모여 추억의 거대한 집합체가 된다. 기억이 담기고 추억이 담긴 것. 의미가 없다고 보면 기능과 품질을 가격으로 계측하는 '상품'에 머무를 것이다. 하지만 의미를 담고 기억을 느끼기 시작하면, 이제는 상품이 아니라 삶의 일부가 된다.

사랑하는 자녀가 입을 옷이니 새것을 사서 부모의 축하하는 마음을 담고 싶을 수도 있다. 반면 나처럼 누군가의 추억이 담긴 옷을 소중히 입어도 괜찮다고 생각할 수도 있다.

또 부모의 애틋함으로 자녀가 태어나 처음 입었던 옷을 평생 보관하고 싶을지도 모른다. 하지만 집의 공간 문제 등 여러 가지 형편상 어렵다면, 또 다른 생명이 귀하게 사용할 수 있게 누군가에게 주고 싶은 마음도 생기지 않겠는가. 장난감도 그렇다. 장난감은 화학물질 때문에 물려받은 것이 더 안전한 경우가 많다.

나에게 자녀들의 옷과 장난감을 물려준 사람들은, 자기 아기들이 썼던 것을 귀히 여겨 줄지언정 구박받거나 천대받지 않을 거라고 생각하는 것 같았다. 정성어린 마음으로 사고 입힌 그 옷들이 어디에선가 다시 귀한 대접을 받는 것, 그것도 다른 종류의 기쁨이다. 때문에 나에게 자녀들이 쓰던 물건을 박스에 담아서 주던 부모들이 더 고마워하는 신기한 일이 벌어졌다. 공짜로 받는 건 나인데.

어느덧 시간이 흘러, 두 아이들이 돌 되기 전에 썼던 물건들을 다시 곱게 싸서 누군가에게 주게 되었다. 내가 전에 받았던 것처럼. 몇 년 후엔 또 다른 아이들에게로 갈지도 모른다. 물론 너무 낡아 해진 것은 버려야겠지만, 그래도 상당 시간을 새로 태어난 아이들의 몸을 감싸고 따뜻하게 해 주리라.

그렇게 생각하면 기분이 좋다. 나에게 아기 물건을 넘겼던 사람들도 같은 기분을 느꼈을 것 같다. 누군가 썼던 물건을 찜찜하다고 생각할 수도 있고, 오히려 좋다고 생각할 수도 있다. 어쨌든 물건을 물려받고 또 물려주는 건 정서적으로나 정신적으로나 의미 있는 일이다. 나는 그 의미를 선택했다.

화려한 옷 대신 소중한 기억을 선물하고 싶다

경제인류학 분야에 마셀 모스 M. Mauss 라는 독특한 학자가 있다. 모스는 『증여론』이라는 책을 썼다. 주고, 받고, 돌려준다 donner, recevoir, rendre는 세 가지 개념으로 경제가 어떻게 작동하는지 알려준 사람이다.

서로 선물을 하다 보면 경제가 돌아갈 수 있다. 그런 게 증여의 경제다. 사실 역사적으로는 이것이 인류 경제활동의 기본이었다. 선물을 받고, 누군가에 다시 선물을 하다 보면 재화가 유통된다. 우리는 중국에 사신을 보내 조공을 바쳤고, 다시 중국이 주는 예물을 받아왔다. 그런 게 무역의 기능을 했다. 폴라니는 이 방식으로 로마제국이 국가 간 무역을 했다고 분석했다. 세상의 모든 경제가 돈을 주고받는 방식으로만 움직이는 것은 아니다.

아기가 입거나 사용할 물건들을 선물 받고, 또 선물하는 것, 이건 시장 경제가 작동하는 방식과는 좀 다른 의미가 있다. 물건 사는 게 다 거기서 거기 아니냐고? 다 그렇지는 않다. 예컨대 출산은 시장에서 물건을 사듯 거래하는 게 아니다. 자식이 부모를 선택할 수 없는 것처럼, 부모도 자식을 선택할 수 없다. 거래의 논리에 모든 것이 치환되지 않고 손익만으로 생각할 수도 없다.

아이가 입을 옷과 장난감들을 누군가에게 받고, 또 누군가에게 주는 것은 부모에게 의미 없이 지출하게 될 돈을 줄여 주는 효과가 있다. 그리고 조금 큰 범주로 생각하면, 자연에 도움이 되는 일이다. 물건을 만들고 포장하고 유통시키고, 그런 과정에서 결국은 에너지와 자원이 사용된다.

물려받고 물려주면 소비되는 자원은 줄어들지만, 그 과정에서 사람이 느끼는 사용가치가 줄어들지는 않는다. 물론 손해 보는 사람도 생기게 된다. 아동복을 만들고, 장난감을 만드는 사람들의 이윤은 줄어든다. 그러나 그 사람들을 위해 세상이 돌아가는 것은 아니다.

'그래도 일생에 한 번뿐인데, 버버리 같은 걸 입을 수 있게 해주면 좋지 않을까?' 그렇게 생각할 수도 있다. 20세기 최대의 패션 아이콘은 오드리 헵번이다. 그 시절에 태어난 많은 딸들에게 부모들은 '오드리'라는 이름을 붙여주었다. 〈아멜리에〉로 세계적 스타가 되었고, 〈

다빈치 코드〉와 〈코코 샤넬〉 등 영화의 주연을 맡아 눈부신 연기를 보여 준 프랑스 여배우 오드리 토투. 그 오드리가 바로 오드리 헵번에서 온 이름이다.

누구보다 화려한 인생을 살았지만, 일상생활에서는 무척 검소했고 아이들에게도 검소한 옷을 입게 했다는 게 오드리 헵번의 아들의 기억하는 엄마의 삶이다. 오드리 헵번의 패션을 따라하는 게 아니라, 그의 삶을 따라가는 것이 더 나은 삶 아닐까. 샤넬의 로고가 달린 옷을 입는 사람이 아니라 샤넬이 되는 것, 그게 부모가 자녀에게 진정으로 바라는 삶일 것이다.

멋진 로봇이 엉덩이에 새겨진 청바지를 큰아이에게 사준 적이 있다. 그리고 그 몇 달 후에 역시 같은 로봇이 그려진 운동화를 사주기도 했다. 나도 때때로 비싼 옷을 아이들에게 사주기는 한다. 그렇지만 물려받은 옷을 소중히 여기고 감사히 입는 어린 시절을 만들어 주고 싶은 마음이 더 크다.

오드리 헵번의 아들은 나중에 그녀의 자서전을 겸한 사진집을 발간하였다. 이것으로 그녀의 행복은 완성되었다.

> "이것은 식구들이 함께 있어야 한다는 강렬한 욕구를 가지고 있었고, 자신의 개와 포모도로 스파게티*같은 소박한 식사를 사랑하였던 여성에 관한 이야기이다. 어머니는 자신에 관한 책을

---

* 토마토 소스를 얹은 간소한 파스타.

쓴 적이 없었는데, 내가 쓰는 엄마 얘기는 상당히 직선적일 것이다. 어머니는 자신의 삶이 너무 너무 지루하고 단조롭다고 생각하셨다."

– 『오드리 햅번, 그 우아한 영혼』, 션 햅번 페레

유모차 선정 분투기, 답은 있었다

아기를 업을 때 쓰는 띠를 비롯해 육아에 필요한 크고 작은 용품들이 있는데, 그중 많은 것들은 선물 받았다. 하지만 선물하기도 서로 과해서 결국은 직접 사야 하는 대표적인 물품이 유모차다. 유모차, 아기용품 중에서 가장 고가이고 비교적 싼 것에서 럭셔리한 것까지 '클래스'가 극과 극으로 나뉘는 물건. 유모차를 선물하면 그건 뇌물이다.

막냇동생은 미국에 있을 때 큰애를 낳았다. 그래서 큰 조카는 미국 여권을 가지고 있다. 둘째는 한국에서 낳았다. 미국에서 쓰던 육아용품이 유학생 짐에 실려 고스란히 한국으로 왔다. 그리고 그것들은 다시 우리 집으로 이동했다. 미국 영화에서나 보던 어마무시하게 큰 실내용 미끄럼틀과 완구용 그네까지 전부 다. 그 짐 속에 유모차는 없었다.

"형, 유모차는 싼 게 장땡이야."

일찍이 동생이 말했다. 지나 보니까 역시 그 말이 정답이다. 막냇동생도 경제학자이다. 게다가 보육과 관련된 재정지출에서는 꽤 유명한 전문가다. 몇 년 전에 아이 한 명 낳을 때 몇 억이 든다는 계산을 해서 유명해진 경제학자가 있다. 그게 내 동생이다. 동생이 쓰던 유모차는 사은품으로 받은 거란다.

많은 아빠들이 유모차를 넣어야 한다고 차를 새 것으로 바꾼다. 그런 면으로 보아도 '럭셔리 끝판왕'이 아닐 수 없다. 나도 유모차를 무려 세 대나 샀다.

처음 산 유모차는 국산 중 가장 비싼 것이었다. 아이의 백일을 외가에서 지내다 보니, 장모님을 위해서라도 돈을 좀 써야겠다 싶었다. 그렇다고 외제를 사기도 왠지 꺼려져서 국산 중에 제일 비싼 걸 산 것이다. 사기는 일찍 샀는데 조립이 어렵고 조립할 사람도 없어서 100일 넘게 그냥 벽 한쪽에 서 있었다. 2012년 대선 날, 간만에 시간이 났다. 그날 낮에 유모차를 조립했다.

그때 내 차는 짐칸이 꽤 큰 왜건형 차였다. 프라이드 왜건으로 시작해 왜건형 차를 주로 탔다. 짐칸이 넉넉한 데도 겨우겨우 들어갔다. 그러니 몇 번 못 썼다. 외가는 아파트이긴 한데 엘리베이터가 없는 저층 아파트였다. 2층인데도 그거 들고 올라가기가 어렵다. 우리 집에 와서도 쓸 일이 없어 차고 한쪽에서 자리만 차지하고 있었다.

그래서 다시 작은 소형 유모차를 샀다. 두 개를 사서, 하나는 우리 집에 두고 하나는 처가에 갖다 놓았다. 소형 유모차라도 범용으로 사용하는 바람막이 같은 걸 달 수 있어서 겨울에도 나름대로 잘 사용할 수 있었다.

아이 둘을 키우면서 써 보니, 유모차는 딱 정답이 있다. 랭글러로 유명한 지프사에서 만드는 소형 유모차. 국산에 비해 그렇게 비싸지는 않다. 유아용품 가게에서 바로 들고 갈 수 있는 게 그것밖에 없어서 샀던 기억이다.

앞서 말했듯 두 개의 소형 유모차를 번갈아 가며 썼는데, 아이를 둘 이상 키울 거면 지프 유모차가 답이다. 국산도 나름대로 잘 버티기는 했다. 큰애는 아기 유모차에 타겠다고 종종 떼를 쓰고, 밀겠다고 버티기도 한다. 다섯 살이 되어서도 매달리니 결국 국산 유모차는 여기저기 부러졌고 안전 문제로 쓸 수 없게 되었다.

지프는 멀쩡했다. 처음엔 비슷했지만 몇 년을 쓰니 내구성에서 차이가 컸던 것이다. 지프가 이렇게 좋은 거구나……. 마치 아빠들을 지프 랭글러의 세계로 초대하기 위해 만들어진 미끼 같다. 성능에 비하면 너무 싸고, 가격에 비하면 내구성이 정말 좋다.

지프 유모차의 또 다른 장점은 비행기 짐칸에 들어간다는 거다. 비행기를 탈 때 보통은 유모차를 가지고 갈 수 없는데, 짐칸에 들어가는 크기라고 설명하면 가지고 갈 수 있게 해준다. 그렇게 외국에도 몇 번 갔다 왔는데 아직도 잘 버틴다.

아내의 차는 모닝이다. 두말할 것 없이 짐이 많이 들어가지 않는다. 하지만 의외로 차 먼저 산 게 아니라, 유모차를 산 다음 차를 샀다. 작은 유모차는 모닝에도 잘 들어간다. 한동안 모닝 짐칸 아래쪽에 붙박이로 들어 있었다. 유모차를 차에 맞춰야지, 차를 유모차를 맞추는 건 좀 아닌 것 같다. 유모차를 넣으려고 차를 사는 사람들을 보긴 했는데, 새 차를 사고 싶은 핑계인 경우가 많았다.

큰애는 두 돌 너머까지 유모차를 탔다. 둘째 애는 걷기 어려울 때만 타고, 두 돌이 되기 전 일찍 졸업했다. 걷는 재미를 일찍 붙여서, 자기가 걸을 수 있는데 유모차를 태우면 싫어했다.

애 둘을 키우다 보니 많은 물건들이 상이용사(!)가 되었다. 돌 때 썼던 물건들은 벌써 다음 아기에게 넘겨졌다. 이젠 남은 게 그리 많지 않다. 지프 유모차는 얼마 전에 퇴역했는데, 다른 아기에게 넘겨주려고 한다.

지프사에서 얼마나 튼튼하게 물건을 만드는지 보여주기 위해 엔지니어들이 자존심을 걸고 내놓은 유모차, 그게 지프 유모차라는 생각이 들었다. 지프 랭글러가 튼튼하고 좋은 차이기는 하지만, 내 경우엔 별로 살 생각이 없다. 기름 먹는 탱크라서. 하지만 지프 유모차는 진짜로 요긴하게 잘 썼다. 둘 이상 아이를 낳을 사람이라면 당연히 그걸 권해 줄 수밖에.

번외
1

기적이
일어났다

당연하지만,
나도 누군가의 아들이다

　아버지는 고등학교 과정인 사범학교, 어머니는 2년제 전문대 과정인 교대를 나온 초등학교 교사였다. 미동초등학교 5학년 9반 담임과 10반 담임이 결혼해서 내가 태어났다. 세속적인 눈으로 보면 어머니가 손해 본 결혼이라고 할 수도 있겠다.

　하지만 아버지도 열심히 사셨다. 중학교 입시가 있던 시절, 서울에서 알아주던 고액 과외 선생이기도 했다. 내가 태어났을 때 아현동에 건물이 있었고, 또 다른 건물 하나를 더 사려고 하던 시점이었다. 네 살이 되었을 때, 친척의 회사가 부도나면서 집 한 채만 남고 모든 재산을 날렸다. 어느 집에나 있는 '집안 망한 얘기'가 나에게도 있다.

　지금 아버지가 사시는 집으로 이사 오기 전에는 아파트에 살았었다. 아파트에서 주택으로 이사 올 때 집이 망했다. 먹고 사는 걸 걱정할 정도는 아니었다. 그래도 분위기는 뒤숭숭했고, 그 시절에 나는 외할머니가 키워 주셨다. 내 성격의 거의 대부분은 어머니나 아버지가 아니라 외할머니에게서 왔다. 할머니는 건강한 편은 아니셨다. 내가 초등학교 들어갈 때까지라도 살았으면 좋겠다고 하시다가, 좀 더 자라선 대학 들어갈 때까지만 살았으면 좋겠다고 하셨다. 학위를 받고, 취직해서 돈 벌기 시작하는 걸 보고서 할머니는 돌아가셨다.

어머니와 아버지가 나름대로는 초등교육 전문가들이다. 어머니는 전두환 시절에 초등학교 교사 대표로 교육위원을 하셨고 훈장도 타셨다. 평생 조선일보를 구독하는 보수 중의 보수지만 전교조 사태가 났을 땐 젊은 후배들이 그렇게 일찍 잘리면 뭘 먹고 사냐고 걱정하셨다. 그래서 전교조 교사들 앞에 서서 구명운동을 하셨다. 내가 어머니에 대해서 자랑스러워하는 한 장면이다.

내가 어렸을 때, 유치원에 보내는 게 유행이었다. 요즘 어린이집이 보편화되는 것처럼 유치원이 막 보편화되려고 하던 시점이었다. 나는 유치원에 안 갔다. 애가 되바라진다고 부모님이 보내지 않은 것이다. 내 반항적인 성격을 스스로 생각하면 정말 그럴지도 모르겠다고 생각한다. 그뿐이 아니다. 학교 다니는 게 재미없어진다고 나에게 글자는 물론 숫자도 가르쳐 주지 않았다. 나는 결국 '기역, 니은, 디귿'도 모르는 상태로 초등학교에 입학했다.

초등학교 1학년 때 한글을 처음 배웠다. 한글 자음과 모음의 조어법을 배우면서 참 재미있다고 생각했던 기억이 난다. 글자는 더듬더듬 읽었다. 받침이 복잡한 건 잘 못 읽었다. 그것만 모른 게 아니었다. '앞으로 나란히'도 초등학교 입학식 때 처음 들었다. '학교에서 배워야 할 것은 미리 가르치지 않는다.'는 게 나에게 적용된 철칙이었다. 동생들 때는 그냥 유치원에 보내셨다.

초등학교 들어가기 전에는 책도 안 사주셨다. 하지만 학교에 다니면서부터는 정말 많이 사주셨다. 우리 집 다락에 그동안 사 놓은 책이 그렇게 많은 줄 그때야 알았다. 너무 일찍 글자를 읽고, 책을 보는 것을 경계해서 그런 것이다. 그 책의 일부는 고등학교 때 읽었다. 책장수가 오면 겸사겸사 산 것도 있었지만, 일부러 구해서 산 것도 많았다. 그렇게 미리 뭔가 배우지 않게 했는데도, 결국 초등학교 3학년 때는 학교에 안 간다고 몇 달을 버텼다.

아내는 나보다 더했다. 미리 배우지 않은 건 물론이고, 학교에 가서도 한동안 글자를 못 읽었다. 장인의 직장 때문에 아내는 포항에서 태어났다. 뭔가를 배우는 대신 포항 앞바다에서 매일매일 놀았다고 한다. 그 덕에 튼튼한 팔 다리와 끝없는 상상력을 가지고 살아간다. 대학 때 희곡을 써서 문학상도 받았다. 지금도 글은 나보다 잘 쓴다. 글자를 먼저 아는 게 최소한 문학성을 높이는 데 도움이 되지 않는 것은 분명하다.

조기 교육을 절대로 시키지 않는 것, '제때 교육'이라고 부를까? 나와 아내는 학교에서 배우는 것을 절대로 미리 가르쳐 주지 않던 시대의 산물이 되었다. 요즘은 뭐든지 먼저 배우는 게 똑똑한 것의 상징이 되었다. 그래 봐야 별것 없다는 것은 상식적으로 아는 얘기지만, 남들이 다 하니까 그렇게 안 하기가 쉽지가 않다.

'잡기'를 못해도
인생은 즐겁다

"남자는 잡기에 능해야 한다", 어렸을 때 귀에 못이 박히도록 들은 얘기다. 학교에 가니까 기껏해야 초등학교 1, 2학년이던 친구들이 그런 말을 스스럼없이 했다. 선생님들도 마찬가지였고.

초등학교 5학년이 되었을 때 돈이 뭔지 알았던 것 같다. 국민학교 교사 월급과 버스차장 월급이 같다는 신문 기사를 본 건 아마 4학년 때였다. 그 시절 나는 우리 집 살림이 어렵다는 것을 느끼고는 있었지만 이유는 잘 몰랐다. 어머니 월급이 그렇게 적다는 것을 알고서야 겨우 정신을 차린 것 같다.

5학년이 되고서 어머니와 대화를 했다. 저녁 식사를 내가 만들고 동생들 밥을 미리 먹이는 것을 조건으로, 집안에 같이 살던 '식모'를 내보내자고 했다. 그때부터 우리는 집안일을 도와주는 사람이 없는 집이 되었다. 밥을 한다고 해봐야 대단한 것은 아니다. 미리 준비된 전기밥솥의 단추를 누르는 게 전부. 그리고 국을 데우고, 약간의 반찬을 꺼내서 동생들 저녁을 미리 먹이는 게 내 임무였다. 6학년이 되었을 때는 된장국이나 김치찌개를 끓이거나 떡국을 만드는 정도의 간단한 요리는 할 수 있게 됐다. 6학년 실습 시간에 된장국 끓이는 게 포함돼 있었다. 학교에서 한 걸 집에서도 해본 것이다.

동생들이 밥을 미리 먹고 기다리고 있으면, 어머니가 꼭 나한테 시키는 심부름이 있다. 아버지에게 찾아가 저녁 다 되었다고 말하는 것이다. 대개 동네 기원이나 사진관에서 바둑을 두고 계셨다. 확실히 어디에 계신지는 몰라서 몇 군데를 돌고, 밥 다 되었다고 전하는 게 저녁 일과였다. "다 끝났어." "한 판만." 그러다 30분 정도 기다리는 것이 보통이었다. 그래서 좋았던 점도 있다. 사진관 한편에서 기다리면서 사진기나 인화 도구 같은 것을 자세히 볼 수 있었다. 중학교에서 사진반에 들어간 것은 그런 경험의 영향인 것 같다. 그 시절 사진은 정말로 신기한 세계였다.

어머니 친척에게 돈이 다 간 다음, 아버지는 학교가 끝나면 바둑만 두고 사셨다. 이해는 가는 일이다. 하지만 너무 많이 두셨다. 아마 4단 정도의 실력이라고 하는데, 아버지의 친구들은 그것보다 훨씬 잘 둔다고들 하신다.

초등학교 5학년이면 이제 많은 것을 안다. 부부가 똑같이 학교에서 아이들을 가르치는데, 어머니는 집에 와서 시장을 보고 밥을 한다. 그리고 아침이면 도시락도 싸신다. 그리고 아버지는 저녁에 몇 시간씩 바둑을 두신다. 불공평하다고 생각했다.

그때부터 밥을 하고, 설거지를 했다. 그리고 내가 할 수 있는 음식도 조금씩 늘려가기 시작했다. 둘째 동생은 아직도 그 시절에 내가 해 주었던 부대찌개를 세상에서 가장 맛있게 먹었던 음식이라고 말한다. 추석 선물로 들어온 스팸을 양껏 넣고 만든 김치찌개라서 풍성하기는 했다.

나는 바둑이 싫었다. 바둑도 싫고, 바둑만 두는 사람도 싫었다. 대학에 갔더니 친구들은 틈만 나면 당구장에 갔다. 당구도 싫었다. 술 마시기 전에 친구들은 꼭 당구장에 갔다. 나는 당구장 위층에 있는 만홧가게에서 만화를 보았다. 지금 나와 같이 영화 일을 하는 사람들은 바둑을 많이 둔다. 바둑을 둘 때는 내가 자리를 피한다. 당구장에 갈 때는 따라가는데, 주로 앉아서 기다린다. 골프는 한번 칠까 생각했던 적이 있었다. 총리실에 있을 때, 중요한 얘기와 결정이 전부 골프장에서 이뤄졌기 때문이다. 그러니 진짜로 쳐야 하는 건가 고민하게 됐다.

나를 총리실로 데리고 간 국장에게 그 얘기를 했다.

"니는 골프치지 마라, 골프 안 치고도 잘사는 걸 보여줘야지."

그는 골프를 많이 치는 사람이다. 그러나 나에게는 치지 말라고 했다. 얼마 후에 그는 골프를 끊었다.

영화 동료들은 바둑도 많이 두고, 당구도 많이 친다. 그들은 나 때문에 골프를 끊었다. 충무로에선 여전히 중요한 얘기를 골프장에서 하는 모양이다. 나는 당구는 참아도 골프는 안 참는다. 골프를 끊으라고 내가 먼저 말하지는 않았는데, 그래도 끊은 동료와는 정말로 평생을 나눌 수 있을 것 같았다.

유학을 갔더니 유학생들이 카드를 엄청나게 쳤다. 고스톱은 룰은 아는데 카드는 룰마저도 모른다. 회사에 입사했더니, 한 달에 한 번 정도 금요일에 부장 집에 모여 카드를 쳤다. 따라가기는 했는데, 카드는 안 쳤다. 그 시간에 나는 프로야구를 봤다. 회사에 야구팀이 있었다. 내가 응원하는 팀과는 달랐지만, 카드를 안 치는 대신 야구는 내가 보고 싶은 걸 봤고, 응원도 내 맘대로 했다.

낚시엔 생각이 없지 않았다. 한때 같이 일하던 박사 한 명이 주말마다 동호인들과 바다낚시를 갔다. 워낙 열심히 살고, 연구 성과도 좋아서 꽤 일찍 교수가 된 사람이다. 그와 아주 친하게 지냈는데, 낚시를 같이 간 적은 한 번도 없었다. 월요일마다 낚시 얘기 들어주는 게 즐거운 기억으로 남았다. 낚시를 배울 생각은 있다. 그렇지만 스스로 낚시를 하러 떠날 정도의 여유는 갖지 못하고 살았던 것 같다.

요약하자면 한국의 남자들이 '잡기'로 분류하는 것 중 할 줄 아는 게 거의 없다. 그렇다고 내 인생이 무료했을까? 그렇지는 않다. 난 잠깐 잠깐을 제외하면 늘 재밌게 살았고, 즐거운 기억들이 아주 많다.

아버지는 나와는 다르다. 골프 말고는 다 좋아하셨다. 그리고 탁구, 배구, 수영 등의 심판 자격증도 가지고 계시다. 공수도는 아예 도장을 차리셨던 적이 있다. 내가 기억하고 있는 건 아니지만, 아현동에 있던 우리 집 건물이 원래는 공수도 도장에서부터 시작한 것이다. 탁구는 서울시 선수 직전까지 했고, 오랫동안 학교에서 탁구팀 코치를 맡았다. 뒤늦게 축구에 재미를 붙여서 말년에 초등학교 축구팀 코치를 하기도 했다. 전국대회에서 우승하고, 한일전에서 일본을 이긴 걸 생애 가장 즐거운 기억으로 간직하고 계신다.

은퇴 후에는 테니스를 치시는데, 아예 지역을 대표하는 테니스계의 원로가 되셨다. 그리고 서예 작가이다. 한문에서 한글로 바꾸신 후 작가로서 약간 이름도 알려졌다.

    초등학교 교사들은 풍금을 쳐야 하니까 아버지는 피아노도 조금씩 친다. 어머니는 아버지가 풍금을 아주 잘 친다고 하신다. 이쯤 되면 진짜 공부 빼곤 다 잘한다. 하지만 아버지의 바둑은 좋아할 수가 없었다.

이야기 셋

가르치는 일의 기본은 편하게 해주는 것

:

　어머니는 아버지 때문에 교감 승진을 포기하셨다. 대학에 갔을 때, 나는 아버지가 약간은 불쌍하다고 생각했다. 잡기에 능하고 모든 걸 잘하는 아버지였지만, 동료들이 평가하는 교사로서의 아버지의 실력은 별로였나 보다. 그래서 빈 점수를 채우기 위해 4년제 대학 졸업장이 필요하다고 생각하고, 뒤늦게 방통대를 다니셨다.

　4학년, 졸업을 위해 마지막으로 꼭 필요한 시험이 미적분학이었다. 시험을 며칠 앞두고 상황을 보니, 아버지는 미분 개념을 전혀 이해하지 못하고 계셨다. 하기야 무리겠다는 생각이 들었다. 남은 날짜도 며칠 없고, 설령 뒤늦게 미분과 적분을 배운다고 해서 무슨 쓸모가 있을까. 목표 점수는 60점, 과락을 피해 졸업하기에는 그 점수면 충분하다.

　일종의 편법이긴 하지만, 시험을 보기 위한 기술만 아버지에게 알려 드렸다. 기출 문제를 놓고, 70점 정도 받을 수 있는 요령만 외우게 한 것이다. 이틀 정도 공부하신 것 같다. 최종 점수는 모르지만 어쨌든 미적분학 시험이 60점은 넘어서 아버지는 나이 50이 넘어 4년제 대학을 졸업하셨다. 예전에도 4년제 대학을 4학년 1학기까지 다니셨는데, 내가 태어나고 돈을 더 벌어야 해서 그만두었다고 들었다.

나는 기본을 강조하는 스타일이다. 시험을 앞두고 누군가에게 문제 푸는 요령만을 알려줄 때 영 뒷맛이 좋지 않다. 시험만 통과하면 될 것 같지만, 길게 보면 인생엔 별 도움이 되지 않는다. 아버님은 4년제 대학을 졸업하시기는 했지만 끝내 교감으로 승진되지는 않았다. 다음 단계부터는 논문이 필요했기 때문이다.

그냥 눈 딱 감고 논문을 써 드릴까 했었는데, 그건 좀 아닌 것 같았다. 누군가를 가르치는 사람이 그렇게 해서는 안 될 것 같아서다. 결국 아버지는 논문을 쓰지 않으셨고, 교감 승진에 필요한 점수를 채우지 못했다.

어머님은 벌써 몇 년 전에 승진에 필요한 점수를 다 채웠고, 그냥 신청만 하면 되는 상황이었다. 나는 어머님의 교감 승진에 반대했다. 아버지가 너무 안쓰럽다는 게 이유였다. 내 의견이 어머니 결정의 전부는 아니겠지만, 그래도 그때의 선택에 대해 나중에도 아주 많이 생각해 봤다.

젊은 나이에 어머니의 친척에게 빌려드린 돈을 받지 못해서, 아버지는 긴 세월을 허송세월하고 사셨다. 나는 아버지처럼 살고 싶지는 않았다. 그렇지만 입장을 뒤집어 보면 아버지가 학교에서는 탁구나 축구팀 코치를 열정적으로 하시고, 퇴근 후에는 바둑을 두는 그 시간을 이해 못할 바는 아니다. 대학생쯤 되자 아버지가 안됐다는 생각이 들었다. 그러니 아버지가 먼저 승진하고, 어머니가 천천히 승진해도 좋을 것 같았다. 하지만 아버지는 끝내 평교사로 남으셨다. 어머니도 그렇게 나이를 먹어가면서 평교사로 남았다.

아버지에게 미적분학 시험 요령을 가르쳐서 대학을 졸업시킨 아들에 관한 얘기는 들어본 적이 없다. 비전공 미적분학 시험, 진짜 쉽다. 그렇지만 화를 안 내고 가르치기란 쉽지 않다. 다행히 이건 내가 잘하는 일이다.

아내도 오랫동안 대학에서 학생들을 가르쳤다. 내가 잘 가르친다고 아내가 인정한 순간은 딱 한 번 있다. 큰애의 육아휴가가 끝나고 복직할 때 차를 하나 더 사기로 결정했었다. 아내는 운전면허 딴 지 10년이 넘었고, 이미 1종 면허도 가지고 있었다. 그러나 막상 운전을 할 수가 없었다. 강남에 살던 몇 년 전, 운전학원에서 도로 연수를 받았다. 송파대로에서 시동을 꺼먹은 후 강사가 아내에게 이렇게 얘기했단다.

"아마 좀 느껴지는 게 있으실 거예요. 이런 상태로 대뜸 운전 시작하면 큰일 납니다."

그리고 다시 몇 년, 아내는 운전을 하지 않았다. 복직을 일주일 앞두고 회사까지 왕복으로 계속 연수를 해 주었다. 아내는 그렇게 운전을 시작했다. 몇 번, 아무도 없는 골목길에서 혼자 벽을 박았다. 비어 있는 집의 주차장 벽도 긁었다. 그렇지만 대체로 안전하고 즐겁게 운전을 한다.

아내는 나를 보고 나중에 정 할 일이 없으면 운전연수 강사를 하라고 한다. 내가 가르쳐 줄 때 편안하다고 느꼈는데, 편안하고 놀라지 않게 가르치는 강사가 별로 없다고 한다. 아내 운전 가르치는 게 힘들다고들 하지만 그보다는 아버지에게 미적분학 가르치는 게 더 힘들다. 남에게 운전을 가르치는 건 좀 더 쉽지 않을까 한다.

가르치는 것의 기본, 이건 사람을 편안하게 해주는 것이다. 그렇지만 뭔가 더 가르치기 위해 욕심을 부리면 상대방은 결국 불편해진다. 하나를 잘 가르치는 것이 백 개, 천 개를 억지로 욱여넣는 것보다 더 중요하다. 모두 아는 일이기는 한데, 하다 보면 욕심이 생긴다.

한편 어떤 경우엔, '가르치는 것'을 하지 않음으로써 더 많은 것을 가르칠 수 있기도 하다. 내가 초등학교에 들어갈 때까지 한글을 배우지 않았던 것처럼, 아이들에게도 너무 많은 것을 가르치지 않으려고 한다. 지금은 커다란 빈 그릇을 비운 채 기다리는 중이라고 생각한다.

병석의 어머니가
일어났다

어머니가 그렇게 일찍 치매에 걸리실 줄은 아무도 몰랐다. 어느 날 막냇동생이 어머니가 돌아가시게 생겼다고 울면서 전화를 했다. 그렇게 모든 일이 시작되었다.

어머니의 치매는 매우 빠르게 진행되었고, 얼마 후엔 자리에서 일어날 수도 없게 되었다. 막냇동생은 안식년을 맞아 미국으로 떠나게 되었다. 아버지도 고통의 시간을 보내고 계셨다. 어머니는 치매 등급도 받았다. 막냇동생이 미국으로 떠나기 전, 구청 서비스를 신청하였다.

우리 집 바로 옆이 노인 요양 병원이다. 그곳으로 모시면, 바로 옆집이니까 내가 좀 더 챙겨드릴 수 있을 것 같았다. 하지만 자리가 없었다. 당시에만 없는 게 아니라 몇 년은 목 빼고 기다려야 겨우 한 자리쯤 날 형국이었다.

원래도 집에 자주 안 가는데, 어머니가 아프신 후 더 안 가게 되었다. 애들 둘을 데리고 어딘가 외출하는 건 엄두가 잘 나지 않는다.

그 사이에 병원도 바꾸고, 치료약도 바꾸고, 조금의 변화가 생겼다. 둘째 애 돌 때 집에 갔다. 어머니는 병색이 완연했고, 말도 잘 하지 못하셨다. 삶이란 게 다 뭔가 하는 생각이 들었다.

외할아버지는 생전에 어머니를 검사로 만들고 싶어 하셨다고 들었다. 6.25 때 고등학교에 다니던 큰 외삼촌이 납북되었다. 외할아버지는 그 충격을 이기지 못하고, 어머니가 중학교를 졸업하기 전에 돌아가셨다.

어머니는 초등학교 6학년 때부터 육상 선수를 하셨다. 단거리 선수로 출전했는데, 서울시 기록을 하나 세우셨다고 들었다. 몇 미터인지는 못 물어봤다. 육상선수를 하면서 시험을 치러 이화여중에 입학했으니 집안의 자랑이었을 것 같다. 아마 외할아버지가 일찍 돌아가시지 않았으면 진짜로 검사가 됐을 수도 있었을 것 같다.

어머니는 재능이 많고, 아주 똑똑한 분이다. 그리고 노래를 아주 잘 부르셨다. 난 늘 어머니의 재능이 아깝다는 생각을 하면서 살았다. 어머니나 아버지나, 재능만큼은 정말로 뛰어나신 분들이다. 그에 비하면 난 할 줄 아는 게 너무 없다. 그리고 좀 둔한 편이다. 내가 잘하는 건 엉덩이 붙이고 계속 앉아 있는 일이다. 그 외에 할 줄 아는 것? 몇 개쯤 말할 수 있으면 좋겠지만 정말이지 전혀 생각이 안 난다.

나는 아버지에게 집을 팔고 아파트로 이사 가시라고 말했다. 그리고 휠체어가 다닐 수 있는 여건에서 좀 더 체계적으로 의료진의 도움도 받자고 했다. 그러기 위해선 집부터 팔아야 하는데 아버지는 뉴타운이 되면 좀 더 비싼 값을 받을 수 있다고 하셨다. 속 터져 죽는 줄 알았다.

큰손자가 태어나는 순간에도 어머니는 병원에 오시지 못했다. 그리고 돌잔치 때 딱 한 번 우리 집에 오셨다. 무리해서 억지로 오신 건데, 그나마도 어떻게 가능했는지 모르겠다. 불편한 몸을 잠시 일으켜서 사진 찍은 것, 그게 전부였다. 아기는 친할머니를 본 적이 많지 않고 같이 놀았던 일도 없다.

큰아이가 네 살의 한가운데를 지나고 있을 때였다. 아빠가 살던 방이나 외할머니의 기억을 조금이라도 더 남겨 주면 좋을 것 같다는 생각을 했다. 두 아이를 데리고 아내와 집에 갔다. 이제 큰애는 말을 곧잘 하고, 대답도 잘했다.

그런데 그날, 누워 있던 어머니가 벌떡 일어나셨다. 마치 아무 일도 없었던 듯이 요에서 일어나 앉은 것이다. 그리고 들고 갔던 동화책을 큰아들에게 읽어 주기 시작하셨다. 아주 오래 전에 아들 셋을 키우던 때와 같은 그랬을 것 같은, 바로 그 목소리로 동화책을 읽어 나갔다. 그리고 아이들은 마치 오래 전부터 할머니가 들려주는 동화를 들었던 것처럼, 그렇게 편안하게 앉아 있었다.

큰애도 몇 번 본 적이 없고, 작은애는 그날 처음 보셨다. 자리에서 일어난 어머니는 나에게도 아이들 상태를 이것저것 물어보셨고. 엉겁결에 대답하기는 했는데 이게 대체 무슨 상황인지 얼떨떨하기만 했다. 5년 전, 아니 10년 전의 어머니가 앉아 있는 것 같은 느낌이었다. 그 순간만은 정말로 아이 셋을 키우던 나이의 어머니로 돌아가신 건지도 모른다.

아이를 더 보고 싶다는 강한 욕구일까, 아니면 아들들을 거쳐 손자에게로 내려온 강력한 사랑의 힘일까? 그건 잘 모르겠다. 어쨌든 치매 판정을 받고, 말도 제대로 하지 못하셨던 그 몇 년간이 갑자기 없던 시간이었던 것처럼 되어버렸다. 집 대문을 닫고 나오면서도 무슨 일이 벌어진 것인지 이해할 수 없었고 어리둥절할 뿐이었다.

모든 것은 순식간에 지나갔고, 시간은 뒤로 흐르지 않았다. 그렇게 자리에서 일어난 어머니는 예의 잔소리 많고, 이것저것 참견하기 좋아하는 그 시절의 어머니로 돌아오셨다. 물론 그래도 양손 가득 시장바구니를 들고 언덕길을 펄펄 날면서 돌아다니던 모습까지 되찾지는 못했다. 그래도 현관을 나서고 긴 계단을 걸어 내려와 대문 밖까지 나오신다. 손주들이 집에 돌아갈 때면 그렇게 대문 앞에서 손을 흔들면서 배웅하실 정도는 된다.

병원에서도 무슨 일이 벌어진 건지 몰랐다. 그 사이에 병원을 바꾸었고, 약도 바꾸었다. 처음부터 약물과용에 의한 의료사고였던 것인지, 아니면 진짜 아무도 모르는 일이 벌어진 건지 알 길은 없다.

어머니의 치매는 우울증 치료 후유증으로부터 시작되었다. 막냇동생까지 어른이 된 후, 우리 집은 별로 큰 걱정이 없었다. 아내와 나는 일찌감치 부모님의 유산을 받지 않겠다고 선언했다. 내 바로 밑의 둘째는 경제적으로 넉넉지 않다. 하지만 부모님의 집을 물려받고, 약간의 현금도 물려받으면 이렇게 저렇게 한평생 살아갈 것이다. 집안에 걱정이 사라진 순간 어머니의 우울증이 시작되었다. 돈이 없는 건 고통스러운 일이지만, 돈만으로 해결되는 일은 사실 무척 적다.

어머니가 그렇게 일어나신 후, 가끔 주말에 큰아들을 그 집에 맡기고 온다. 그리고 다음날 데리러 간다. 실제로 어머니가 이제는 힘이 너무 세져 버린 아들을 제어하기가 쉽지는 않아서, 만화를 많이 틀어 주신다. 그리고 아들은 만화가 너무 보고 싶어서 계속 할머니에게 가자고 한다. 정말 바쁠 때 큰아들을 어머니에게 보낸다. 꽤 도움이 된다.

"세중이 영어유치원 보내자. 돈은 엄마가 낼게."

큰아들이 다섯 살이 됐을 때, 자리에서 일어나신 어머니가 처음으로 진지하게 하신 말씀이다. 아버지와 어머니는 평생 선생님으로 일하셨고, 여생은 연금으로 살아가실 것이다. 쓰는 돈도 없어서 당신들 삶은 그런대로 넉넉하시다. 경제 개발 시대의 덕을 톡톡히 보시는 분들이다.

큰아이를 영어유치원에 보내자는 어머니 모습을 보면서, 정말로 한숨 놓았다. 박사 학위를 딴다고 했을 때 아버지는 반대하셨지만, 어머니는 아주 기뻐하셨다. 아버지는 내가 공무원이 되길 바라셨고, 사무관이 세상에서 가장 높은 사람인 줄 알고 사셨다. 손자를 어떻게 공부시킬지, 돈은 어떻게 해야 하지……. 그런 고민을 하시는 어머니를 보며 이제 정말 돌아오셨구나 하는 생각이 들었다.

그 후 두 달에 한 번 정도, 아들은 부모님 집에 가서 자고 온다. 그러다 아버지가 내 전화를 받지 않게 되는 일이 벌어졌다. 큰아이가 공교롭게 며칠 변을 못 눈 적이 있었다. 그러다 집에서 새로 변을 봐서 안심하고 보냈다. 그날 세 번 똥을 싸고, 새벽에는 오줌도 쌌단다. 이미 똥 싸는 일은 거의 없어졌고, 자면서 오줌 안 싼 지도 꽤 돼서 안심하고 보낸 것인데, 똥 세 번, 오줌 한 번이라니! 두 늙은 양반이 완전히 혼비백산했다. 오후에 집에 가보니까 마당에 이불 빨래가 잔뜩 널려 있었다.

며칠 밀린 똥을 전부 거기서? 아들놈이 진짜 눈치 없었다. 그리고 아버지는 내 전화를 잘 안 받기 시작하셨다. 어머니는 쓰러지신 이후로 휴대폰이 없다. 소소하던 이 양반들의 일생에 번개가 연속으로 내리꽂는 것과 같은 날벼락이었다.

아이들의 삶은 전혀 예측 가능하지 않다. 언제 폭풍우가 몰아치고 날벼락이 내리칠지 모른다.

작은 우연과 계기가 얽혀
기적이 된다

어른이 된 후, 아버지와 대화를 나누는 일이 거의 없어졌다. 생각도 너무 다르고 감성도 다르다. 아버지는 고등학교 친구들을 지금도 아주 자주 만나신다. 결혼식이며 장례식에, 평생 학교로 출근했던 것처럼 그렇게 출근하듯 다니신다. 나는 몇 년 전에, 그나마도 몇 십 년 만에 초등학교 친구들을 만난 적이 있다. 그렇게 친했었는데 이제 이름도 가물가물하다. 고등학교 친구와 대학 친구는 10년에 한 번 보기도 어렵다. 같이 음악을 했던 친구들도 거의 못 본다.

일부러 그런 것은 아니다. 하지만 나는 아버지가 하지 말라는 일은 꼭 했고, 하라는 일은 하나도 안했다. 청와대에 근무할 기회가 몇 번 있었다. 아버지는 아들이 청와대에 있는 게 소원이라고 하셨다. 물론 절대 안 갔다. 그렇게 일찍 일어나서 종일 성실하게 사는 건 나에겐 불가능하다. 1년만 그렇게 하면 급사할 것 같다.

아버지와 사이가 좋았던 적도 있고 안 좋았던 적도 있다. 좋았을 때나 안 좋았을 때나 대화는 거의 없었다. 내가 어른이 된 후, 아버지와 뭔가를 같이 해 본 적이 없었다. 안 싸우고 안 다투는 게 적당히 친한 척하는 것보다 낫다고 생각했다.

살면서 가장 힘들었을 때가 있다. 사람을 만나기 싫고 혼자만 있고만 싶었다. 주변 사람을 잘 못 믿었다. 나중에 돌아보니, 안 믿은 게 잘한 것이다. 그때 그 사람들을 안 믿었기 때문에 내 목이 아직 머리에 붙어 있다고 할 수 있다. 의심하지 않고 믿었다면 정말로 큰일 날 뻔했다. 그 중 두 명은 뇌물수수죄로 결국 감옥에 갔다. 그리고 한 명은 대통령 시절의 이명박 외국 순방 때 바로 옆에 서 있는 것을 TV로 보았다. 매일의 삶에서 믿어야 할, 아니 믿는 척이라도 해야 편할 사람들을 믿지 못하니 일상이 괴로울 수밖에 없다.

외형적으로는 그 시절이 프로야구 용어로 '커리어 하이' 시절이다. 일 년에 세 달 정도 외국에 있었고, UN의 작은 기술 분과에 출마해서 아시아 대표로 선출되었다. 그리고 역시 작은 협상 그룹의 의장이 되었다. UN 공식 문서에 내 이름이 들어가고, 총회에서 의장단의 경과보고를 하는 장면 같은 게 웹으로 실시간 중계되었다. 정부대표단의 실무 총책 같은 것도 겸하고 있었다.

그런데 청천벽력이 떨어졌다. 카사블랑카에서 파리로 가는 길 중간에 비행기가 연착되고 소소한 사고들이 생기면서 파리 비행기를 놓치게 생긴 거다. 아프리카에서 출발하는 비행기가 늦어지니까 파리에 도착해도 한국으로 출발하는 비행기를 탈 수가 없다. 아프리카에서의 비행기 연착, 이건 사건도 아니다. 잘하는 짓인지는 나도 확신이 없었지만, 사람들은 회의 일정 등 무조건 한국에 가야 한다고 했다. 과장 안 보태고 카사블랑카 한구석에서 야단법석이 났다.

다시 말하지만 잘한 짓이었는지는 모르겠다. 어쨌든 대사관을 거치고, 산자부를 거치고, 국토부도 거치고 마침내 총리실을 거쳐서 파리의 비행기 출발을 약간 늦출 수 있었다. 파리 샤를 드골 공항에 도착하자마자 기다리고 있던 버스를 타고 비행기에서 비행기로 바로 갈아탔다. 일반적으로 비행기를 갈아타는 방식과는 전혀 다르게 움직였다. 사람들은 간신히 환승을 마쳤지만, 짐까지 옮길 시간적 여유는 없었다.

어쨌든 정부대표단은 이렇게 해서 원래 일정보다 몇 십분 늦게 서울에 도착할 수 있었다. 그 순간에는 다들 나에게 고맙다고 했다. 택배로 보내기로 한 짐이 몇 개가 늦어지면서, 제대로 일 못한다고 몇 명한테는 결국 욕을 먹었다. 그냥 비행기 연착으로 하루 늦게 서울에 오게 되었다고, 모른 척하고 있는 게 나았겠다는 생각을 잠시 했다.

어쨌든 공식적이고 외형적인 삶에서, 그 순간이 커리어 하이였던 것 같다. 민간 비행기 출발을 약간 늦추기 위해서 몇 개의 정부부처가 부산하게 움직였다. 지금 생각해도 잘한 일은 아니다. 아마 요즘 그렇게 했으면 '공무원 갑질'이라고 신문에 대문짝만하게 실리는 스캔들이 되었을지도 모른다. 어쨌든 비록 작고 제한된 분야지만, 우리나라의 실무를 총괄하던 일을 했던 시절이다.

나중에 그 시기에 내가 하던 일들을 모아서 정부에서 4급 과장 자리를 하나 만들었다. 신문에 공고도 났고, 지원서 내라고 연락도 왔다. 나는 지원서를 내지 않았다. 그때 냈으면 파견직이 아니라 정부부처 공식 과장, 그러니까 정규직 공무원으로 자리를 보장받을 수 있었다. 하지만 나는 그 자리에 가지 않았다.

솔직히 고민은 했다. 사람들은 장관은 몰라도, 청장은 하게 될 것이라고 말했다. 화려하다면 화려한 삶. 그러나 여기서 멈춰야 할 것 같았다. 몇 년 뒤, 바로 그 자리에 간 사람이 직무 중 암으로 사망했다는 소식을 들었다. 바쁘고 멋져 보이는 것, 남들이 부러워하는 자리……. 정말 그거면 되는 것일까. 같은 생각을 또 곱씹었다.

일 때문이 아니면 점점 더 사람을 만나지 않으려고 하던 그때, 혼자 집에 있을 때 했던 게 농구다. 집에서 멀지 않은 곳에 부천시에서 운영하는 작은 야외 운동장이 있었다. 모든 청년들이 강백호에 환호하던 그 시절이 약간 지났을 때였다. 몇 달 동안, 시간이 날 때마다 농구대 앞에서 원 핸드 슛을 연습했다.

슛을 하고, 또 했다. 아무도 없는 데서 혼자 드리블도 하고, 드라이빙 슛도 했다. 진짜 아무 생각도 안 하고 농구공만 만졌다. 실력이 많이 늘은 것 같지는 않다. 그러나 친구들 만나서 술 마시며 신세 한탄하는 것보다는 슛 연습을 하는 편이 나았던 것 같다.

그러던 어느 일요일, 아버지가 집에 오셨다. 아버지와 농구장에 갔다. 달리 할 일도 없고, 할 말도 없었다. 아버지와 나는 그냥 슛만 했다. 볼은 내가 더 많이 넣었다. 한 시간 넘게, 진짜 아무런 얘기도 없이 슛만 했다. 그게 어른이 되어서 내가 아버지와 뭔가를 같이 한 첫 번째이자 마지막 순간인 것 같다.

〈슬램덩크〉의 주인공들도 마지막 경기에서 승리하지는 못한다. 그 점이 삶과 꼭 닮아 있기에 명작으로 회자되는지도 모른다. 어른이 되고 아버지와 같이 했던 농구의 기억, 그날 아버지의 삶과 내 삶은 화해했다.

그 후 나는 부천에서의 삶을 정리하고 집을 팔았다. 그리고 잠실 쪽으로 이사를 갔다. 그때쯤 외교부에서 파견 요청이 왔다. 거기에도 가지 않았다. 그리고 아내를 만났다. 결혼을 했다. 아내는 나에게 결혼할 준비가 덜 된 사람인 것 같다는 얘기를 했다. 그렇지만 나로선 그게 준비된 상태였다. 몇 달 동안 농구를 한 덕이다.

나는 퇴사를 준비했고, 결국 사직서를 냈다. 그 와중에 청와대에서도 파견 요청이 왔다. 하지만 회사를 그만두고, 결혼을 하고, 조용히 살아가기로 마음먹었다. 그리고 진짜 그렇게 했다.

그때는 몰랐다. 아무도 없는 농구장에서 몇 달간 슛 연습을 하면서 나도 모르게 많은 것들을 결정했다는 사실을. 그 대신 사람들과 술자리에서 우정을 외치고, 의미를 외쳤으면 어떻게 되었을까? 어머님이 손자의 세 번의 똥과 한 번의 오줌으로 혼비백산하는 일은 벌어지지 않았을 것이다.

이 많은 우연들이 모여서, 새벽 다섯 시에 쌌다는 아들의 오줌이 되었다. 기적과 같은 일들이 벌어진 것인데, 이 기적은 바로 작은 야외 농구장에서 시작되었다. 아버지와 그렇게 화해하지 않았다면 불편해서 아이를 맡기는 일은 생각도 못했을 것 같다.

또 아버지와 드물게 대화하는 순간은 프로 야구를 볼 때다. 같은 팀을 응원한다. 아버지가 관심 있는 선수들의 이름을 알고 최근 성적을 아는 사람은 나밖에 없다. 막냇동생은 다른 팀을 응원한다. 가끔 중요한 경기가 있을 때, 아버지는 별 시답잖은 핑계를 대고 우리 집에 오신다. 실은 나도 가끔 아버지와 함께 야구를 보고 싶다.

중증치매로 누워계시던 어머니가 벌떡 일어난 것, 어떻게 그런 일이 일어났는지는 아무도 모른다. 어머님의 기억은 대부분 온전하고, 당신 어린 시절의 소소한 일들도 기억하신다. 그렇지만 기억이 흐트러져 있는 게 한 가지 있다.

어머님은 2년제 전문대를 졸업하셨다. 하지만 지금 어머니는 대학원에 대한 기억을 가지고 계시다. 중간에 두 아이가 죽고, 살아남은 세 아들이 모두 대학원을 졸업하였다. 그때마다 당신이 대학원에 다니는 것처럼, 그렇게 신이 나셨던 것 같다. 지금은 본인이 다녔던 것으로 기억하신다. 치매의 후유증이기는 한데, 꽤 즐거운 후유증이다. 기억력 테스트를 해보니 딱 하나 그 점이 사실과 달랐다고 한다.

살다 보면 '이건 기적의 영역이다'라고 생각할 만한 사건이 일어난다. 그리고 그 기적은, 아주 오래전 내렸던 소소하면서도 의미 있는 결정에 기반하는 경우가 많을 것이다. 아기가 태어나는 것은 기적이다. 그리고 그 기적이 또 다른 기적을 준비한다. 우리가 너무 일상적이고 패턴화된 일로 그 사건들을 기억하려고 해서 기적인 걸 눈치 채지 못하고 있을 뿐이다.

치매 어머니가 병석에서 일어나서는 똥 세 번과 오줌 한 번에 혼비백산한 것, 아마 내 인생을 통틀어 가장 유쾌한 장면으로 남을지도 모른다.

"똥만 안 싸면 얼마든지 봐줄 수 있는데 말이야."

추석을 앞두고 어머니가 하신 말씀이다. 똥 싸면 다시는 로봇 안 사준다고 신신당부를 한 뒤 추석 때 다시 아들을 보냈다. 어머니는 벌벌 떠셨지만, 아들은 집에서 그런 것처럼 하룻밤을 무사히 넘겼다. 다음 날 오후, 어머니는 손자와 진짜로 재밌게 놀고 계셨다. 다섯 살

아들은 그날 똥을 참았다. 그리고 집에 오자마자 화장실로 향했다. 나는 아들을 꼭 안아 주었다.

어머니는 큰아들과 있을 때, 내가 그 나이였던 시간으로 돌아가신다. 어머님의 30대, 눈부시게 아름답던 시절이었다. 기적은 종종 벌어진다. 모든 것을 자신의 노력으로만 만드는 것, 그건 불가능하다. 가끔은 노력 밖의 일들이 벌어지고 소소한 기적도 쌓이며 삶은 한걸음씩 앞으로 간다.

휴일마다 농구장에서 몇 시간씩 혼자 슛 연습을 하면서, 화려함에 대한 무의식적인 동경 같은 것이 고스란히 내 몸에서 빠져나갔다. 그 후에도 남들 앞에 설 일이 있었고, 화려해 보이는 일을 할 때도 있었다. 그러나 스스로 화려함을 구한 적은 한 번도 없다. 아니, 화려한 것이 두렵다. 이제는 그게 마치 유전자에 새겨진 것 같은 본능이 되었다.

한국에서 농구의 시대는 강동희의 승부조작과 함께 끝난 것 같다. 그리고 더 이상 〈슬램덩크〉를 보는 청년도 별로 없을지도 모른다. 하지만 그때 그 농구장은 소소한 기적들과 함께 내 삶에 깊은 흔적을 남겨 놓았다.

09 정말로 예쁜 나이, 우리 나이 세 살
10 아이들과 재미있게 놀았다
번외2 소중이네 고래 가게

PART
04

아이가 자란다,
아빠도 자란다

09

정말로 예쁜 나이,
우리 나이 세 살

가장 편안하고
아름다운 시간 '세 살'

한국 나이와 외국 나이에 차이가 있다. 그 차이가 가장 극적으로 드러나는 시기가 돌 직후일 것 같다. 돌이 지나기 전까지는 나이를 얘기할 때 몇 살이라고 하지 않는다. 돌 아직 안 지났어요, 혹은 200일째예요, 이런 식으로 말한다. 돌이 지나고 나도 돌이 막 지났다고 말하거나 개월 수로 얘기한다.

그리고 그해 겨울이 되면 갑자기 세 살이 된다. 아직 두 돌이 지나기 전이지만 새로운 해는 이미 시작된 그때의 나이가 바로 세 살이다. 외국 나이로 한 살, 우리 나이로 세 살. 두 가지 나이 계산이 서로 세 배나 차이 나는 신기한 시기이기도 하다.

다섯 살이 되면 아기란 느낌은 벌써 사라졌고, 어린이의 느낌이 난다. 이제 아기 대하듯 하면 듣는 아이도 기분 안 좋아한다. 어떨 때 안방에 들어가면 웬 아저씨가 누워 있다는 느낌이 들 때도 있다. 품속 아이로만 생각하다가 다섯 살이 되면 너무 훌쩍 자라서 좀 생소한 기분이 든다.

그리고 이때부턴 진정한 의미의 대화를 하고, 많은 문제를 말로 풀게 된다. 내 경우에는 네 살 때가 가장 키우기 힘들었다. 말로 설명하기도 어렵고, 나름대로의 고집은 이미 생겨난 상태라서. 큰애를 가장 많이 혼냈을 때가 네 살 때였던 것 같다. 다섯 살이 되고 좀 지나니 혼낼 일이 많이 줄었다. 그 대신 얘기를 많이 하고, 설명도 많이 해주어야 한다.

벽을 보고 서 있게 하거나 무릎을 꿇게 하는 약한 수준의 벌만으로도 자신이 벌을 받고 있다는 걸 안다. 1분 정도 세워 놓고, 20분 정도 대화를 한다. 물론 당시에만 약간 효과가 있지만, 어쨌든 대화로 풀어갈 수 있었다. 그때는 나도 처음이라 뭔가 잘못했을 때 어떻게 할 방법을 몰라 애를 먹었다. 그때가 정신적으로 가장 힘들었던 것 같다.

세 살짜리 아이는 잘못하는 게 없다. 무조건 부모 잘못이다. 이제 막 말을 하나씩 하기 시작하고, 편안하게 걷는다. 참으로 예쁜 시기다. 우리말에는 이 나이의 아이를 딱히 지칭하는 말이 없다. 유아, 영아 같은 말들은 어감 상 법률 용어 느낌이고 일상에서 사용하는 단어가 아니다. 영어로는 걸음마를 걷는다는 의미의 toddle을 사용해서, '토들러'라고 부른다. 스페인어 '밤비노'도 비슷한 시기를 말한다. 〈아기 사슴 밤비〉의 밤비가 여기서 온 이름이다.

지금 둘째가 딱 그 나이다. 인간이라는 존재가 태어나서 가장 편안하고, 가장 아름답고, 가장 행복한 시간이 이때일 것 같다. 할 줄 아는 것은 없지만, 그래도 뭔가 하기 시작하는 나이. 뭘 해도 사람들이 잘했다고 하고, 진짜로 뭔가를 해내면 좋아서 어쩔 줄 모른다. 그리고 한국의 많은 할아버지, 할머니들이 손주가 천재라고 믿게 되는 나이이기도 하다. 하지만 나이를 먹어 가면서 "저는 천재가 아니예요." 하고 아이 스스로 입증한다.

어쨌든 세 살. 이 아이가 나중에 뭐가 될지, 어떻게 살지 아무도 모른다. 뭐가 되든 무슨 상관이랴. 인생에서 가장 아름답고 편안한 시기인데. 청춘의 시기도 아름답지만 편안하지는 않다. 성공한 사람이 늙으면 편하기는 하지만 아름답기가 쉽지 않다. '아름다우려고' 뭔가를 하면 도리어 역효과가 난다.

가장 아름답고도 편안한 나이 세 살, 둘째는 지금 그 시기를 보내고 있다. 아내는 취업 준비 중이다. 어쨌든 자신의 일을 더 하고 싶어 한다. 짧으면 겨울, 늦으면 봄엔 어딘가 취직해서 다시 일을 시작할 것이다. 함께했던 일상도 짧은 이별을 맞겠지만, 아직은 엄마가 곁에 있다. 큰애가 세 살일 땐 막 둘째가 태어나서 너무 정신이 없었다. 지금은 짧지만 편안하고 행복하고 또 아름다운 시간이 흐르고 있다.

두 아이의 아빠가
내 정체성이다

둘째는 세 살이 되면서 더 많이 앓게 되었다. 아이가 둘이니 동네 소아과에 거의 매주 갔다. 세 살이 된 봄 무렵엔, 병원에 가도 낫질 않았다. 다음날 아주 상태가 나빠져서 큰 병원 응급실로 갔다. 그리고 응급실에서 병실이 나기를 기다렸다가 바로 입원을 하게 되었다.

겨울엔 그런대로 큰 병 없이 잘 버텼는데 봄이 될 무렵 걸린 독감이 바로 폐렴으로 넘어간 것이다.

아기는 손에 주사 바늘을 꽂고 수액을 맞았다. 수액 안으로 계속해서 치료약이 투여되었다. 흔들면 바늘이 빠지니까 붕대로 손을 칭칭 감아 놓았다. 그렇게 며칠을 입원했었다. 퇴원하면서 호흡치료기를 샀다. 꽤 비쌌는데, 돈을 따질 상황은 아니었다. 아기가 아프니 본격적으로 돈이 들어가기 시작한다. 입원비도 생각했던 범위보다 많이 나왔다.

몇 주 후 검사를 위해 병원에 갔는데, 입원해서 집중 치료하는 게 나을 것 같다고 해서 다시 입원하게 됐다. 연거푸 두 번을 입원했으니 아내도 힘들었고 아기도 힘들었다. 폐렴 자체는 큰 문제가 아닌데, 폐의 상처가 완치되지 않고 계속 있으면 천식으로 넘어간다고 한다.

아기가 두 번째 입원할 때, 그때도 나는 바빴다. 아내 혼자 검사하러 병원에 갔다가 갑자기 입원을 하게 되었다. 점심 먹을 때쯤 되어서야 나는 잠깐 병원에 들를 수 있었다. 아내는 점심을 못 먹었다고, 내게 김밥이라도 사다 달라고 했다.

마침 지갑에 돈이 없었다. 젊었을 때는 지갑에 돈이 두둑하던 시절도 있었지만 요즘은 많이 가지고 다니지 않는다. 현금지급기에서 돈을 찾으려는데 돈이 안 나온다. 잔고를 보니 5원이었다. 다시 병실에 올라가서 아내한테 돈을 받아서 김밥을 샀다. 그리고 나도 늦은 점심을 먹었다.

왜 이 통장에 5원이 있을까? 통장 잔고 앞에서 잠시 나는 철학적 사유를 했다. 간단하다. 몇 년째 돈을 벌지는 않고 쓰기만 했으니까. 게다가 들어올 돈이 입금되기까지는 시간이 좀 더 필요했다.

세 살 된 아기가 두 번째 입원하는 날, 김밥을 사 들고 오면서 나도 중대한 결심을 했다. 통장에 5원이 있도록 해서는 안 될 것 같았다. 내가 하던 거의 대부분의 일을 그만두었다. 바로 그때 그만둔 것도 있고, 잠시 시간을 갖고 그만둔 것도 있다.

그전이라고 특별히 돈 벌 만한 일을 한 건 아니다. 내가 하는 일들은 거의 대부분, 그냥 내 돈이 나가는 일이다. 어떤 것은 세상을 위해서, 어떤 것은 정의를 위해서, 어떤 것은 내가 하고 싶어서. 그런 목적으로 나는 일했다. 그래도 세 살짜리 아기가 병원에 있는데 아빠 통장에 5원이 있는 삶은 곤란하다. 그래선 안 되는 일이다.

이래저래 살펴보니까 딱 두 달 치 생활비가 남았다. 1년 치 생활비는 꼭 가지고 있자는 게 삶의 철칙이었다. 물론 햇수로 치면 몇 년 치 이상은 늘 가지고 있었고, 정확히 내가 얼마를 가지고 있는지도 잘 몰랐다. 액수도 잘 모르는 돈이 비정기적으로 들어오니까 정확하게 알기 어려웠다. 그래도 몇 년 치는 된다고 알고 있었다.

동료들에게 처음으로 돈이 필요하다고 말했다. 전엔 돈 얘기 같은 건 한 적이 없었다. 동료들이 이것저것 신경을 써 준 덕에, 여름이 됐을 때는 비로소 내년 여름까지 1년 치 돈의 흐름을 맞춰 놓을 수 있게 되었다. 그리고 그때 하던 일들이 대체적으로 잘되기도 했다.

내 자산이 얼마인지, 과연 얼마를 가지고 있는지 그때 처음으로 계산해 봤다. 크게 문제될 구석은 없었지만 당장 현금이 없었고, 돈이 들어오는 시기는 훨씬 뒤였다. 아내가 마이너스 통장 얘기를 했는데, 마이너스 통장은 쓰고 싶지 않았다. 그냥 내가 쓸 돈을 안 쓰고 버텼다.

집밖으로 나가는 횟수를 확 줄였고, 만나는 사람도 줄였다. 같이 작업하는 동료들 외에는 거의 아무도 안 보고 지냈다. 그동안 마음이 편하지는 않았다. 1년 치 생활비를 채운 어느 여름날, 집에서 아내와 버번을 마셨다. 미국에서는 대표적인 싼 술로 통하는 버번이지만, 한국에서는 꽤 비싸서 한동안 마시지 않았었다.

둘째가 두 번째 병원에 입원하면서 나는 내 삶의 철학을 바꾸었다. '세 살, 다섯 살 아기의 아빠', 그게 나의 정체성이다.

배변 훈련 보고서

우리 나이로 4살이 되면 기저귀를 언제 뗄 건지 본격적으로 고민을 시작하게 된다. 사람의 발달에 자연적으로 정해진 시간이 있을 것 같지만, 이것도 문화적인 요인이 무척 크다.

예전에는 돌 지나면 바로 기저귀 뗄 준비를 했다고 하는데, 요즘은 많이 늦어졌다. 아이들이 바닥에 오줌을 누고 다니는 것을 감내하기가 사회적으로 어려워진 게 한 이유다. 그리고 억지로 기저귀를 떼게 해 아이들에게 스트레스를 줄 필요가 없다는 인식이 생겨서이기도 하다. 우리 집은 배변 훈련을 좀 늦게 했다. 큰아이는 기저귀 특대형으로도 이미 커져버린 덩치를 감당하기 어려울 만큼 늦었다.

소변의 경우 세 살 후반이나 네 살 후반쯤 배변훈련이 시작된다. 우리 집 애들도 그 나이에 자연스럽게 화장실에 관심을 갖기 시작했다. '쉬야 컵'이라고 부르는 플라스틱 컵을 사용했다. 나중에는 자기가 기저귀를 풀고, 쉬야 컵을 찾는다. 이 정도면 소변 가리기는 일단 끝난 셈이다.

대변은 훨씬 어렵다. 플라스틱으로 된 배변훈련용 변기가 있다. 우리 집에 하나, 처가에 하나 두려고 도합 두 개를 샀다. 결론부터 말해 우리 집에서는 거의 사용하지 못했다. 앉아 보기는 하는데, 실제 배변을 하지는 않았다. 집 공사를 하면서 어린이용 변기와 세면기를 다용도실에 만들었었다. 보통 화장실에 있는 것과 똑같은데 크기만 작다. 공사했던 시공사에서 아기가 있다니까 선물로 달아 주고 갔었다.

그게 참 예쁘고 귀엽기는 한데, 막상 배변훈련에 큰 도움을 주지는 않았다. 어린이용 세면대에서 손을 씻고 그 앞에 달린 거울을 보는 건 좋아한다. 하지만 그건 있으니까 쓴 거고, 굳이 어린이용 세면대나 화장실을 설치할 필요까지 있겠나 싶었다. 나중에 배변훈련이 끝나면 어린이용 화장실을 잘 사용하기는 한다. 그렇지만 꼭 있어야 하는 물건이라고 생각되지는 않았다.

일반 변기 커버 위에 끼워서 쓰는 유아용 변기 커버가 있다. 별로 비싸지 않다. 우리 집에서는 캐릭터가 그려져 있는 이 유아용 변기 커버가 맹활약했다. 예쁘고 뭔가 그려져 있으니 아이는 자기 물건이라는 애착을 가졌고, 그 위에 앉는 것을 불편하게 생각하지 않았다. 그 시절에는 비싼 게 좋은 게 아니라 예쁜 게 좋은 것이다. 유아용 변기를 따로 만드는 것은 쉬운 일도 아니고 돈도 많이 드니, 커버 정도로 해결하면 될 것 같다.

2016년 프로야구는 두산 베어스가 통합 우승을 했다. 역대로 봐도 이렇게 잘하고 재밌게 하는 팀이 있었을까 싶을 정도였다. 잘하기도 하지만, 무리하게 작전을 걸지 않고 순리대로 야구를 한다. 그러니 이기든 지든 참 잘했다는 만족감이 든다. 두산의 김태형 감독이 주로 신경 썼던 것은 투수 훈련이다. 하지만 투수만으로 야구를 할 순 없는 것 아닌가. 타격은 어떻게 하나? 타자 훈련은?

"타자들은 많이 응원하고 칭찬해 주는 수밖에 없어요."

타격은 워낙 변수가 많아서 작전이나 계획 같은 것으로 해결되지 않는다. 그러니 칭찬을 많이 해주고 잘해 주길 바라는 수밖에 없다는 게 김태형 감독의 말이었다.

이래라저래라 지시한들 별 소용없다는 게 역대급 강팀을 만든 감독의 결론이라는 점은 시사하는 바가 있다. 아기에서 아이로 자라나 기저귀를 떼는 과정에 김태형이 타자를 대하는 태도를 적용할 수 있다. 혼낸다고 되는 게 아니고, 가르친다고 되는 것도 아니다. 뭔가 잘했을 때 많이 칭찬해 주고, 스스로 방법을 찾아갈 수 있을 때까지 기다리는 수밖에 없다. 혼내면? 기저귀를 떼는 게 무서워진다. 어느 정도 배변훈련이 되어 있어도 팬티를 입고 있다 잘 때 다시 기저귀를 찾는 경우가 있는데, 이 기간이 길어진다.

예전에는 타격할 때 작전을 많이 걸고, 그러기 위해 타자들의 군기를 잡고 정신을 강조하는 감독들이 인기였었다. 작전 걸고 기민하게 움직여 쌩쌩 잘 돌아가는 시스템처럼 보여야 뭔가 하는 것 같다고 인정하는 분위기였다. 그렇게 정신과 시스템을 강조하는 팀들의 전성시대가 끝났다. 못했을 땐 아무 말 안하고 잘했을 땐 칭찬 많이 해주는 김태형의 두산 베어스, 승률이 65%였다. 역시 올해 잘한 NC가 2등이 됐는데 승률이 59%였다. 두 팀이 프로야구 최종전, 한국 시리즈에서 맞붙었다. 4연승, 소위 스윕으로 끝났고 NC는 한 게임도 못 이겼다. 부드러운 칭찬이 가지고 있는 힘, 무시무시했다.

아이들과의 관계에 있어서도 칭찬이 중요하다는 점은 말할 필요도 없을 것이다. 그런데 그중에서도 가장 큰 힘을 발휘하는 게 바로 배변훈련을 할 때다. 조금이라도 잘하면 칭찬을 마구 퍼부어 주고, "잘했어요, 잘했어요."를 입에 달고 사는 수밖에 없다.

배변훈련이 끝나면 본격적인 '오줌싸개의 시기'에 돌입한다. 이 시기는 길다. 나는 초등학교에 들어간 뒤에도 오줌을 싼 기억이 있다. 배변훈련을 하고 있을 때는 기저귀를 차니까 대형사고까지 가진 않는다. 이제 기저귀를 떼고, 캐릭터가 그려진 팬티로 바뀌었는데 아침에 일어날 때까지 잘 버티는 일이 그리 쉽지 않다. 이불까지 적시지는 않게 밑에 방수 천을 까는 방법도 있지만, 이제는 아이가 커서 늘 그렇게 하기는 어렵다. 그냥 당하면 당하는 대로 사는 수밖에.

'오줌싸개의 시기'가 끝날 때까지는 이불을 빨고 또 빨면서 버틴다. 자기 전에 물을 덜 마시게 하고, 중간에 아이가 깨면 반드시 화장실에 데리고 가는 등의 수고가 필요하다. 스트레스를 받거나 힘들었던 날은 자다가 오줌을 싸는 경우가 늘어난다. 그냥 혼낸다고 되는 게 아닌 것이, 자기도 아주 속상해 한다. 혼내 봐야 스트레스만 쌓이게 된다.

배변훈련이 끝난 후엔 공중화장실을 본격적으로 이용하게 된다. 키가 낮은 소변기가 있고, 높은 소변기가 있다. 어느 건물에 아이들이 많이 오고, 어느 건물이 아이들을 염두에 두고 건물을 운영하고 있는지 단박에 알게 된다.

배변훈련 기간도 부모에게 꽤 고통이기는 하다. 빨래가 늘어나고, 아이들과 티격태격하는 일이 많아진다. 그렇지만 이 기간을 같이 보내면 이제 한 차원 높은 대화가 시작된다. 배변훈련이 끝날 때쯤이면 더 이상 아이가 아니라 '어린이'가 되기 때문이다. 말도 많이 늘고, 하고 싶은 얘기도 많아진다. 궁금한 것도 자연히 늘어난다.

아빠들에게 이 배변훈련기에 적극적으로 참여할 것을 권하고 싶다. 처음에는 아이가 화장실에 같이 있어 달라고 한다. 무서워서다. 그러다 어느 정도 익숙해지면 이제는 화장실에서 나가 문을 닫아 달라고 한다. 아이도 창피한 것을 느끼기 때문이다. 아무리 부모라도 나가서 문을 닫아 주어야 스스로의 일에 집중하기 시작한다.

우리 애들은 이럴 때 책을 달라고 했다. 부모가 나간 뒤 혼자서 동화책을 읽으면서, 아이 내면의 세계는 부쩍 성장했다. 하루하루 달라지는 게 눈에 보일 정도다. 이 비밀스러운 과정을 공유한 사람과 더 많은 대화를 한다. 이때 "아빠는 남이야"라고 찍히면 배변훈련 후의 본격 대화기에 마음속 이야기를 나누기 어렵다.

아빠로서의 애정을 깊이 심어 줄 수 있는 절호의 기회이자 마지막 기회가 바로 이 배변훈련이다. 이 시기에 동참하지 않으면 평생 아이는 자신의 생각과 비밀들을 아빠와 나누지 않게 될지도 모른다. 2~3일에 한 번이라도, 아니면 주말만이라도 아이가 화장실에 익숙해지는 훈련에 동참하는 게 길고긴 인생을 위해 훨씬 좋다.

차를 없애고 나서 얻은 것들

아기가 퇴원을 했다. 마침 동료 중 한 명이 중고차를 사러 간다고 해서 내 차를 주었다. 10년이나 된 차긴 하지만 1년은 더 탈 계획이었다. 차가 없어진다고 큰돈을 아낄 수 있는 건 아니지만, 차 핑계 대고 사람들을 덜 만날 수 있어 좋다.

그런데 차가 없어지니 뜻밖에도 내 삶을 다시 돌아보게 되었다. 내겐 늘 차가 있었다. 술을 마실 때면 택시를 탔다. 지하철은 가끔 탔는데, 버스는 거의 타 본 일이 없었다. 버스 노선을 다시 배웠다. 부장 시절에 택시 타는 게 습관이 되어 버려서 이후로는 운전을 하거나 택시를 타는 선택지뿐이었다. 문득 이렇게 사는 게 맞나 하는 생각이 들기도 했다.

버스를 타게 되자 고등학생들이 언제 학교가 끝나고, 어떻게 사는지, 그런 소소한 일들을 들여다볼 수 있었다. 여고생들이 얼마나 화장을 많이 하고 다니는지 눈으로 본 건 처음이다. 화장 빈도와 화장비 지출에 관련된 자료들은 몇 번 읽었지만 실제로 볼 일이 없었다. 춘천 가는 지하철이 생겼다는 말만 들었지, 타 본 적도 없었다. 가평에 갈 일이 생겨서 그 춘천 지하철을 처음 타 봤다.

사실은 지방 현장에 갈 일이 많아서 차가 없으면 안 된다. 하지만 당분간은 지방에 안 가도 된다. 그냥 버스를 타고 가까운 데만 왔다 갔다 하면서, 40대의 마지막 순간에 생각을 다시 하게 되었다. 이런 것도 왠지 재수 없는 얘기 같기는 하지만.

아내의 차가 있으므로 우리 집에 진짜로 차가 없는 건 아니다. 아내의 차를 타고 아침에 아이들을 어린이 집에 데려다 준다. 주말에도 아내의 차를 타고 여기저기 돌아다닌다. 바뀐 건 외출할 때 버스를 탄다는 것 정도다. 늦은 밤에는 다시 택시를 타고 들어온다.

버스를 타고 다니면서 얻은 '지식'은 많지 않다. 그렇지만 삶의 자세를 다시 배웠다. 버스 타는 법도 모르고, 노선이나 갈아타는 곳도 제대로 모르면서 뭘 하고 살았나 싶었다. 영광? 권위? 삶에서 중요한 것은 그런 게 아니다. 바빠야 한다는 것, 성공해야 한다는 것은 그냥 강박이다. 병원에 입원해 있는 세 살짜리 아빠의 바른 자세에 관해 자주 생각했다.

1년 치 생활비를 마련하기 위해서 동료들 작업을 틈틈이 도와주고 있는 동안, 내가 집에서 쉬고 있다는 소문이 돌았나 보다. 공무원 자리 제안도 오고, 기관장 제안도 왔다. 해보고 싶었던 일도 그중 끼어 있었다. 예전 같았으면 한 번쯤 만나 보고 얘기도 들었을지도 모른다. 하지만 지금은 그게 우선이 아니라는 생각이 들었다. 나중이 되면 이 결정을 후회할까? 그렇지 않을 것 같다.

버스가 어떻게 다니는지도 제대로 모르면서 해야 할 중요한 일이 세상에 있을 것 같지는 않다. 그리고 아픈 세 살짜리를 두고 해야 할 더 시급한 일이 있을 것 같지도 않았다.

아이들이 태어난 이후로 한동안 독서를 잘 못했는데, 책을 다시 읽기 시작했다. 박지원의 『열하일기』가 차를 없애고 읽은 첫 번째 책이었다. 사서삼경도 차분하게 다시 읽으려고 하고, 『비글호 항해기』도 읽을 생각이다. 조금 여유가 생기면 공공도서관에도 가려고 한다. 도서관에 안 가본 지 너무 오래되었다.

"아파요." 둘째가 처음 배운 말

두 번의 병원 입원으로 아픈 게 끝났으면 했다. 한데 뜻대로만 될 리가 없다. 전국적으로 수족구병이 유행했고, 큰애가 먼저 걸렸다. 큰애는 하루 아프고 끝났다. 둘째가 형한테 수족구병을 받아왔는데, 이번에는 좀 심각했고 또 오래갔다.

"아파요."

엄마, 아빠, 딱 두 마디만 할 줄 알던 아이가 거의 처음으로 배운 말이다. 아이는 입원했을 때 수액 주사를 맞았던 팔의 고통을 기억하고, 꼼짝없이 병원 침대에 누워있던 두려움을 기억한다. 원래도 좀 작게 태어났는데, 계속해서 병원에 다니면서 신장과 몸무게 다 최하위 등급군에 속하게 됐다. 특히 체중이 심하게 미달이었다. 앙상한 다리는 늘 젓가락을 연상시켰다.

이유식 때 먹었던 음식들도 거부하고, 새로운 음식은 절대로 먹으려 하지 않았다. 아픈 것도 아픈 거지만, 이 정도로 안 먹어서는 저체중 자체가 새로운 문제를 일으키게 된다. 아프니까 안 먹고, 안 먹으니까 몸이 약해지고, 그러니까 더 아프고……. 건강한 아이들이 잠깐 열나고 말 것도 심각하게 앓아서 결국 병원에 입원하게 된다. 너무 너무 예쁠 나이의 세 살, 아들은 그렇게 고통 속에서 봄을 보내고 있었다.

이게 돈으로 해결될까? 돈으로는 안 된다. 그럼 뭐가 필요할까? 세상에서 진짜 중요한 건 무엇일까? 둘째는 나에게 그런 질문을 계속하게 만들었다. 게다가 상황상 그 답을 유보할 수 없다. 어떤 식으로든 결론을 내고, 결론이 났으면 행동을 해야 한다. 나는 아들과 더 많이 놀아 주고, 더 많이 시간을 보내기로 했다.

"아파요." 아기가 처음 배운 말. '인생이 실전'이란 건 이런 뜻인가. 육아 책도 많이 읽었고, 나름대로 이것저것 보며 지식을 쌓았다. 그렇지만 이런 얘기는 들은 적이 없다. 아픈 애들은 많고, 우리 아이보다 더 심각하게 아픈 아이도 숱하다. 사실 폐렴 같은 건 요즘 병 축에도 못 낀다. 그렇게 해서 천식이 된대도 좀 불편한 거지, 죽을 병도 아니다. 그런데도 처음 배운 말이 "아파요."인 아기가 있다는 얘기는 들어보지 못했다.

진짜로 아픈 건 몸이 아니라 마음일 것이다. 언제 병원에 갈지 모르고, 누구를 믿어야 할지도 잘 모르는 불안한 상태. 아기 입장에서는 병원에 가게 된 게 엄마 때문인지 아닌지도 판단할 수가 없을 것이다. "크면 튼튼해질 거야." 경험해 본 사람들은 동감하겠지만 주변의 위로는 크게 도움이 안 된다. 돈? 돈이라면 또 모를까.

오랫동안 알고 지내는 농부가 있다. 대학을 졸업하자마자 귀농했는데 평생을 농부로 살았다. 딸 셋에 아들 하나, 네 명을 키운다. 살림은 팍팍하다. 그 집의 큰딸이 열세 살 때, 조립식으로 지었던 농가주택에 불이 났다. 안 그래도 살기 어려운 집에 불까지 났다고 하니 나도 듣자마자 먹먹해졌다. 무슨 말을 해도 위로가 될 것 같지 않아서 농협 계좌로 몇 십만 원을 송금했다. 필요 없다고 펄펄 뛰었지만 아이들 짜장면이라도 사주라고 우겨서 보냈다.

둘째가 아프고 나서 나도 조금이나마 마음먹었다. 주변에 아이가 입원했다는 집이 있으면 작은 돈이라도 꼭 보내 주기로 했다. 어차피 내 말솜씨 수준으로는 뭐라고 해봤자 위로도 잘 되지 않을 걸 안다. 그냥 작게라도 병원비를 보태는 게 현실적인 짐을 덜어 주는 길일 것이다.

제일 처음 제대로 발음하게 된 말이 '아파요'인 아이, 나는 그런 아기의 아빠가 되었다. 그리고 그 삶을 아프지 않게 받아들이기로 마음먹었다.

아빠와 아들의
첫 번째 데이트

'아들과의 첫 번째 데이트'라고 불리는 이벤트 이야기를 해볼까 한다. 날씨가 좀 풀리면서 둘째가 집 밖으로 나가도 되는 계절이 왔다. 식구가 다 나가거나 둘을 다 데리고 나가는 건 일상적인 일이다. 그렇지만 둘째만 따로 데리고 나간 건 그때가 처음이었다.

마음먹고 멀리 어디 번듯한 곳에 간 건 아니다. 동네 슈퍼에 가서 카트에 태우고 이것저것 물건을 샀다. 아픈 다음부터 외출을 잘 못해서, 집 밖으로 나가는 것 자체를 좋아했다.

슈퍼 다음으로 간 곳은 동네 빵집이었다. 프랜차이즈는 아니지만 그렇다고 시장 같은 곳에 있는 동네 빵집도 아니다. 빵은 맛있는데, 일하는 점원이 너무 자주 바뀌어서 약간 얄밉다고 생각하는 가게였다. 인스턴트에 가까운 커피를 팔고, 차를 마실 수 있는 테이블이 몇 개 있다. 아이는 소보로 빵을 시켜 주었고, 나는 커피를 마셨다.

'빠방의 시기', 남자 아이들이 한 번씩 거치는 자동차에 열광하는 시기가 있다. 둘째는 제일 처음 좋아한 게 병뚜껑과 같은 뚜껑들이고 다음이 바퀴였다. 바퀴를 먼저 좋아하고 보이는 바퀴마다 돌려 보았다. 그러다 자연스럽게 자동차로 넘어갔다. 큰애는 장난감 자동차를 좋아했지만 진짜 차를 좋아하지는 않았다. 별 관심 없어 했다. 경찰차, 불자동차, 구급차, 그런 것들은 조금 더 뒤에 좋아하게 되었다. 둘째는 미니카보다도 진짜로 지나가는 차를 보는 걸 좋아한다. 지금까지도.

어린 아들과 빵집에 앉아서 커피를 마시는데, 나도 이런저런 생각이 많이 들었다. 큰애가 이맘때는 아내가 만삭이었다. 시간 나는 대로 데리고 나가서 한두 시간씩 놀다가 들어왔다. 둘째가 아주 어렸을 때도 혹시라도 소외감 느낄까 봐 많이 데리고 나갔다. 그러다보니 둘째랑 둘이서만 외출하는 기회는 세 살이 되어서야 갖게 되었다. 그때는 아침에 어린이집 데리고 가는 걸 내가 맡고 있었기 때문에 둘 다 늘 데리고 다니기야 했지만, 따로 외출을 한 건 분명 처음이다.

나도 재미있었지만 아들도 재미있었던 것 같다. 난 중학교 때 처음 빵집에 앉아 빵을 먹었었지, 하고 추억에 젖기도 했다. 빵 냄새가 정말 좋았다. 아기에게도 빵집 외출은 즐거운 외출일 것 같다. 그 후에 아내가 몇 번 더 데리고 갔다.

그날부터 둘째가 밥 먹을 때 '아빠', 기저귀 갈 때 '아빠', 이렇게 지정을 하는 일이 생겨났다. 큰애는 아무나 먹여 줘도 별로 상관하지 않았다. 중간에 힘들면 교대하는 식으로 했다. 하지만 둘째는 밥 먹여 주는 사람이 바뀌는 걸 싫어한다. 아픈 아이다 보니 선호하는 게 있으면 어지간해선 맞춰 준다.

아기들도 다 취향이 있고, 개성이 있다. 그러니 정말로 데이트하는 것과 같다. 엄마가 결혼해서 같이 사는 배우자와 같은 존재라면, 아빠는 결혼하기 위해서 연애하는 상대에 비유할 수 있다. "엄마가 좋아, 아빠가 좋아?" 이렇게 물어보는 바보들이 있다. 물어볼 것도 없다. 당연히 엄마가 좋다. 보통의 경우 엄마가 주 양육자이고, 아빠는 보조 양육자이다. 잘해야 한다. 그래야 조금이라도 인심을 산다.

아이들의 여름 나기

지난여름은 기록적으로 더웠다. 전기요금 누진제가 그 어느 때보다 중요한 이슈가 되었다. 같이 일하는 사람 중 한 명은 가족들에게 여름휴가와 에어컨 중 하나를 선택하라고 했다. 식구들은 에어컨을 펑펑 트는 쪽을 선택했다. 피서란 말 그대로 '더위를 피해 가는 것'인데, 일상의 피서 쪽을 택한 것이다.

아파트에 살다가 주택으로 이사 온 지 9년째다. 아파트에 살던 시절에는 나도 에어컨을 겁게 틀었다. 주택으로 이사 온 다음에는 에어컨을 안 썼다. 한 번은 계곡 옆이고, 한 번은 산 위였으니 에어컨을 틀어야 할 정도로 더운 날이 일 년에 몇 번 안 된다. 그래도 지난여름엔 몇 번 틀었다. 도저히 방법이 없는 더위였다.

원래도 땀이 많은 큰애는 땀띠가 엄청 났다. 둘째는 엉덩이에 나서, 집에서는 기저귀도 벗겨 놓았다. 자판에 땀이 줄줄 떨어질 정도로 더워도 땀띠는 난 적 없던 나도 목둘레에 땀띠가 다 났다.

힘든 세 살을 보내던 둘째에게는 이 더위가 도움이 되었다. 감기에 걸리고 다른 병으로 넘어가는 게 패턴인데, 너무 더워서 감기에 걸리지 않았다. 팔까지 다 덮는 유아용 수영복에 물놀이용 기저귀까지 중무장을 하고 바다에도 들어가서 놀았다. 한국이 더위로 펄펄 끓는 동안 둘째는 몸무게가 좀 늘었고, 살도 좀 붙었다. 이제야 세 살 같아 보인다. 먹는 것도 약간 늘었다. 닭고기를 먹고, 돼지고기도 먹다가, 쇠고기까지 먹기 시작했다. 채소는 아직도 입에 대려고 하지 않는다. 그렇지만 먹는 종류도 늘고 양도 많이 늘었다.

국가 에너지 체계, 향후 방향을 어떻게 잡아야 하나. 지난여름은 내가 그런 고민을 진지하게 된 시기이기도 하다. 그동안에 각색을 해달라는 의뢰가 하나 들어오고, 전기를 소재로 한 영화 기획에 대한 얘기도 나왔는데 나는 전기 쪽을 선택했다. 그만큼 엄청난 폭염 대란이었다. 둘째는 추위와는 상관없는 날들이 계속되면서 계속 아파서 못 맞고 있던 예방접종들도 마저 맞았다.

병원에 입원한 뒤로, 조금만 기분이 안 좋거나 위험하다는 생각이 들면 '끼아악'하고 크게 소리를 질렀다. 실내에 식당과 카페가 있는 이화여대에 종종 아이들을 데리고 갔었다. 둘째가 소리를 지르기 시작하면서 결국 가기가 어려워졌다. 학생들이 앉아서 공부하는데 소리를 지르면 이만큼 면학 분위기 해치는 일도 없을 것이다.

대학에 마지막으로 등록했을 때가 이대에 소속된 연구실이었고, 마지막 강의도 이대에서 했던 것 같다. 연세대 다음으로 익숙한 학교이기는 하지만, 둘째가 소리 지르는 버릇이 생기면서 가기 어렵게 되었다.

다행히 이 여름의 더위를 지나면서, 둘째의 소리 지르는 버릇이 없어졌다. 짜증과 고통이 얼굴에서 사라진 대신 많이 웃고 많이 웃긴다. 큰애는 4살 때부터 스무고개 놀이를 좋아했다. 내용보다도 '땡', '딩동댕'이라고 말하는 순간을 좋아한다. 둘째도 같이 끼어서 스무고개를 하면서 '땡'을 배웠다. 그리고는 잘 써먹는다.

큰애가 물었다. "엄마 이름 뭐야?" 둘째가 대답한다. "땡." 내가 묻는다. "빵 먹을까?" 둘째가 대답한다. "땡." 문장의 뒤가 올라가는 질문 형태로 물어보면 어지간하면 다 "땡"이다. 그래서 아내는 졸지에 땡여사라는 별명을 가지게 되었다. 아들이 엄마 이름을 '땡'이라고 대답해서.

온 국민이 더위에 고생하는 동안, 둘째는 웃음과 행복을 다시 찾았다. 인생의 아이러니 같은 거다. 둘째가 올 겨울을 잘 날 수 있을까? 이런저런 걱정이 많다. 실내 온도를 유지하기 위해 1층 외벽 단열 공사를 다시하기로 했다. 지난 번 공사할 때도 단열을 두껍게 했는데, 그걸로는 충분하지 않았다. 해보고 안 되면 정말 추운 날은 처가로 보낼 생각이다.

타워팰리스를 시작으로 한동안 주상복합건물이 인기를 끌었다. 미관상 최대한 유리로 외부를 마감했고, 그걸 유지하기 위해서 창을 아주 작게 만들었다. 건축법이 좀 이상해졌다. 핑계는 자살을 방지한다는 것이었는데, 진짜 이유는 아파트에 사는 사람이 외부에 빨래를 걸지 못하게 하기 위한 것이었다고들 한다. 비싼 아파트에 빨래가 보이면 집값이 떨어진다는 게 진짜 이유였다.

이런 건물은 공기조절, 소위 공조에 큰 약점이 있다. 열 수 있는 창문이 아주 작고, 그나마도 다 열기 어렵다. 더울 때는 그냥 두면 온도가 한없이 올라간다. 그래서 에어컨을 일상적으로 켜는데, 전기세도 많이 나오지만 아동이나 노인들의 호흡기에 안 좋다. 실제로 이런 주상복합 근처의 소아과 병원을 조사해 보니 아동 감기 환자가 늘어난 걸 알 수 있었다.

아는 사람이 아주 유명한 주상복합 아파트에 살면서 세 아이를 키운다. 그 집은 더위를 도저히 참을 수가 없어서 불법으로 창문 개조를 했다. 그것도 몇 백만 원 들었는데, 그렇게 안하면 전기세가 백만 원이 넘게 나온다. 비싼 아파트라서 젊은 부부들은 전세로도 가기 어렵다. 가끔 잘사는 사람들이 이런 아파트에서 아기들 때문에 힘들어하는 것을 보게 된다. 다른 대안이 없다고 할 수밖에 없다.

이런 문제점을 겪다 보니, 최근에는 '쓰리 베이3-Bay'나 '포 베이 4-Bay'라고 부르는 유형의 아파트들이 유행하고 있다. 창문을 직접 열 수 있는 방을 늘리면 조광도 나아지지만 무엇보다도 환기가 좋아진다. 어른들이야 그냥 에어컨 틀어 놓고 버티면 된다고 하지만, 아이들은 공기에 아주 민감하다. '집 안에 맞바람이 얼마나 잘 치고 환기가 잘 되는가.' 아이들의 여름 나기에서 가장 먼저 생각해 봐야 할 조건이다.

결국은 돈 드는 얘기가 된다. 주상복합의 대형 평형이 유행할 때는 건강에 안 좋고 에너지 효율도 나쁜 집들이 비쌌다. 최근에는 이 흐름이 조금 바뀌기 시작했다. 여름에 맞바람 잘 치고 자연환기 잘되는 아파트가 비슷한 아파트보다 조금 더 비싸다. 환기가 잘되는 집에서는 일 년에 며칠을 빼면 선풍기만 갖고 날 수 있다. 좋은 에어컨보다 좋은 집이 더 낫다. 한 가지 다행인 것은, 제일 비싼 집은 여전히 주상복합이지만 그렇게까지 돈을 많이 들이지 않아도 더 나은 선택이 가능할 수 있다는 점이다.

주상복합의 원래 취지는 상가 지역의 사무실 용도다. 때문에 경제 활동을 위해, 필요상 번잡한 곳에 위치한 것이다. 투기할 생각이 아니라 주거용이고, 특히 아이들을 키울 곳이라면 이 비싼 아파트는 고려 대상에서 빼는 게 좋다고 생각한다.

스스로 배우고, 강해지고, 멋지게 피어난다

잠시 후면 둘째가 두 돌이 된다. 나이는 아직 세 살, 두 팔로 안으면 종잇장처럼 가볍다. 그렇지만 표정이 많이 밝아졌고, 이제는 몸을 쓰면서 노는 것도 좋아한다. 열심히 뛰고 열심히 논다. 이제는 진짜 세 살 같아졌다.

첫째는 다섯 살 후반, 네 돌을 넘고 나서 그야말로 넘치는 힘을 주체하지 못한다. 앉아 있으면 뒤에서 목 너머로 덤블링을 하면서 날아온다. 잡아주지 않으면 정말 큰일 날 것 같은 상황이다. 목을 잡고 붕하고 난다. 그리고 연결 동작으로 마운트에 들어간다. 여차하면 파운딩까지 들어갈 분위기다. 보통은 말타기 자세로 통통 몸을 튕긴다. 이제는 몸무게가 많이 늘고 힘도 붙어서 당하는 나는 숨이 턱턱 막힌다. 그래도 그렇게 힘을 뺄 만큼 빼야 밤에 쉽게 잠이 든다.

남자 애들 키우기……. 나도 어릴 때 이러고 자랐나 싶다. 큰아이가 배 위에서 통통통 하는 동안, 둘째가 다리 위에서 자기도 마운트, 말타기를 시작한다. 더블 마운트! 오메, 나 죽겠네. 동생은 형이 하는 대로 그대로 따라 한다. 뛰어다니는 걸 좋아하고, 등 뒤로 올라가는 '등산'을 하는 건 첫째가 그 나이 때 하던 것과 같다.

또 아직 문장으로 말을 하지는 못하지만 말할 수 있는 단어가 계속해서 늘어나고 있다.

'느느님.' 어린이집 선생님을 이렇게 부른다. '엄빠', 나랑 하루 종일 진짜로 잘 논 날이면, 엄마 같은 아빠라면서 이렇게 부른다. '뽀요요', 아직은 뽀로로 발음을 못한다. 아들이 가장 먼저 부른 캐릭터 이름은 '앰버'였다. 큰애는 '폴리'를 먼저 불렀다.

첫 돌에서 순식간에 세 살이 되어버린 것처럼, 그렇게 하루하루가 다르게 새로운 모습을 보여준다. 인생에서 짧은 순간 가장 많은 변화가 생기는 나이가 바로 우리 나이 세 살일 것 같다. 나이를 먹으면 두드러지는 변화가 잘 생기지 않는다. 사람은 어지간해서 변하지 않고, 나이를 먹을수록 더 그렇다. 그렇지만 세 살에 한해선 매일매일 변하지 않으면 이상할 정도다. 매일 새로운 단어를 배우고, 매일 새로운 것들을 알아간다. 그리고 좋아하는 것도 조금씩 바뀐다. 이런 바탕에 새로운 기억과 경험이 더해져 격동적인 변화가 나타나는 것이 바로 이 나이인 것 같다.

둘째는 태어나면서 엄마의 삶을 많이 바꾸었다. 정년까지 보장되어 있던 튼튼한 회사의 차장 자리를 아내는 미련 없이 내려놓았다. 그리고 세 살이 되었을 때는 아빠의 삶을 바꾸었다. 허세와 집착 혹은 조바심, 이런 것들이 내 삶에서 스르르 빠져나갔다.

허세는 조용함으로 바뀌었고, 집착은 포기로 바뀌었다. 그리고 조바심은 인내와 기다림으로 바뀌었다. 그렇게 하지 않으면 내가 아기 때문에 너무 많은 것을 희생하는 것 같은 생각이 들어서 버틸 수 없었다. 이 모든 것도 삶의 한 부분으로 받아들이고 즐거워하기까지, 나도 약간의 시간이 필요했다.

큰애 때는 엉겁결에 모든 것이 지나가서 제대로 관찰하기가 어려웠다. 둘째는 아직도 말을 거의 못하지만, 숫자는 읽는다. 생각해 보면 이상한 건 아니다. 하나, 둘, 셋, 모두 쉬운 말들이다. 계단을 내려가거나 올라갈 때 하나, 둘, 셋, 하고 세면서 간다. 그렇게 열까지 센다. 그리고 버스 번호판을 읽고, 간판의 숫자들을 읽기 시작한다. 그렇게 자기가 알아볼 수 있는 게 늘어나면서 외출을 더 즐기게 된다. 밥을 다 먹고 얘기한다.

"비었어, 영."

큰애도 그 나이 때 기수와 서수를 배우고 숫자를 읽었던 것 같은데, 그때는 그냥 그런가 보다 했다. 사람이 말보다 수를 먼저 배우고, 글자보다 숫자를 먼저 익히게 된다는 것을 처음 알게 됐다. 생활 속에 숫자는 많다. 한 걸음 두 걸음, 한 칸 두 칸, 우리가 사는 공간은 숫자로 가득 차 있다. 물론 숫자를 약간은 가르쳐 주기는 했고, 숫자 그림을 아기가 움직이는 여기저기에 붙여 놓기도 했다. 그렇지만 아파서 몸도 제대로 가누지 못하던 아이에게 뭔가 무리한 것을 시키지는 않았다. 그럴 이유도 없고, 그럴 필요도 없으니까.

그 또래 애들 몇 명을 보면 대충 비슷한 것 같다. 태어난 개월 수에 차이가 있기는 하지만, 걷고, 말을 배우기 시작하고, 문장을 익혀 나갈 그 즈음에 숫자를 알기 시작한다. 여기까지가 자연스러운 일이다.

열 개가 달린 자기 손가락을 보면서 하나, 둘, 그렇게 숫자 자체의 개념을 알아가는 건 유별난 게 아니다. 인류 역사에서 영, 아라비아 숫자 0은 엄청난 발명품이라고 들었다. 하지만 막상 아이가 영을 이해하는 것을 보면, 그게 그렇게까지 대단한 발명이었을까 싶다. 밥을 다 먹었다는 것을 이해하는 것이 그렇게 엄청나게 대단한 일은 아니지 않나.

아기가 말을 배우기 시작하면서 그 나이에 영어를 같이 가르치고 싶어 하는 부모가 있다. 그렇지만 숫자를 알아나가는 게 좀 더 자연스럽게, 스스로 배워나가는 과정이라는 생각이 들었다. 우리나라의 숫자, 발음하기 정말 편한 글자들로 구성되어 있다. 아라비아 숫자는 인류가 오랫동안 쉽고 편하게 검증한 부호 체계이다. 그편이 좀 더 자연스럽다.

세 살. 아기는 스스로 강해지고, 스스로 배워 나가고, 스스로 멋지게 피어난다. 걸을 수 있게 되고, 말을 배우기 시작하고, 삶에서 자기에게 필요한 것을 자신이 채워 나간다. 세 살이 그렇게 아름답고 멋지고 또 매력적인 나이인 줄 두 아이를 키우고 나서야 처음 알았다.

만약 내가 누군가를 가르치는 것을 업으로 해야 한다면, 난 지체 없이 세 살짜리 아기를 가르치는 일을 하겠다. 이젠 좀 알겠으니까. 세 살, 아기를 졸업하는 나이다. 세 살짜리 아기와 지내는 것은 연애하는 것과 같다. 서로 마음에 드는 과정이 필요하고 과하게 요구해서는 안 되지만, 아무것도 안 해줄 수도 없다.

이젠 어떻게 해야 할지 조금은 이해한 것 같다. 다른 집 아이라도 내 아이처럼 기저귀를 갈아 주고, 하나씩 자신의 세계를 만들어 가는 걸 옆에서 조용히 도와줄 수 있을 것 같다.

많은 것을 세 살에 배우지만 나중에 그 시절을 기억하기는 어렵다. 그래도 그때 생각한 많은 것들이 삶을 만드는 틀이 된다. 동시에 참 키우기 쉽지 않은 나이기도 하다. 그렇지만 기저귀에 똥이 다 찼을 때, 스스로 '꽁'이라고 할 정도만 돼도 부모는 일손을 크게 덜 수 있다. 더 기다리면, 대화가 가능한 나이가 된다.

10

아이들과
재밌게 놀았다

막다른 곳에서
내려놓았다

큰애가 네 살일 때 나는 바빴고, 만날 심각했다. 별것도 아닌 일로 바쁘게 돌아다니고, 아무것도 아닌 일에 쓸데없이 핏대를 내면서 감정을 소모했다.

"인생을 낭비하고 사는 중이야."

아내는 그런 나를 싫어했다. 지금 와서 돌아보면, 스스로 생각해도 무언가에 홀린 듯 산 것 같다. 별 의미도 없는 일들을 했고, 아무도 나중에 고마워하지 않을 일들에 돈을 썼다. 누군가는 해야 할 것 같았는데, 사실 그런 일들은 아무도 안 해도 되는 일이다. 아이가 심하게 아프고 나서야 내가 무의미한 일을 하고 있다는 것을 알게 되었다.

아내와 늘 행복한 시간만 있었던 것은 아니다. 갈등도 있었고, 싸움도 종종 했다. 결과적으로는 내가 욕먹고 끝나곤 하지만 어쨌든 늘 순탄한 건 아니었다. 지금 집으로 이사를 오기 전, 싸우고 나면 아내는 집을 나간다고 말했다. 그리고 진짜로 한번은 친정으로 간 적도 있다.

지금 사는 집은 아내와 공동 명의로 구입했다. 그리고 아이들이 태어났다. 이렇게 한 뒤 바뀐 게 좀 있다. 이제 아내는 집을 나간다고 하지 않고, 집을 나가라고 한다.

"너만 나가면 우리 집은 다 행복해."

퇴직을 하고 집에 있던 아내는, 남편이 별 의미도 없어 보이는 일에 시간과 건강을 버리고 있는 걸 진짜로 이상하게 생각했다. 그리고 내가 쓸데없이 밖에서 돈을 쓰지만 않으면 아이들하고 한 평생 사는 데 별 문제가 없다고 생각했다. 현관문 비번을 바꾼다는 건, 아내가 그 시절에 가장 많이 하던 협박이다.

부부 공동명의로 하면 집을 반반씩 소유하게 된다. 그런데 어디까지가 절반인지 자세하게 기록하지는 않는다. 아내는 집 쪽이 자기 거고, 마당 쪽이 내 거라고 주장한다. 그래서 싸우다 보면 꼭 "너희 집가 버려."란 말이 등장한다.

그 시절에도 주말에는 거의 약속을 잡지 않았다. 금요일 저녁부터 월요일 아침까지, 그 시간이 내가 육아에 참여한 시간이다. 나는 꽤 시간을 많이 낸다고 생각하고 있었는데, 집에서 두 아이를 보는 아내는 나에게 호통 치는 일이 점점 더 늘어났다.

아내가 폭발한 것은 큰 아이가 4살이 되던 어느 가을날이었다. 아내는 가정의 행복을 위해서 이혼을 고민하기 시작했다. 집을 팔고, 재산을 정리하면 두 아이를 키우는 데 큰 문제가 없다는 결론을 내렸다. 그렇지만 내가 계속 집의 돈을 가져다 쓰기만 하고, 그리고 결국 건강을 상해서 일찍 죽으면, 두 아이를 키울 자신이 없었던 것 같다.

아이가 생기면 부부 사이가 더 원만해지고, '비둘기처럼 다정한 우리 집'이 생길까? 그렇지 않다. 더 많은 고민이 생기고, 더 많은 갈등의 여지가 생긴다. 아이의 먼 미래가 보이기 시작하면, 점점 더 싸움은 격해진다. 그걸 여러 가지 방식으로 조금 더 원활하게 해결하거나 해소하면서 사는 것이다.

아내는 하숙집을 하는 계획도 세웠다. 아들 둘이 크면 '런드리 보이'로 세탁 같은 잔일을 시키고 용돈을 주는, 그런 하숙집이다. 나만 없으면 여러 가지 해법이 가능할 수 있다. 아내는 내가 금방 죽을지도 모른다는 악몽을 자주 꾸었다. 내가 있으면 조금 더 넉넉하게 살아갈 수는 있겠지만, 지금처럼 그냥 돈만 가져다 쓴다고 생각하면 미래가 보이지 않았나 보다.

큰애가 네 살이던 가을의 어느 날, 집안의 갈등은 절정으로 치닫고 있었다. 어정쩡하지만, 그래도 적당한 봉합점이 필요했다. 아내는 내가 집 안의 돈만이 아니라 자신의 삶도 낭비하고 있다고 생각했다. 아내의 생일날, 나는 아침에 두 아이 어린이 집 데리고 다니는 걸 맡기로 했다. 그리고 또 삶의 한 고비를 넘어갔다. 물론 그건 그냥 봉합이지 근본적인 해결은 아니었다.

그 후로 지금까지, 아이들 어린이집 아침 등원은 내가 한다. 4번의 계절이 지나는 동안 매일 가지는 못했다. 아침에 급하게 일이 생기는 경우도 있고, 도저히 못 일어나는 일도 있다. 힘들 때가 많지만, 그래도 약속은 약속이다. 하지만 매일 그 약속을 지키기가 쉽지는 않아서 이래저래 일주일을 꼬박 채워서 간 게 몇 번 안 된다.

우리 집은 아내가 버는 돈으로 생활을 하고, 내가 버는 돈은 아내가 모았다. 아내가 버는 돈이 좀 빠듯하기는 했지만 거기에 맞춰서 살았다. 생활은 옹색하게 했어도 설마 수중에 돈이 완전히 없어질 거라고는 아내도 생각 못해 본 것이다. 아기들은 커가고, 아내는 쉬고 있고, 남편은 정신 못 차리고 돌아다니고, 아내의 초조함은 점점 더 정점으로 향하고 있었다.

우리는 그 가을이 갈등의 클라이맥스인 줄 알았다. 그러나 그건 기승전결로 치면 승, 또 다른 전환점이 시작된 것에 불과하다. 겨울이 다 지나고 나서 봄이 시작될 무렵, 둘째가 연거푸 병원에 입원하면서 진짜 클라이맥스가 찾아왔다. 내가 하던 일들을 내려놓은 것은 그 순간이었다.

왜 꼭 문제가 생겨야 정신을 차리게 될까? 우리의 삶은 왜 꼭 그렇게 흘러갈까? 모르겠다. 삶에는 교과서가 없으니 살면서 배우는 수밖에 없다. 게다가 그 삶은 한 번밖에 없다. 우리는 늘 지나고 후회한다.

자, 우리 소풍 간다

그해에 난 야구 볼 시간도 없이 바빴다. 살면서 야구 볼 시간이 없을 정도로 바빴던 해가 몇 번 되지 않는다. 매일은 아니어도 거의 보려고 하고, 기본적인 자료 정도는 챙겨서 보았다. 야구 볼 시간도 없을 정도로 바쁠 때는 대부분 내 삶이 엉망진창일 때다. 좋은 리듬을 타던 시기를 돌이켜 보면 그럴 땐 야구장에는 갈 수 있었다. 정신

없이 사는 건 좋은 게 아니라고 다시 한 번 깨닫는다.

내가 무엇을 하고 있고, 진정으로 뭘 원하고, 삶에서 소중한 것이 무엇인가, 그런 걸 생각도 못하고 바쁘게 지내는 건 삶이 아니다. 사는 게 아니라 그냥 끌려가며 살아지는 것이다. 그렇게 인생을 낭비할 필요가 있을까?

큰아이는 돌이 되기 전에 아내가 복직하였다. 다시 둘째가 태어나서 출산 휴가를 받기 전까지, 낮에는 나와 장모님이 돌보았다. 원래는 우리도 육아 도우미를 생각했었다. 근데 이게 정말 힘든 일이었다.

흔히 듣는 얘기, 시아버지가 갑자기 쓰러져서 간병을 위해 일을 그만둬야 한다는 그 일이 우리에게도 벌어졌다. 아마 교통이 힘들어서 그랬을 거라고 생각한다. 돈을 더 달라고 하거나, 다른 사정을 얘기하면 다른 해법을 찾아볼 수도 있었을 것 같다. 그런데 그렇게 하지 않고, 당일에 전화로 그렇게 사정을 얘기했다.

몇 번 그렇게 하다가 결국 포기했다. 아내는 출근을 해야 하는데, 그렇다고 내가 아이를 늘 맡아 보기도 어려웠다. 결국 장모님이 주중에 집에 계시는, 아주 곤란한 해법을 찾게 되었다. 주중에 나와 장모님이 분담해서 어린이집에 보내고, 오후 시간엔 돌아가면서 보는 방식을 택했다.

아내가 둘째 때문에 만삭이던 시절부터 둘째가 어느 정도 자랄 때까지, 나는 시간과 여유가 되는 대로 큰애를 바깥으로 데리고 나갔다. 이래저래 첫째와는 정말 많은 시간을 보냈다. 그리고 그때는 나도 차가 있어서 좀 더 손쉽게 외출했다. 그렇지만 가장 기억에 남는 장면은 차로 어딘가 가던 그런 순간은 아니다.

그 시절에 큰아이가 가장 재미있던 순간으로 기억하는 장면이 하나 있다. 그해 여름, 식구들은 여의도 공원에 자주 놀러 갔다. 사람이 생각보다 별로 없고, 나무가 많아서 그늘이 좋았다. 돗자리 펴고 넓은 잔디밭에서 김밥을 비롯해 도시락을 까먹으며 놀았다. 둘째는 유모차를 태우고, 그렇게 두세 시간을 보낼 수 있다.

작은 비닐 공을 가지고 큰애와 축구를 했는데, 그렇게 넓은 잔디밭에서 마음껏 뛸 수 있는 곳은 거기가 유일했다. 큰애는 공에 별 흥미가 없었는데, 둘째는 공을 진짜로 좋아했다. 너무 황홀하게 공 차는 걸 바라보는 모습에 공 사랑이 지극한 것을 처음 알았다. 돗자리 위에 누워 있는 아기에게 공을 굴려 주면 그걸 잡으면서 무척 좋아했다.

그래도 늘 여의도 공원만 갈 수는 없어서 한강에 있는 선유도에 갔다. 아내는 늘 선유도에 가 보고 싶어 했다. 양화대교를 건너면서 있는 것만 보았지, 실제로 선유도에 간 것은 나도 그때가 처음이다. 산책로가 아주 좋았고, 맘껏 걸을 만큼 충분히 길었다. 토끼가 있었다. 아이들과 같이 갈 수 있는 공원 중에 사슴이나 토끼 같은 동물이 있는 곳들도 있다. 멀리서 한강을 바라보며 벤치에서 쉴 수 있는 것도 좋았다.

한강 공원의 단점은, 그늘이 없다는 점이다. 그래서 더운 여름날 걷다 보면 지친다. 생각보다 오래 있기가 어렵다. 선유도 공원에서 한강으로 넘어와서 한참을 걸었다. 나도 지치고 아내도 지쳤다.

그날 큰애는 아이스크림을 처음 먹었다. 세상에 이런 게 있는지 처음 알게 되었다. 너무 덥고 지쳐서, 콘 아이스크림을 그날 처음 먹었다. 일명 '아구찜'이다. 아들은 아이스크림에 대한 강렬한 기억을 가지게 되었다. 그 후로 자꾸 아구찜이 먹고 싶다고 말했다. 아구찜이 뭔지 이해하는 데도 며칠 걸렸다. 4살 아들이 발음한 아이스크림이 바로 아구찜이다.

아구찜 먹으며 나란히 걷기

2015년 여름은 2016년 여름처럼 지독하게 덥지는 않았다. 그 해까지는 우리 집도 좀 더워도 참으며 여름을 에어컨 없이 지냈다. 그 여름에 큰아이를 데리고 산책을 많이 다녔다. 집 근처에는 편의점이 두 개 있다. 하나는 좀 먼 정도이고, 또 하나는 아주 멀다. 그 아주 먼 편의점 근처에 아들이 다니는 어린이집이 있었다.

어느 날, 집에서 아이와 실랑이하고 있기도 힘들고 운동도 시켜야 할 것 같아서 손잡고 어린이집을 향해 걸어갔다. 아이가 걷기에는 좀 멀다. 지나가면서 강아지 구경도 하고, 여기저기 피어있는 풀도 들여다보면서 걸었다. 겨우겨우 도착을 했는데 아들도 지쳤고 나도 지쳤다.

아구찜이 먹고 싶다고 해서, 그날 생애 두 번째로 아이스크림을 사줬다. 나는 생수 한 통 사서 물을 마시고, 아들은 아이스크림을 먹었다. 아이스크림을 먹으면서도 목이 마르다고 했다. 내가 마시던 물도 같이 마셨다. 그때부터 아들은 아이스크림 먹으면서 물도 마시는 게 습관이 되었다. 사실 아이스크림만 먹으면 너무 달아서 목이 마르다.

몇 킬로를 걸어왔더니 돌아가는 게 또 난관이었다. 잠깐 걷고, 안아 주고, 힘들면 또 업어 주고, 그렇게 집에 왔다. 언덕을 오르락내리락, 그야말로 땀이 비 오듯 흘렀다. 별 생각 없이 산책 나섰다가 늙은 아빠 죽을 뻔했다.

아들은 그 산책이 너무 좋았나 보다. 너무 힘들어서 아이스크림을 먹은 건데, 아들은 아구찜을 먹으러 간 거라고 생각했다. 그리고 둘째가 태어난 뒤 사람들이 전부 둘째만 예뻐하고 안아 줘서 내심 서운할 때, 아빠가 많이 안아 주고 업어 주니 또 좋았던 것 같다.

그때부터 시간 나는 대로 아들과 산책을 했다. 이번에는 좀 가까운 편의점을 목표로 했다. 그래도 전부 언덕이라서 4살짜리 아이가 걸어갔다 걸어오기에는 좀 무리다. 그렇다고 그냥 내려가기만 해서는 아무리 아이라지만 운동이 될 것 같지 않았다. 집 뒤쪽으로, 집 옆쪽으로, 안 가본 골목길을 돌아서 가까운 편의점까지 갔다. 나도 오가는 길만 다니지, 그렇게 안 가본 골목들을 뒤져가면서 간 건 그때가 처음이다.

편의점까지 가면 거기에서 '아구찜' 먹고 물 마시고, 그렇게 쉬고 같이 얘기하면서 놀았다. 다행히 동네에 있는 두 개의 편의점에는 전부 의자와 테이블이 있다. 올라오는 길은 어렵다. 아들은 잠깐 걷고, 안아 달라고 한다.

"아빠, 집에까지 쭉."

안겨서 내려오려고 하지 않지만, 내가 힘들어서 집까지 계속 안고 올 수는 없다. 안기도 하고, 업기도 하고, 몇 십 미터 간 뒤엔 다시 내려서 걷게 했다. 아이스크림을 사주면서, 내가 잘하는 건지 좀 생각해 보게 되었다. 하지만 많이 걷고 나면 나도 쉬고 아들도 쉬어야 하는데, 마땅한 대안도 없다. 그때마다 카페에 가서 커피와 주스를 마시는 것도 좀 아닌 듯싶고.

어쨌든 몇 달이 더 지난 후, 아들은 아구찜이 아니라 아이스크림이라고 정확하게 발음하게 되었다. 그리고 아이스크림 먹겠다고 떼를 많이 쓴다. 매번은 아니어도 가끔은 사 준다. 그리고 유별나게 더웠던 올 여름엔 아예 큰 통으로 사다 놓고 아들에게 매일 아이스크림을 바쳤다. 그 '아구찜의 시간', 아들과 산책도 많이 하고, 대화도 많이 해서 좋았다. 그렇지만 아이스크림을 먹는 습관이 생겨 버렸다.

나는 초등학교에 들어가서야 쭈쭈바를 처음 먹었다. 진짜로 맛있었던 기억이다. 하지만 즐겨먹지는 않고, 남들이 다 먹는다고 하면 분위기 어색해지지 않게 조금씩 먹는 정도이다. 생태농업을 연구할 때 자연스럽게 식품에 대한 연구도 하게 되었다. 이 때 쓴 책이 『음식 국부론』이었다. 출간은 두 번째로 되었지만 쓰기는 제일 처음 썼던 책이다. 나름대로 인기가 있어서 나중에 『도마 위에 오른 밥상』이라는 제목으로 재출간되었다.

이 책에도 나오는 내용이지만 아이스크림엔 화학첨가물도 많고, 조향 성분도 만만치 않게 사용된다. 그리고 열량도 너무 높다. 일부러 먹을 필요까지는 없는 음식이다. 조향사의 세계를 알면 우리가 먹는 많은 식품이 음식이라기보다는 공업용 제품이라는 생각이 들 정도이다. 케미컬만 놓고 분석해 보면 '절대로 입을 믿지 말지어다.'라는 생각이 절로 든다. 입보다 더 믿으면 안 되는 게 코다. "냄새가 정말 좋아." 하지만 코를 절대 믿으면 안 된다. 사람의 코는 자연의 냄새와 공업용 재료의 냄새를 구분하지 못한다.

이런 내가 자식에게 아이스크림을 사주고 싶을까? 매번 사줄 때마다 마음 한 구석이 찜찜하다. 그래도 방법이 없다. 아빠의 철학과 소신은 아이의 굳은 결심 앞에서 대부분 무너진다. 둘째는 아프고 난 후 아이스크림도 먹지 않는다. 전 세계의 모든 어린이들이 좋아하는 아이스크림, 그것도 거부하는 아이를 보면 더 마음이 아프다.

큰아들을 데리고 같이 간 곳이 정말 많지만, 아들은 오랫동안 '아구찜'을 가장 인상적인 기억으로 간직하고 있었다. 아들과 둘이 백화점이나 교보문고에 가서 좋은 장난감을 사준 적이 몇 번 있다. 크리스마스 선물로 정말 비싼 미제 덤프트럭 장난감을 사주기도 했다. 한데 추억과 행복은 역시 돈으로 만드는 것이 아니다. 그런 것들은 아들에게 있어 '아구찜'의 강렬한 기억을 이기지 못했다.

아이 손잡고
서울 구경

큰아들이 네 살일 때 둘이서 가장 많이 갔던 곳은 남산에 있는 서울애니메이션센터이다. 주차가 조금 어렵기는 하지만, 토요일이나 일요일이라도 오전에 가면 괜찮다. 게다가 공공 기관이라서 모닝을 타는 우리 가족은 주차비가 반값이다. 특별히 돈이 들지도 않고, 만화 캐릭터들도 많아서 자주 간다.

애니메이션센터, 만화와 애니메이션에 정말 의욕적으로 투자했던 DJ 시절의 산물이다. 공적이고, 무료이고, 재미도 있다. 그 뒤에 만화 캐릭터를 모티브로 한 테마 파크 비슷한 것들이 생겨나긴 했는데, 대부분 아주 비싸다. 나름대로 잘 운영되는 곳도 있고, 마음만 앞서서 오래 못 가 문을 닫은 곳들도 있다.

아들을 여기 데리고 간 것은 걷기 시작한 바로 직후이다. 들어가는 건물 입구에 있는 미니 타요버스에서 30분 동안 징글징글하게 놀았다. 누군가 오면 비켜주고, 사람이 없으면 또 타고, 그렇게 좋아했다. 그 시절에는 앞에 서 있는 태권브이는 잘 몰랐다. 하지만 아들도 나이를 조금씩 먹으면서 다른 캐릭터들도 알게 되었다.

중간에 리노베이션 한다고 한참 문을 닫았다. 그리고 다시 열었는데, 사실 원래 시설보다 훨씬 안 좋아졌다. 인기 있었던 만화 캐릭터 조형물들은 건물 바깥으로 쫓겨났다. 2층에 전시실이 늘어나기는 했는데, 어린이들이 즐기기에는 난이도가 좀 있다. 그리고 주로 구경하던 1층 전시실은 사실상 상업 시설로 바뀌었다. 뭘 자꾸 사라고 한다. 이것도 사고, 저것도 사고, 그렇게 파는 물건을 보여주는 공간이 더 많이 늘었다.

아기를 키운 지 몇 년 되지도 않는데 그동안에도 시설들은 많이 변했다. 갈 수 있는 곳이 늘어나지는 않은 것 같고, 그나마 있던 시설들도 점점 더 지출을 유도하는 상업적 성격이 강해진다. 대표적인 곳이 서울현대미술관이다.

이 미술관이 생기기 전, 이준익 감독이 이 시설로 인해서 일대의 문화적 성격이 엄청나게 바뀔 테니 두고 보라고 했다. 그래서 몇 년간 지켜봤는데 더 좋아졌는지는 모르겠다. 관광객이 늘기는 엄청나게 늘었다. 운동장을 개방하던 그 일대 학교들이 운동장을 굳게 걸어 잠그게 되었다. 큰아들과 같이 뛰어 놀던 어떤 학교 운동장, 이제는 근처에도 못 가게 꽉 문을 걸어 잠갔다.

관광객은 늘었고, 상업 시설은 많아졌지만, 예전에 있던 음식점들은 올라간 임대료를 버티지 못했다. 엄청나게 맛이 없거나, 아주 비싸거나, 그런 식의 변화가 생겼다. 그 사이에 서태지가 〈소격동〉이라는 노래를 만들었고, 많은 가수들이 이 노래를 불렀다. 노래 〈소격동〉이 생겨나기 전에도 왔었는데, 그 후에 상업적 변화가 생겨나기는 했다. 그렇지만 문화적으로 깊어졌는지는 잘 모르겠다.

서울현대미술관도 마찬가지다. 경차 주차장이 따로 있고, 겨울에도 실내에서 움직일 수 있어서 진짜 많이 갔었다. 여기서 점심을 먹고, 오는 차에서 아이들이 잠들면 딱 좋았다. 나 같은 사람들 때문에 불편을 느꼈을까? 무료로 개방되던 지하 전시관도 유료로 바뀌었다. 그리고 혹시라도 그쪽에 가는 엘리베이터를 탈까 봐, 감시요원이 아주 무섭게 소리를 지른다.

그곳에서 로봇전도 재밌게 봤고, 영화 관련된 전시회도 즐겁게 보았다. 사람들이 아주 많이 오기 어려운 전시이기는 하지만, 지나가면서 볼 일이 있으면 가끔 유익하게 보게 된다. 유료로 바뀐 점은 아쉽다. 달랑 몇 줄 쓰여 있는 전시회 안내만으로는 돈을 낼지 말지 판단하기가 어렵다. 결국에는 그냥 발길을 돌리게 된다.

이 몇 년 사이에 아이들을 데리고 편하게 갈 수 있는 공간이 점점 더 줄어들었다. 여전히 무료인 곳은 시설이 계속 낡아 가고 있고, 괜찮던 곳들은 계속 유료로 바뀐다. 공원이 생기는 것도 아니고 녹지가 느는 것도 아니다. 근처에 갈 수 있는 놀이터가 늘어나지도 않았다. 그리고 유료 공간만 계속 생기니 서울을 떠나 점점 더 먼 곳으로 가게 된다.

그 사이에 좋아진 곳도 있다. 서울역사박물관은 많이 좋아졌다. 전시실도 늘었고, 2층의 서울시 미니어처는 일단 들어가면 아들이 다시 나오지 않으려고 할 만큼 멋지다. 경희궁으로 이어지는 뒷마당은 아이들 둘이 뛰어 놀아도 전혀 걱정이 되지 않을 정도로 편안하다. 그리고 그 사이 경희궁이 좀 정돈되어서, 궁 안을 산책하며 둘러보면 30분 정도는 거뜬히 보낼 수 있다. 경희궁 복원 계획이 예산 문제로 난항을 겪고 있다고 들었는데, 지금 정도만 해도 감지덕지다. 더운 여름날, 박물관 마당의 분수도 멋지다.

서울역사박물관에서 70년대 문화에 관한 전시를 하면서 당시 TV 프로그램의 일부를 편집해서 보여주었다. 큰아들이 여기에서 움직이는 만화로 〈로보트 태권브이〉에 눈을 떴다. 안 보여 주려고 아등바등했는데, 결정적으로 여기서 하늘을 날아가는 태권브이를 보고 말았다.

내가 가본 박물관 중에서 가장 기억에 남는 것은 독일 프랑크푸르트에서 봤던 영화 박물관이다. 유럽 금융의 핵심이라고 할 수 있는 금융 거리에서 그렇게 멀리 떨어져 있지 않다. 들어가는 입구에 마를렌 디트리히의 사진이 크게 걸려 있다. 〈릴리 마를렌Lili Marlene〉을 다시 불러서 가수로도 유명해졌지만, 케네디와의 염문설로도 아주 유명했다. 아주 인상적이고 멋진 독일 국민 배우다.

아무튼 이곳은 블루 스크린 같은 몇 가지의 최신 영화 촬영 기법을 실제 경험할 수 있게 해 놓았다. 그렇게 크지는 않지만 재미있다. 그리고 무료다. 이렇게 부담 없이 문화를 느끼고 배울 수 있게 해주는 것, 그런 게 사회가 갖는 힘이라고 생각한다.

남산 애니메이션 센터는 좋은 시설물이다. 그런 게 늘어나고, 더 다채로워지고, 풍부해지는 게 우리가 발전하고 있다는 척도가 아닌가 한다. 집에선 아내가 돌 지날까 말까 한 아이와 씨름하고, 남편은 큰애를 데리고 어딘가를 찾아 헤매던 시절, 그게 4살 때의 기억이다. 아기 손잡고 집을 나선 엄마들도 그 상황과 크게 다르지 않을 것이다. 그렇게 찾아간 어딘가에서 혼자 아이들 손을 잡고 온 엄마들을 정말 많이 보았다.

아빠와 같이 오거나 온 식구가 다 오는 경우는 그리 많지 않다.

평일 오후에 가 보면 엄마들이 아기들과 잠시 시간을 보낼 만한 곳을 찾으려 얼마나 필사적으로 헤매고 다니는지 알 수 있다. 그나마 나는 집에서 좀 가까운 편이지만, 실제로 많은 엄마들이 큰 맘 먹고 정말 먼 길을 왔을 것이다. 힘들여 걷고 버스를 타며 아이들과 시간을 보낸다.

국립어린이과학관은 아이와 같이 갈 수 있는 무료 시설물로는 단연 최고였다. 더 이상 바랄 게 없을 정도로 모든 조건이 완벽하다. 그렇지만 둘째가 태어난 이후 리노베이션 공사에 들어갔다. 그리고 한 번 더 공사가 연장되어 내년에나 다시 개장하게 된다. 아쉬운 대로 인천어린이과학관도 갔었는데, 좀 멀다. 남산에도 과학관이 있지만 오래된 시설이라 긴 시간을 버티기가 쉽지 않다. 없는 것보다는 분명 낫지만, 좀 아쉽다.

서대문 자연사박물관은 구청에서 직접 운영한다. 재밌는 전시가 많고, 공룡도 있고, 고래 뼈도 있다. 야외에는 엄청나게 큰 미끄럼틀이 있는데, 이건 돈 내지 않아도 탈 수 있어서 정말 어린이들이 많다. 좋은 곳이지만 단점을 찾자면 입장료가 좀 비싸다. 만 5세부터는 돈을 받는다. 성인은 6천원, 그래서 여기 갈 때는 아내나 나 둘 중 한 명만 움직인다. 둘이 같이 가면 좀 부담된다.

무료로 갈 수 있는 곳 중 최고의 시설은 국립해양생물자원관이다. 범고래 뼈와 밍크고래 뼈, 귀신고래 뼈 같은 보기 힘든 것들이 있다. 충분히 설명하면서 재밌게 놀 수 있다. 다른 바다 생물들 전시도 세계의 트렌드에 맞춰져 있어서, 최근 유명해진 물고기들이나 한참 '핫한' 코코넛 크랩 같은 것들도 볼 수 있다.

아이와 갈 수 있는 곳은 더 줄거나 열악해지고, 새로 생기는 데는 아주 비싸다는 게 지난 수 년 동안 내가 체감한 변화다. 파리에서 오래 산 편이다. 6년을 넘게 있었는데도 파리 내에 있는 시설들을 다 가 보지 못했다. 파리 근교에 있는 중요한 시설은 말할 것도 없다. 자주 돌아다니지 않아서 그런 것도 있지만, 꼭 정부 시설물 아니더라도 볼만한 게 너무 많았다.

도시가 역사를 가지고 국가가 문화를 가지게 되면, 요란하지는 않더라도 크고 작은 '볼만한 것들'이 많이 생긴다. 히로시마에서 가장 놀란 것은 맨홀 뚜껑 위의 그림이었다. 지금 걷는 곳이 어디이고, 어떤 시설로 향하고 있는지 제각각 다른 디자인들로 맨홀 위에 그려져 있다. 역사와 문화란 그런 것이다. 그런 데 비하면 서울은 너무 투박하고, 철저히 상권 위주다. 아쉬움을 떠나 기괴한 느낌이 들 정도다.

'이 지역은 살기 좋은 곳일까?' 네 살, 다섯 살 아기의 손을 잡고 길을 나선 엄마의 눈으로 판단하면 정확할 것 같다. 큰돈 들이지 않고 즐겁게 시간을 보낼 만한 곳이 있는지, 그렇지 않은지가 도시를 보는 가장 정확한 눈이라고 나는 생각한다.

큰애 손을 잡고 주말마다 시간을 보내러 나서면서, 나는 내가 살고 있는 지역을 새롭게 알게 되었다. 아쉽지만 그동안 뭔가 좋아진 것은 없었다.

아빠도 아빠가 처음이라
잘 몰랐어

중학교에 들어가기 전까지는 크게 혼나 본 기억이 별로 없다. 학교에 죽어라고 안 간다고 할 때도 그렇게 많이 혼나거나 맞거나 하지는 않았다. 초등학교 5학년 때, 피아노 학원을 잠시 다녔었다. 몇 달 재밌게 다녔다. 박자를 몇 번 거듭 놓치고, 플라스틱 자로 손등을 맞았다. 그냥 학원을 나왔다. 그게 내가 공식적으로 피아노를 배운 마지막 날이었다.

그래서 지금도 피아노를 못 친다. 간단한 코드 정도 잡고, 몇몇 노래의 반주를 하는 정도다. 집에서 손바닥을 맞은 적이 아주 없지는 않다. 그렇지만 그 경우엔 내가 왜 혼나는지 이해가 되었다. 나도 잘못했다고 생각했다.

나는 누군가를 막 혼내는 스타일은 아니다. 내가 혼나는 게 싫으니까 남도 혼내지 않는다. 첫 직장은 과장으로 시작해서 나중에 부장으로 승진했고, 팀장 생활도 오래 했다. 회사 임원도 했고, 간부도 했었다. 그 동안에 소리 지른 적이 없다. 누군가를 심하게 야단친 적도 없다. 제출된 것을 받아 봤는데 내용이 이상하면 손을 많이 봤다. 그렇지만 모멸감을 느끼지 않게 하느라 나름대로 신경 쓰기도 했다.

젊다기보다 진짜로 어리다고 할 수밖에 없는 나이에 간부가 되었다. 나는 아무에게도 반말을 하지 않았다. 주변에서 여러 가지로 신경을 써서, 내 팀이나 내 지휘 아래 나보다 나이 많은 사람이 있지 않도록 세심하게 배려해주기는 했다. 그렇지만 가끔은 나이 많은 사람들에게 일을 시켜야 하는 상황이 온다. 누구에게나 존댓말을 썼다. 내가 반말하는 사람은, 공부할 때 만났던 친구들이 유일하다.

아들이 네 살이 되면서, 나에게도 일생일대의 도전이 닥쳤다. 가장 쉬운 것은 존댓말을 쓰는 일이다. 그 전까지는 반말과 존댓말을 좀 섞어서 썼다. 네 살, 가급적이면 이제 나의 두 아들들에게도 존댓말을 쓴다. 우리말은 존댓말이 엄격한 언어이다. 불어도 존댓말이 존재하는데 나름대로 엄격하다. 독일어에도 존댓말이 있다. 그렇지만 딱 두 종류이고, 우리처럼 복잡하지는 않다. 내가 어린 아들들에게도 존댓말을 쓰기로 마음을 먹은 것은, 그때부터 큰아들 키우기가 너무너무 어려워졌기 때문이다.

세 살 때는 혼낼 일이 거의 없다. 위험한 일을 할 때는 주의를 주지만, 잘 알아듣지는 못한다. 정말 반사적으로 위험한 것을 만지는 정도의 일 외에는 뭐라고 할 일이 없다. 다섯 살이 되면, 이제 대부분의 얘기를 알아듣는다. 지금부터는 혼내는 것이 중요한 게 아니라 대화의 방법 즉 어떻게 서로 의사를 전달하고, 수긍하게 하느냐, 대화의 기술에 더 가깝다. 네 살 때, 그때는 진짜 어려웠다.

드라마 〈응답하라 1988〉에서 골목길 계단에 나란히 앉아서 덕선의 아버지가 말했다. "미안혀, 아빠도 아빠가 처음이라 잘 몰랐응게." 큰아이 네 살 때, 나 역시 아빠는 처음 해보는 거라는 생각을 문득 했다. 큰애는 말도 잘하고, 잘 알아듣기도 하지만 그렇다고 판단력이 자리 잡힌 것은 아니다. 단순히 말을 하고 듣는 것 이상의 진짜 대화를 하기에는 아직 어려운 시기가 네 살이다.

늦게 낳은 아들이라 한 번도 혼내지 않고 키울 것 같았는데, 그게 그렇게 되지 않는다. 나는 내 아들들이 지나치게 되바라져서 누구도 손댈 수 없는 그런 도련님으로 크기를 바라지는 않았다. 그리고 그 사이의 적절한 타협점을 찾는 게 아주 어려웠던 시기가 네 살 때였다.

네 살, 혼낼 일이 그렇게 많을까? 위험한 데 올라가거나 물건을 던지는 것 같은 간단한 일에서 식사예절, 아직 기지도 못하는 동생을 위험하게 하는 일 등이 있었다. 그리고 무엇보다 힘든 건, TV를 보겠다고 떼쓰는 것. 소소하지만 소리를 지르며 혼내게 되는 일이 종종 벌어진다.

이럴 때 임금도 안 주고 호랑이를 부려먹었다. 밤에 안 자면 호랑이가 잡아먹으러 온다는 얘기가 초반에는 좀 통했다. 그렇지만 반복되니 별로 소용이 없었다. 소리도 많이 지르고, 현관 문 바깥으로 내보낸 적도 몇 번 있다. 볼기에 '맴매'도 했다. 그렇게 혼내고 나면 진짜로 속상하다.

다섯 살이 된 지금, 혼날 일이 많이 줄었다. 그렇지만 여전히 혼낼 일이 생긴다. 내가 누군가에게 싫은 소리를 듣거나 혼나는 것을 싫어하니까, 녀석도 그런 내 성격을 많이 이어받았을 것이다. 가급적이면 혼도 안 내고 큰소리도 안 치고 싶은데, 그렇게까지는 못한다. 혼내는 것과 대화, 그 중간에서 균형을 잡는 게 쉽지 않다.

다시 하면 잘할 수 있을까? 조금만 더 있으면 둘째가 네 살이 된다. 이번에는 정말로 잘해 보고 싶다.

번외
2

소중이네
고래 가게

소중이네
고래 가게

10여 년 전에 고래 연구를 잠시 했었다. 대학원에서 학생 한 명을 지도할 일이 있었는데, 멸종 위기종의 특이 현상에 관한 연구를 하고 싶어 했다. 그 소재를 고래로 해보기로 했다. 덕분에 나도 고래에 대해 알게 될 기회가 생겼고, 말로만 듣던 혼획*의 실체를 보게 되었다.

고래는 그물에 우연히 걸리는 것과 실험용에 한해서만 포획할 수 있다. 그런데 이 혼획의 숫자가 우연이라기에는 너무 많고, 또 특정한 몇 개 국가에서만 두드러지는 경향이 있다. 현장에서 물어보니 배 몇 대를 동원해서 초음파로 고래를 그물로 몰아간다고 한다. 이런 연구 자료들을 가지고 울산에서 토론회 때 발제도 하게 되었다.

---

* 混獲. 섞일 혼(混), 얻을 획(獲)을 써서, 특정 어류를 잡으려고 친 그물에 다른 종이 걸려 어획되는 것을 의미하는 말

고래는 사실 무척 재미있는 연구 주제다. 그러나 본격적으로 몰두하기에는 돈이 많이 들고 여건도 그리 좋지 않다. 내가 하던 많은 일들이 그렇듯이 좀 하다가 흐지부지해졌다. 게다가 지도하던 학생도 석사 논문까지는 무난히 통과했는데, 군 입대 문제로 바로 박사 과정에 진학하지 못했다. 나의 고래 연구는 거기까지였다.

그 후배는 결혼 안 할 것 같이 나이를 먹어가더니 덜컥 아이가 생겨 급하게 결혼을 했다. 아이들이 쓰던 물건들을 바리바리 싸서 그 집으로 갔다. 고래 연구는 더 안 하냐고 물어봤더니 그는 그냥 웃었다. 다른 분야도 마찬가지겠지만, 생물학이나 생태학에서 돈 되지 않는 주제를 흥미만으로 계속 연구하는 건 무척 어려운 일이다.

큰애는 고래와 대형 어류를 좋아했다. 물려받은 장난감 중에 물고기 모형만 큰 게 한 통이 있었다. 그냥 받기 미안할 정도로 호사스러운 모형이었지만 막냇동생이 준 거라 고맙게 받았다. 아이들 몇 대를 거쳐 물고기 모형이 모이다 보니 어느덧 거대한 모형 수족관 같은 모양새를 갖추게 됐다. 아이들은 그중에서도 특히 고래와 백상아리를 좋아했다.

왜 그걸 특별히 좋아하는지는 모른다. 한데 나만 몰랐지, 범고래는 이미 나라를 불문해 어린이 세계의 슈퍼스타였다. 마치 눈처럼 생긴 얼굴의 커다란 하얀색 반점이, 이 무서운 놈을 착하고 순진하게 생긴 물고기로 느끼게 해준다. 영화 〈프리윌리〉의 주인공이 범고래였다는 것도 처음 알았다.

"범고래하고 백상어하고 싸우면 누가 이겨?"

매일 반복되는 질문이다. 진짜로 누가 이길까? 찾아보니 범고래가 이긴단다. 그것도 겨우겨우 이기는 게 아니라 깔끔한 한판승으로 이긴다. 범고래와 백상어가 한판 붙는 상황을 담은 다큐가 출시되어 있을 만큼 초미의 관심사인 전투였다. 아들은 완전히 범고래의 팬이 되었다.

육지에서는 타르보사우르스, 바다에서는 범고래가 큰아들이 가장 좋아하는 동물이다. 그렇다면 새는? 갈매기를 제일 좋아한다. 실제로 바닷가에서 많이 보기도 했었다. 갯벌에 앉아있는 갈매기가 코앞에서 똥 싸는 장면도 직접 보았다. 그 다음부터 하늘의 슈퍼스타는 갈매기가 되었다.

큰아이가 네 살이었을 때 크리스마스 선물로 모형 범고래를 사주었다. 원래도 크고 작은 모형 범고래가 세 개나 있었다. 그래도 워낙 좋아하는 동물이니 아주 괜찮은 걸로 장만해 줬다. 범고래는 실은 아들과의 타협의 산물이다. 매일매일 만화만 보고 싶어 하고, 자동차만 가지고 싶어 하는 아이에게 다른 출구를 제시해 타협을 본 것이다.

나도 고래 연구를 조금씩 다시 시작했다. 당장 뭔가 할 상황은 아니다. 그렇지만 좀 더 장기적으로 범고래 생태에 관한 연구를 할 계획을 머릿속에 쌓아갔다. 연구라는 건 일단 입구만 찾으면 확장하기는 비교적 쉽다. 공룡 연구와의 유사성에서 힌트를 얻어 정리한 게 고래와 수족관에 관한 연구다. 아쿠아리움도 살펴보니 재미있는 점이 참 많았다.

이렇게 아이에게 이끌려, 오히려 내가 범고래의 세계로 들어왔다.

고래
팔아요

안방에 플라스틱으로 된 그리 크지 않은 미끄럼틀이 있다. 막냇동생에게 물려받은 것이다. 뭐 이런 것까지 쓰나 싶었는데, 생각보다 꽤 유용하다. 걸음마를 시작할 때 두 아이 다 이 미끄럼틀을 붙잡고 일어섰다. 미끄럼틀을 타고 내려오는 걸 재밌어 하지는 않지만, 기기 시작하자마자 미끄럼틀을 기어 올라가기 시작했다. 양말 신고 올라가기는 어려우니, 양말을 벗었다 다시 신는 연습을 하는 데도 이 미끄럼틀을 이용했다.

미끄럼틀의 가장 격렬한 활용법은 큰애가 다섯 살이 되었을 때 점프대로 사용한 것이다. 매트리스 옆에 붙여 놓았는데, 아들은 이 위로 올라간 다음 내 배로 뛰어내렸다.

"아빠, 아파요? 너무너무 아파요?"

이게 과연 아이들이 노는 스케일로 적절한 건지는 잘 모르겠는데, 점프대는 아주 가공할 무기였다. 정신줄 놓으면 내가 크게 다치게 생겼는데, 그렇다고 하지 말라고 하기도 그렇고……. 이러고 노는 걸 보면 아내는 경악에 찬 얼굴로 아예 거실로 나가 버린다.

둘째도 여기서 노는 걸 좋아한다. 뒤에 빨간색의 작은 문이 달려 있는데, 얼마 전부터는 이걸 열고 들어가는 걸 좋아하게 됐다. 그러던 어느 날의 일이다.

"아저씨, 여기 뭐 팔아요?"

큰애가 문 안으로 들어가서 목만 내밀고 있는 둘째에게 물었다. 그 다음은 생각지도 못한 일이 기다리고 있었다. 둘째가 대답했다.

"고래 팔아요."
"몇 마리 있어요?"

큰아들이 다시 물었다.

"세 마리요."
"다른 건 뭐 없어요?"
"상어 있어요."

이제 곧 두 돌이 지나는 둘째는 아직 제대로 말을 못한다. 문장은 물론이고, 구사할 수 있는 단어도 몇 개 없다. 큰애는 이보다 더 늦었었다. 어쨌든 말을 거의 못하는 둘째가 형의 난데없는 질문("아저씨, 여기 뭐 팔아요?")에 "고래 팔아요."라고 대답한 것이다. 하긴 큰애와 내가 하는 대화 내용 중 상당부분을 고래가 차지하고 있는 데다, 백상어나 고래상어 같은 상어 얘기도 많이 했었다.

우리는 그때부터 미끄럼틀을 '소중이네 고래 가게'라고 불렀다.

그 가게에는 고래가 세 마리 있고, 상어도 판다. 흥정이 끝나면 둘째는 주먹 쥔 손을 내민다. 고래를 팔겠다고 선언한 것이다. 그걸 받아줘야 한다. 그러면 이번에는 손을 펴서 다시 내민다. 돈 달라는 얘기다. 그 손에 돈을 주는 시늉을 하면 거래가 끝난다.

며칠 후, 이 놀이가 재밌어 보였는지 큰애가 가게 안으로 들어가려고 했다. 같이 하자는 얘기인데, 둘째는 가게를 뺏으려고 하는 걸로 이해했다. 격렬하게 저항했다. 결국 큰애가 양보했다. 그 후로 큰애는 거래금지 손님이 되었다.

"고래 팔아요?"
큰애가 묻는다.
"가!"

진짜 단호하게 가라고 한다. '너한테는 안 팔아.' 야박하기 그지없는 문전박대. 나 같으면 섭섭하고 화가 날 것 같은데, 그래도 큰애는 잘 참는다. "다음에 올게요." 하고는 돌아선다. 둘째는 가끔 "꺼꺼야."라고 얘기하기도 한다. '내 것'을 '꺼꺼'라고 부르니, 즉 사기 가게라는 뜻이다. 자기 가게를 지키는 표정이 정말이지 단호하다. 고래 가게의 응용 버전 놀이도 있다. 얼마 전부터 둘째는 큰애의 식탁의자가 부러웠다. 밥 먹을 때 그 뒤에 가서 같이 타겠다고 난리였다. 이번에는 큰애가 야박하게 "안 돼."라고 거절하셨다. 평소 같으면 둘째가 일단 대박 큰 울음, 큰애에게 양보하라고 설득하다 다시 큰애 울음……, 이 순서로 밥 먹다 말고 온 집안이 울음바다가 될 차례다.

"소중이가 택시 타고 싶대. 택시 좀 태워 주지?"
내가 중재에 나섰다.
"소중이가 무슨 돈이 있다고."
택시 놀이라는 인식은 있지만, 큰애는 공짜로 태워 줄 수는 없다고 즉각 거부했다.

"요즘 소중이 돈 많아. 고래 팔아서 돈 많아."
"아, 그렇지, 고래 팔았지. 소중이 돈 많겠네. 어서 타세요."

그 사건은 그렇게 마무리되었다. 둘째는 큰애 식탁의자 뒤에 앉았고, 돈 주는 시늉을 했다. 그리고 큰애는 썩 만족해서, "어디까지 모실까요?"라고 묻더니 운전하는 시늉을 했다. 살벌한 전장이 될 뻔했던 식탁은 '고래를 팔아 돈을 많이 번 둘째가 형네 택시를 타고 집에 간다.'는 훈훈한 스토리로 마무리되었다.
  큰애와는 시장놀이를 전에도 몇 번 했었다. 벽에 붙여 놓은 어린이 장난감 선반이 있다. 이걸 앞으로 당겨서 가게 부스 공간을 만들어 주었다. 나중에 바자회에서 장난감 계산대도 사왔다. 큰애는 시장놀이를 좋아했고, 나중에는 종이를 오려서 백 원짜리, 천 원짜리, 만 원짜리 등 지폐도 만들어 사용하게 되었다. 이것들도 가지고 참 재미있게 논다.
  소중이네 고래 가게는 어른들이 만든 시장놀이와 급과 차원을 달리 한다. 형이 차려 준 가게인 셈인데, "아저씨, 뭐 팔아요?"라고 물으면서 가게가 되었기 때문이다. 아직 거의 할 줄 아는 말이 없는데, 둘째가 고래를 판다고 나서면서 재미있는 놀이가 되었다. 물론 고래를 거래하면 불법이다. 청와대에서 샥스핀 요리를 내놓았다가 파장이 되어 호텔 레스토랑까지 샥스핀을 철수시키는 시대다. 그래도 소중이네 고래 가게만은 눈치 보지 않고 상어를 판다.

　최근에 주로 보여주는 만화가 〈바다 탐험대 옥토넛〉이다. 이것도 타협의 산물이다. 둘째는 '바다 탐험대' 같은 어려운 말은 모르고, 더구나 옥토넛을 발음할 처지는 아니다. 이걸 '오천 원'이라고 부른다. 옥토넛이 세 살짜리 귀에는 오천 원으로 들리는 걸까?

　몸이 약한 둘째는 말도 늦고, 성장 과정이 전부 늦었다. 하지만 한국 대부분의 남자 아이들이 열광하는 카봇보다 오천 원을 먼저 발음한 기이한 기록을 보유하게 되었다.

세중,
로봇 태권브이와 만나다

　우리 집 아이들은 여자애라는 오해를 종종 받는다. 둘째는 아예 여자애라고 생각해 버리는 사람들이 많고, 큰애는 이제 가끔씩만 여자냐는 소리를 듣는다. 큰애의 가장 친한 친구인 원이는 아직도 세중이 동생이 여자애라고 알고 있다. 어린이집에서 살림을 도와주시는 분들 중에도 딸이라고 생각하는 분들이 좀 있다. 하긴 워낙 작고 여리여리하다. 큰애가 두 돌 지날 때쯤보다 더한 것 같다.

　원래 아이 머리는 아내가 집에서 깎아줬다. 처음에는 빗에 이발용 칼이 달린 모델을 썼다. 그게 소리가 안 나고 덜 무서워해서 비교적 쓸만했다. 하지만 점점 커지고 머리숱도 많아져서 별수 없이 전기이발기를 샀다. 한데 집에서 깎다 보니 머리를 아주 짧게 다듬어 주기가 어려웠다. 그래서 큰마음 먹고 미용실에 갔다. 딸로 오인 받지 않게, 아예 짧게 해줄 생각이었다. 한데 그게 바로 운명의 서막이었다.

　미용실에서 버둥거리니까 원장 선생님이 휴대폰으로 〈뽀롱뽀롱 뽀로로〉를 틀어주었다. 큰애는 그날 신세계를 보았다. 둘째는 큰애

TV 보는 것을 그냥 따라보다 보니 오히려 무덤덤하다. 어쨌든 그날부터 우리는 만화를 틀어 주기 시작했다. 너무 울어서 어쩔 수가 없었다.

'뽀로로'를 본 뒤, 캐릭터로 먼저 익숙해진 '로보카 폴리'로 넘어갔다. 엄마, 아빠를 제외하고 큰애가 처음으로 한 말은 바로 폴리다. 그 다음은 앰버. 다른 집에서도 익숙할 그 패턴 그대로다.

그리고 경찰차와 불자동차의 시대가 전격 개막했다. 큰애가 처음으로 말한 가장 긴 단어는 '파 삐뽀 아으아'였다. 그 다음이 '푸 삐뽀 아으아.' 이건 약간 통역이 필요하다. '아으아'는 아저씨를 지칭하는 것이다. 삐뽀는 번역이 필요 없을 것이다. '파'는 파란색, 그래서 파 삐뽀는 경찰차가 된다. '파란 차를 타는 아저씨', 이게 아들의 눈에 비친 경찰이다. 너무 길어 효율적인 느낌은 아니지만, 어쨌든 자기 식으로 경찰을 그렇게 표현했다.

'빠방'의 세계에 살던 아이는 폴리와 함께 로봇에 눈을 떴다. 여기에는 내 잘못도 있다. 자꾸만 그림을 그려 달라고 하는데, 내가 제대로 그릴 수 있는 그림은 태권브이밖에 없었다. 엉성한 자동차와 삐뚤어진 헬기, 날 것 같지 않은 비행기만 그려 주다가 태권브이를 그려 주니 진짜로 눈이 '띠용', 뭐 이렇게 된 사연이다. 팔 다리도 그려 달라고 졸라서, 태어나 처음으로 로봇 태권브이의 팔과 다리를 그렸다. 처음 그려 본 거라 얼굴과 몸이 불일치했다.

그 태권브이가 심지어 하늘을 나는 것을 결국 아이가 보게 되었다. 우리는 서울역사박물관에 자주 간다. 뒤뜰에 작게나마 뛰어 놀 공간도 있고, 경희궁까지 갔다 오면 시간도 잘 간다. 게다가 2층에는 미니어처로 서울 전체를 제작해 전시해 놓은 공간이 있다. 그 안에서 같이 갔던 곳들을 하나씩 짚어 본다.

이 2층 놀이의 클라이맥스는 우리 집 찾기이다. 정확히 집까지 나오지는 않지만, 대충 근처까지는 보인다. 그리고 비싸지 않은 카페도 있다. 아이들과 놀다가 에스프레소 한 잔, 쉽지 않은 일이지만 역사박물관에서 그런 게 기본적으로는 충족된다.

바로 그 서울역사박물관에서 70년대 문화를 주제로 전시를 했고, 그 시절의 여러 풍경을 프로젝터로 틀어주었다. 화장실에 데려갔다 나오는 순간 아들은 로보트 태권브이가 TV에서 하늘로 날아가는 것을 보고야 말았다. 아빠가 엉성하게 그려주던 바로 그 로보트가 태권도를 하고, 급기야 하늘을 난다. 환장할 노릇이다!

성화에 못 이겨, 결국 휴대폰에 있는 태권브이 오프닝 동영상을 보여주었다. 이제 아들은 돌아올 수 없는 강을 건너 태권도와 로보트의 세계로 입장했다. 그리고 엄마가 태권도를 한다는 것도 덩달아 알게 되었다. 태권도 4단의 앞차기, 옆차기, 돌려차기……, 그 순간을 봐 버린 것이다. 이날부터 나의 육체적 시련은 한 단계 업그레이드되었다.

아들은 아직 돌려차기는 못한다. 진짜 사범 같은 목소리로 "돌려차기!"라고 근엄하게 외치고는 제자리에서 한 바퀴 돌고 앞차기를 한다. 정확히 말하면 돌아서 차기인데, 다섯 살짜리한테는 의미 없는 구분이다. 아들의 돌려차기를 보고 아내는 웃다가 죽을 뻔했다. 나중에 내가 얘기해주었다.

"아들의 돌려차기가 제일 무서워요. 발이 어느 쪽에서 올지 몰라요."

그 얘기를 듣고 나서 큰아이는 더 행복해졌다.

"어디서 올지 몰라? 진짜?"

아이는 금방 자라고, 금세 더 강해진다. 자기 식으로 시도한 돌려차기에 아빠의 증언이 더해지며, 왜 태권브이의 돌려차기가 강한지 어떻게 나쁜 로봇들을 물리치는지 나름대로 이해했다. 아들의 돌려차기는 점점 더 날카로워지고, 정교해지고 있다.

"달려라 달려 로보트야, 날아라 날아 태권브이. 나쁜 놈 때려주고, 주먹으로 미사일 발사하고……"

나를
화나게 하지 말아요

∴

"스톰메이션!"

어느 날부턴가 아들이 점프하거나 달려 나갈 때 외치는 소리다. 멋있기는 정말 멋있다. 뒤쪽에 붙는 영어 악센트까지 멋들어진다. 그런데 무슨 소리인지는 정작 몰랐다. 스톰, 그러니까 폭풍우를 무기로 사용하는 로봇이 있나 보다 했다. 한데 그 진짜 의미를 한참 뒤에야 알게 되었다. "트랜스포메이션!", 변신 로봇이 변신하는 순간에 지르는 고함이다. 만화영화 〈헬로 카봇〉에 나오는 대사다.

트랜스포메이션, 즉 변신. 변신에 눈을 뜨는 순간부터 아들을 둔 부모의 고통이 본격적으로 시작된다. 육체적으로도 그렇지만, 경제적으로도 정말 큰 고통이다. 변신 로봇이라는 건 비용 면에서 보통 장난감의 스케일을 몇 단계나 뛰어넘기 때문이다. 게다가 이런 변신 로봇들은 많은 경우, 정교하기는 하지만 내구성이 약하다.

더 어린 아이들이 가지고 노는 폴리 로봇들은 납득할 정도의 내구성을 가지고는 있다. 그래도 워낙 많이 가지고 노니까 1년을 버티기가 힘들다. 팔다리가 우선 빠지기 시작하다가 나중에는 신체 모든 부분이 빠진다. 그 다음 단계로 들어가는 〈카봇〉은 정말이지 내구성이 너무 약하다. 아들의 생일 선물로 사 준 첫 번째 카봇 에이스는 한 달도 못 버텼다. 그 다음에 다시 1년을 졸라댄 결과 훨씬 큰 카봇을 사 주었는데 이건 내 일주일치 용돈보다 비싸다.

경제학자인 막냇동생은 그런 변신로봇을 만드는 회사의 주식을 사 두라고 했다. 줄줄 새는 물처럼 들어가는 돈을 회수할 수 있는 유일한 방법이라는 것이다. '절대로 망하지 않을 회사들', 변신 로봇을 만드는 회사들을 막냇동생은 그렇게 평가했다.

변신로봇의 내구성은 너무 약했다. 그래서 '약할 카', '망가질 봇'으로 쓴다고 아들에게 카봇의 한자어를 설명해 주었다. 물려받은 장난감 외에는 아이들에게 거의 장난감을 사주지 않았다. 일 년에 두세 개 정도 샀던 것 같은데 그것도 사실 아까웠다. 아내는 진짜 아무것도 안 사주고, 내가 그런 대로 후한 편이라서 이것저것 사주기는 한다. 그래도 몇 달에 한 번이고, 아이들도 장난감 사 달라고 잘 조르지 않는다.

하지만 아이들은 하나를 가지면 또 하나를 가져서, 결국 컬렉션을 완성시키고 싶어 한다. 안 사주면? 길고 긴 투쟁 속에서 서로가 배우고 익숙해지는 길이 있다. 누구나 예상할 수 있겠지만 이건 쉽지 않은 일이다. 그 증거로 부부가 맞벌이를 하는데, 엄마 쪽 월급의 반이 변신로봇에 들어간 집을 보았다. "내 월급이 변신 로봇으로 변하는 걸 보면서 진짜 변신할 뻔했어." 그 엄마의 말이다.

로봇의 가격과 내구성도 문제지만, 이게 과연 다섯 살 아이들이 보는 게 맞는 건지 판단하기가 어렵다. 로보트 태권브이와 함께 큰아들이 폭력성에 눈을 떴다면, 카봇과 함께 아들의 폭력성은 만개했다.

"나를 화나게 하지 말아요."

〈카봇〉 오프닝 중 하나에 나오는 대사다. 다섯 살짜리가 눈을 위로 치켜뜨고 인상을 잔뜩 쓰면서 이렇게 말한다. 아내는 당황한다. 할머니도 당황해서 어찌할 바를 모른다.

"돼지 눈, 돼지 얼굴!"

나는 양 눈을 엄지손가락으로 쭉 밀어 올리고 돼지 눈이라고 놀린다. 그리고 볼을 말아 잡고, 돼지 얼굴이라고 놀린다. 그러면 얼굴을 풀고 막 웃는다. "나를 화나게 하지 말아요." 표정을 잡은 로봇이 아니라 돼지 얼굴 같다는 의미였는데 자기가 생각해도 웃긴가 보다. 나는 그렇게 웃기면서 넘어 가지만 아내는 진심으로 당황해 한다. 이게 다섯 살짜리가 할 표정이고, 그 나이에 적합한 멘트인지 고민하면서.

카봇에 대한 큰애의 사랑은 의심의 여지가 없다. 같이 남대문을 돌아다니면서 카봇 마크가 엉덩이에 큼지막하게 달린 청바지, 카봇 에이스 신발, 그야말로 보이는 대로 카봇 캐릭터 옷을 싹쓸이하고 다녔다. 너무 좋아해서 별수 없었다. 카봇 청바지를 처음 샀을 때, 어린이집에선 아주 난리가 났다. 여자 애들은 '뭐야?' 하는 동안, 남자 애들이 카봇 청바지를 황홀하게 보는 모습, 음……, 뭔가 아름답지는 않다. 그래도 어쩌겠느냐만.

\결국 TV에서 〈카봇〉을 보는 것은 여섯 살이 된 후로 하기로 서로 합의했다. 합의라기보다는 일방적 통보인데, 대신 하루에 두 개씩 만화를 보여주기로 했다. 만화 안 보는 날 하루를 고르기로 서로 조

율한 결과, 화요일이 만화 안 보는 날이 되었다.

하지만 아이에게 우회로가 없는 것은 아니다. 가끔 친가에 가면 손자 등쌀에 아버지가 〈카봇〉을 틀어 주신다. 그러니 발걸음도 가볍게 할아버지 집에 가고, 가면 돌아오고 싶어 하지 않는다. 〈카봇〉과 초콜릿이 있는 곳, 그게 아들이 기억하는 친가가 될 것이다.

한반도의
공룡

∶

　카봇, 또봇, 터닝메카드, 그 또래 남자애들이 표준적으로 따라가는 루틴이 있다. 〈변신자동차 또봇〉은 틀어 준 적이 없는데도 벌써 혼자 진도를 다 나갔다. 그리고 어느 날부터 '스톰메이션' 대신에 '터닝메카드'를 외치게 되었다. 원이 부모도 그런 로봇을 질색한다. 한데 원이 엄마가 결국 굴복해 올해 생일에는 터닝메카드를 사주기로 약속했다. 이미 막는다고 막을 수 있는 성격의 것이 아니다.

　아이는 포기하는 법이 없다. 끈질기게 〈카봇〉을 보고 싶다고 하고, 뭔가 대체 프로그램을 제시하지 않으면 끝없이 시무룩해진다. 일종의 금단 현상과 다를 바 없다. 그만큼 시각 정보가 갖는 힘이 강렬하다.

　"다른 집은 다 전화기 보여주는데, 우리 집만 안 보여줘."

　아들은 점점 더 말이 늘면서 항의를 하기 시작한다. '내가 게임하자는 것도 아니고 짧은 동영상 한 개 보자는 건데, 그것도 안 해줘? 당신들이 정말 부모 맞아?' 이런 식으로 무섭게 따지고 들 기세다. 교육방송에서 방영했던 〈한반도의 공룡〉이 그 대안으로 등장했다. 원래도 공룡을 좋아했는데, 점박이 타르보사우루스와 함께 카봇은 잠시 잊었다.

브라키오사우루스, 트리케라톱스 정도가 내가 아는 공룡의 이름이었다. 이제 타르보사우루스를 알아야 하고, 테리지노사우루스의 몸무게를 알아야 한다. 그리고 해남이쿠누스라는 생전 처음 들어 보는 한반도의 공룡들까지 익히게 됐다. 그래도 그 정도는 어떻게 버틸 만했다.

"아빠, 타르보사우루스 그려 주세요."

오 마이 갓! 난감했지만 어쨌든 낑낑대며 그렸다.

"안 비슷해."

나처럼 그림을 못 그리는 사람에게 공룡, 그것도 타르보사우루스를 그려 내라는 것은 너무 잔혹한 미션이다. 지방에 내려가면서 고속도로 휴게소 〈한반도의 공룡〉 퍼즐을 샀다. 근데 살 때 예상한 것과 달리 보통 퍼즐이 아니라 아주 복잡한 종이 모형이었다. 그 후 나는 바쁘다고 돌아다녔고, 아내가 꼼짝없이 붙잡혀서 이걸 만들어 주었나 보다.

"너는 일생에 도움이 안 돼."

아내에게 몇 달 동안 눈물 쏙 빠지게 혼났다. 〈한반도의 공룡〉에 가장 강한 육식공룡 타르보사우루스가 먹잇감을 한 발로 밟고 포효하는 장면이 나오나 보다. 아들은 날 쓰러뜨려 놓고 한 발로 밟으면서 짐승의 소리를 질렀다.

"타르보사우루스, 똑같아요?"

똑같기는 한데, 21세기 타르보사우르스에게 내가 죽을 지경이다. 둘째는 아직 공룡이 뭔지는 잘 모르지만 이건 쉽게 따라했다.

〈한반도의 공룡〉은 길다. 조금씩 잘라 가면서 보면 일주일은 버틴다. 그렇다고 매일 그것만 보고 있을 수도 없어서, 선물 받거나 물려받은 BBC 공룡 다큐들 같은 것들도 동원되었다.

그 과정에서 나도 뭔가를 배웠다. 티라노사우루스가 왜 그렇게 유명한 공룡이 되었는지 알았고, 유럽과 미국 사이에서 불붙었던 공룡 뼈 발굴 경쟁에 대한 지식도 생겼다. 유명한 얘기인가 본데 나는 잘 몰랐었다. 그러나 그건 BBC나 디스커버리의 관심 주제고, 난 한국에 살고 있으니까 옆 나라 일본의 발굴 경쟁에 대해서도 추가적으로 조금 더 알게 되었다.

사전 『공룡대백과』를 비롯해, 한국에 나와 있는 아동용 공룡 책은 크게 나누면 미국 책과 일본 책 두 종류이다. 우리가 만들어낸 공룡 관련 책은 〈한반도의 공룡〉의 파생 상품이 유일할 정도다. 구분하기도 쉽다. 타르보사우루스가 주된 공룡으로 나오면 일본에서 나온 책이다. 반면에 티라노사우루스나 알로사우루스 혹은 아파토사우루스 같은 공룡이 나오면 미국에서 나온 책이다. 육식공룡이 그나마 분별이 좀 쉬운데, 자기 지역에서 활동한 공룡을 중심으로 책을 구성하게 되니까 당연한 현상이다.

그 시절에는 한반도와 일본이 붙어 있고, 아시아는 전체적으로 하나의 대륙이었으니 아시아에서 주로 발굴된 공룡들이 일본에서 발굴된 공룡과 대부분 일치한다. 타르보사우루스가 최고의 포식자로 등장하고, 초식공룡으론 친타오사우루스와 같은 중국계 공룡들이 등장한다. 우리나라에만 있는 해남이쿠누스는 〈한반도의 공룡〉에 만 나오고 다른 책에는 나오지 않는다. 일본의 근대화와 공룡 발굴 붐은 우리나라의 구석기 유물 발굴 붐과 일치하는 부분이 있다.

　식민지 시절, 한반도에 독자적인 구석기 문화가 있었느냐의 여부가 국가로서의 기본 정체성 논쟁과 관련되어 한창 뜨거웠던 적이 있었다. 빗살무늬토기 등 교과서에서나 보던 것들이 발굴되는 과정에서 식민지 사관과 비식민지 사관이 치열하게 맞붙었었다. 하지만 여기에는 민족주의보다 더 포괄적이고 정밀한 개념이 적용되어야 한다고 생각한다.

　〈한반도의 공룡〉을 좀 더 응용해서 노는 법이 있다. 서울의 산이나 숲을 지나면서 옛날에 여기 타르보사우르스가 왔었을지도 모른다고 얘기해 주면, 그 시간들을 조금 더 밀도 있게 보낼 수 있다.

　영화에서는 한반도 남쪽에 거대한 호수가 있고, 그 지역에서 공룡들이 주로 활동했다고 설정되어 있다. 그렇다면 중부 지역인 한강 일대도 공룡 활동 지대인가, 이런 의문을 제기할 수 있다. 강화도에서 공룡 발자국이 나왔고, 시화호에서는 공룡 알이 나왔으니 아주 틀린 얘기도 아니다. 일상에서 보는 골목길도 이런 에피소드와 연결되면 아이들에게는 생생한 현장이 된다.

　다섯 살이 되니까 예절교육을 시킨다고 어린이집에서 한복을 입고 오라고 했다. 아들이 한복이 뭐냐고 물어봤다. 국가와 민족이라는 개념은 너무 어려우니까 아내가 좀 당황해 했다. 나는 〈한반도의 공룡〉을 빌어 설명했다. 한반도는 우리나라를 말하는 건데, 한반도에 살던 사람들이 입던 옷이 한복이라고.

내 설명은 깔끔했다고 자평한다. 하지만 그렇게 간단하게 상황이 종료되지는 않는다. 공룡들도 옷을 입느냐, 그때 사람들은 어디에 살았느냐, 대답하기 당혹스러운 질문들이 한참 더 이어졌다.

일본의 전통의상인 기모노는 화和라는 글자를 사용한다. 전쟁으로 얼룩진 일본의 이미지를 생각하면 잘 연상되지는 않겠지만, 어쨌든 일본 사람들이 자신들의 상징으로 사용하는 글자가 바로 평화에서 사용되는 그 '화' 자이다. 문득 일본의 부모들은 화복을 어떻게 아이들에게 설명할지가 궁금해졌다.

이왕 볼 거라면
우리 만화지!

둘째가 처음 병원에 입원했을 때의 일이다. 삼일절 연휴는 길었고, 연휴 내내 미세먼지가 기승을 부렸다. 아이가 아프기 시작하자마자 병원 응급실로 뛰어갔는데, 폐나 기관지 등 호흡기가 아파서 온 아이들이 정말 많았다. 병실을 잡기 어려운 상황이었지만 다행히 그날 입원할 수 있었다. 우리보다 조금 늦게 온 부모들은 결국 당일에 입원을 하지 못했다.

그때 옆 병실에 두 딸이 같이 입원해 있었다. 이혼한 뒤 아빠가 아이들을 키우고 있었고, 그의 노모가 육아에 힘을 보태는 중이었다. 이 가족은 TV와 휴대폰을 번갈아 가면서 하루 종일 보여주었다. 충분히 이해할 수 있는 상황이다.

드라마 〈응답하라 1988〉에서 진주는 동요 테이프 하나로 잘 버텼다. 90년대가 됐을 때 '아기 봐주는 비디오'란 게 나왔고, 다들 그게 기적의 물건이라고 했었다. 그 비디오만 틀어주면 아기들을 따로 돌보지 않아도 되는가? 많은 사람들이 얼토당토않은 거짓말이라고 했는데, 이젠 그게 일반화된 시대가 되었다.

닐 암스트롱이 1969년에 달에 갔다. 내가 태어난 지 얼마 안 됐을 때의 일이다. 그걸 보려고 아버지가 TV를 샀다. 진짜 일찍 TV가 생긴 셈이다. 제니스 진공관 TV였는데, 컬러 TV를 산 후 그건 내 방으로 옮겨 왔다. 라디오며 앰프를 만든다고 인두 들고 설치던 고등학교 시절, 결국 분해해서 못 쓰게 만들고야 말았다. 스피커만 떼어서 나중에 라디오에 달았다.

이런 사연으로 나는 일찍 TV를 보게 된 편이지만, 사실 그 시절엔 TV 없는 집이 흔했다. 우리 골목에 있는 집들은 다 TV가 있었는데, 골목을 한 칸만 벗어나도 있는 집이 드물었다. TV를 보느냐 마느냐, 그런 고민 자체가 존재할 수 없는 환경이었다.

중학교에 입학하던 해, 전두환 정권이 전면적으로 컬러TV 방송을 시작했다. 대우그룹이 아프리카에 팔려던 TV 수출 선적이 막히니 대신 국내 시장에 풀기로 한, 군사 정권의 '경제적' 결정이다.

그때부터 TV에 '바보상자'라는 말이 붙고, 정권 차원에서 사람들을 조정하기 위해서 TV를 강화시켰다는 분석들을 하기 시작했다. TV 너무 많이 본다고 걱정하는 일이 70년대에는 거의 없던 것 같다. 어차피 저녁때나 방송하고, 통행금지 시간이 되면 TV도 끝났다. 죽어라고 봐도 몇 시간 볼 수가 없었다. VTR은 훨씬 뒤에 나왔다.

지금은 시대가 바뀌었다.

"우린 때와 시간을 가리지 아니니께."

영화 〈짝패〉에서 류승완이 했던 대사다. 요즘 어린이 만화가 딱 그렇다. 몇 개 채널에서는 하루 종일 만화만 방영하고, 돈을 지불하면 언제든 뭐든 틀어볼 수 있다. 아이도 그걸 안다. 그리고 부모가 돈이 없어서 그걸 안 사주는 것이 아니라는 것도 안다. 말만 잘 들으면, 〈옥토넛〉의 보고 싶은 에피소드를 얼마든지 사 줄 수 있다는 것도 안다.

엄마와 아빠는 전화기를 가지고 있고, 거기에 재밌는 게 들어있다는 것도 안다. 엄마와 아빠에겐 컴퓨터까지 있으니, 보여줄 마음만 있으면 뭐든 보여줄 수 있다는 것도 아이는 너무 잘 알고 있다. 그리고 졸라 봐야 혼나기만 하니까, 무턱대고 보여 달라는 게 아니라 '전략전술'을 가지고 접근해야 한다는 꽤 고차원적인 생각에까지 도달했다.

어떻게 하면 TV를 볼 수 있을까. 큰애는 정말 열심히 그리고 성실하게 생각한다. 목적을 이루기 위해 수많은 꾀를 동원하고, 가끔은 그 꾀가 지혜의 경지에 도달하기도 한다. 부모인 우리도 마찬가지다. 'TV 만화를 덜 보게 하는 방법이 있을까? 어떻게 하면 그걸 보여 달라는 말을 덜 하게 될까.' 참으로 성실하게 그 방안을 생각하고 또 실천도 한다. TV 시청은 육아에서 이토록 첨예한 문제다.

집에 있으면 자꾸 TV만 보겠다고 해서 실랑이가 벌어진다. 이것저것 부딪히다 별 의미도 없이 혼내고 서로 속상해진다. 그래서 가급적 휴일이면 집 밖으로 나가서 TV를 볼 수 있는 시간 자체를 원천적으로 줄이려고 한다. 그리고 밖에서 밥까지 먹고 들어와서 외부 체류 시간을 가능한 한 늘리겠다는 게 내 전략이었다. 아비의 이 원천봉쇄 전략을 아들은 단 하나의 문장으로 돌파해 냈다.

"엄마가 해주는 맛있는 밥이 세상에서 제일 좋아요."

큰애는 밥을 워낙 잘 먹고, 맛있게 먹고, 식성도 판타스틱하다.

아내는 이 한 마디에 완전히 행복해졌다. 아내는 점점 더 열심히 밥을 한다. 그렇다면 아들의 이 말은 진실이었을까? 밥투정도 늘었고, TV 보겠다고 밥 먹는 걸 거부하는 일도 늘었다. 그럴수록 아내는 점점 더 맛있는 걸 만들어 보려고 한다. 이제는 한 달에 한 번, 주말에 외식하는 것도 어려워졌다. 아내부터 밥은 집에 가서 먹자고 한다. TV가 화두가 되기 전에는 요리며 설거지며 많은 가사 일을 줄일 수 있으니 아내도 외식을 즐겁게 생각했었다.

이렇게 TV 만화 원천봉쇄 작전은 아빠의 완패로 끝났다. 그만큼 아들은 간절하게 생각하고 또 생각했다. 그 절실함의 차이를 고려하면 처음부터 아빠가 이기기 힘든 싸움이었다.

21세기 문명에서 시각 정보가 주는 다채로움은 많은 아이들을 그만큼 절박하게 만든다. 혼자 두 딸을 키우는 아빠에 대해 아까 언급했는데, 그도 쉬고 싶고 혼자 조용히 생각하는 시간이 필요할 것이다. 때로는 방황하고 싶은 날도 있으리라. 이런 환경에 놓인 사람은 아주 많다. 그리고 이 점이 새로운 불평등을 만들어 낼 것 같다. 시각 정보 위주의 수동적 지식체계가, 온 몸과 상상력을 동원한 종합적 지식의 깊이와 입체감을 따라갈 수는 없다.

TV에 너무 의존하면 정보의 입체성이 턱없이 부족해진다. 쉽게 말해 얄팍해진다는 뜻이다. 우리는 점차 지식 중심의 경제로 전환하는 중인데, 이런 상황에서 일방적인 지식에 길들여진 사람은 불리할 수밖에 없다. 그러니 가난해질 위험성도 높다. 20여 년 전에 사람들이 지적하던 '교육의 불평등성'은 'TV와 휴대폰의 불평등성'을 중심으로 다시 연구할 필요가 있는지도 모른다.

돈벌이로 지친 부모들이 TV 만화를 둘러싼 전면전에서 아이에게 이기기는 쉽지 않다. 아이는 사생결단으로, 최선을 다해 TV를 볼 수 있는 명분과 방법을 만들어낸다. 나도 아들에게 졌다.

아내가 거의 목숨을 건 이 전쟁에서 얻어낸 것은 일주일에 하루뿐인 'TV 안 보는 날'이다. 그리고 아들은 하루에 두 편의 만화를 볼 수 있는 권리를 당당히 획득했다. 둘째가 아파서 우리가 꼼짝을 못하거나 뭔가 다른 일이 생기면 그 이상 보기도 한다. 호시탐탐 기회를 엿본다.

이게 다가 아니다. 아이는 부모의 무관심을 노리지만, 자본은 부모의 관심을 노린다. 그들도 아이들만큼 열과 성의를 다 해서 부모들이 지갑을 열게 한다. 아이의 열성과 자본의 치밀함이 결합해서 나온 것, 그게 영어 만화다. 브라보! 유 윈!

어지간한 지성을 가진 엄마들이면 휴대폰이나 TV 만화를 너무 많이 보여주는 게 좋은 일이 아니라는 것 정도는 안다. 전두환 시절에 학생이었던 사람이라면 그런 성향이 더 강하다.

그리고 거의 모든 부모가 '영어는 웬만큼 했으면 좋겠다'는 생각을 한다. 한데 만화는 우리말로 봐야 재미있다. 당연한 거다. 하지만 아예 못 보는 것과 영어로 보는 것, 이 두 선택지 사이에서 아이들은 충분히 양보할 수 있다. 보는 것과 안 보는 것엔 태평양만큼 아득한 간극이 있으니.

영어만화는 바로 이 틈새를 파고든다. 이미 있는 만화를 영어로 더빙해서 '편당 500원' 혹은 '편당 1,000원'을 책정하는 건 기가 막히게 멋진 상술이다. 한데 영어 만화를 보면 영어에 익숙해져서 쉽게 말할 수 있게 될까? 그런 식이면 70년대 AFKN, 미군 방송을 틀어 놓고 매일같이 미식축구를 보던 아이들은 다 영어 도사가 됐어야 한다. 하지만 아시다시피, 그런 일은 벌어지지 않았다.

차라리 만화를 보면서 우리말이라도 즐겁게 익히는 편이 낫다. 어차피 봐야 할 만화라면 〈바다 탐험대 옥토넛〉을 보는 게 좋을 것 같다. 아들과의 전쟁에서 패하고 후퇴하면서, 나는 전술을 좀 바꾸었다. 그냥 외출하고 외식하면서 시간을 때우는 이런 얕은 수로는 도저히 아들을 이길 수 없다.

어차피 일정하게 만화를 보여줄 수밖에 없다면 영어 만화가 아니라 그냥 만화를 보여주는 게 아이의 정신 건강과 언어 건강에 더 낫다고 생각한다. 영어 만화, 한국 자본의 상술이 만들어낸 일그러진 모습이다.

만화 전쟁 완패 후
아빠의 고군분투기

아들과의 만화 전쟁에서 진 후 나는 좀 더 성실하고 겸손한 사람이 되었다. 얕은 수로 뭔가 성과를 내는 것은 어른들 사이에서는 혹시 가능할지 몰라도, 진실하고 성실한 아이들에게는 절대로 통하지 않는다.

밖에 나가서 놀 때도 좀 더 성실하고 근면하게, 뭐라도 새롭고 재밌는 것을 찾아내기 위해 노력하게 되었다. 멍하니 시간을 때우면서 낮잠 시간이 되기를 기다리는 방식으로는 아들의 관심을 만화에서 떼어 놓을 가능성이 전무하다.

USB 메모리를 몇 개 샀다. 더 많은 노래들을 폴더에 담아 놓고, 새로운 레퍼토리도 계속 개발했다. 노래가 나올 때 춤도 같이 춘다. 전쟁에서 한 번 패했지만 그게 끝이 아니다. 나도 절치부심하며 새로운 전략들을 개발하는 중이다.

아내의 차 모닝은 나름대로 신형이다. 큰애와 둘째가 지루하지 않게 들을 수 있는 각자의 노래들을 USB 루트에 나누어 놓고, 지켜

위하기 전에 계속 바꾸어 주었다. 이제는 벌써 취향이 갈려서, 같은 노래로 계속 버틸 수가 없다. 그래서 휴대폰으로 만화나 〈한반도의 공룡〉 같은 것을 들을 수 있게 해주었다. 멍하고 앉아서 TV만 보고 있는 상황을 피하고 싶다면, 계속해서 다채롭게 "이런 건 어때? 저런 건 어때?" 이렇게 제안해 보는 수밖에 없다.

박물관이나 V센터, 수족관 같은 데서 찍은 사진들을 편집해서 역시 USB 폴더에 담았다. 그리고 그걸 블루레이 플레이어의 사진 슬라이드 기능으로 틀어 주었다. 보는 건 같은 TV 화면이지만 자기들 얼굴이 나오고, 태권브이나 범고래 뼈 같은 것도 계속 나오니 아주 좋아한다. 자기 사진 보는 게 만화의 대안이 될 수 있을까? 어쨌든 형식을 이렇게 바꾸고 저렇게 바꾸면서 조금이라도 스스로 생각해 볼 수 있게 해주고 싶다.

골판지를 접어서 책도 만들어 주었다. 내가 처음 만들어 준 4페이지짜리 책에는 〈태권브이 이야기〉라는 제목을 달았다. 잉크 색깔을 좀 다르게 해서 표지도 만들고, 태권브이 그림도 그렸다. 그리고 일부는 그때 아이가 하는 말, 일부는 내가 덧붙여서 삶에 대한 얘기들을 써 넣었다. 자기 책이라면서 아주 좋아한다. 틈날 때마다 꺼내서 본다. 몇 권 더 만들어 줄 생각이다.

그런 시도 중 가장 성공한 것은 딱지 만들기다. 로봇 장난감 포장지 같은 종이가 딱이다. 적당한 로션 뚜껑 같은 걸 대고 동그라미를 그린 뒤 오려내면 완성이다. 큰애 몇 개, 작은애 몇 개, 이렇게 주면 진짜로 좋아한다. 복잡한 딱지치기 같은 걸 할 나이는 아니라서 그냥 날리기를 한다.

왼손 주먹을 쥐고서 엄지 위에 딱지를 올린 다음, 오른손 손날로 밀어서 날리는 게 아이들도 할 수 있는 방법이다. 새끼손가락으로 튕기는 게 제일 멀리 가지만, 아이들은 그렇게는 못한다. 세 살짜리 아이한텐 떨어뜨리면서 헬리콥터 소리를 내주면 된다. 그러면 헬기가 나는 거라면서 혼자서 한 장씩 딱지를 떨어뜨리며 재미있게 논다..

집에 비싼 장난감도 있고, 복잡한 놀이기구도 세트별로 어느 정도는 있다. 하지만 최강무적의 놀이는 역시 딱지다. 시대를 초월해 아이들이 딱지를 갖고 노는 걸 보면 뭔가 딱지가 DNA에 새겨져 있나 하는 생각까지 든다. 그냥 종이만 오리면 되니 가성비도 최고다. 그리고 집중도와 지속도 역시 최고 수준이다. 딱지를 오리기 시작하면 두 시간은 그냥 간다. 다 놀고 나서 아내가 준 복주머니에 딱지를 챙겨 넣을 때 애들은 진짜 뿌듯한 표정을 짓는다.

두 아이를 데리고 두 시간 놀 수 있는 게 거의 없다. 놀이터에서도 한 시간을 넘기기가 쉽지 않다. 비싼 변신 로봇을 가지고 놀아도 삼십 분 놀면 잘 노는 거다. 원래 아이들이 그렇다. 딱지는 만드는 순간부터 한 시간은 기본으로 흘러가고 조금 응용하면서 공을 들이면 두 시간도 가능하다. 그럼 어느새 잘 시간. 오늘도 무사히!

세계 지도 놀이도 요즘은 종종 쓰는 수법이다. 큰애와 둘째 애에게 밥상을 하나씩 사주었다. 하나는 세계 지도, 하나는 뽀로로. 각자 전용 밥상이 있다. 세계 지도를 펴 놓고서 고래 얘기도 해주고, 다른 나라 얘기도 해주면 한 시간 정도 보낼 수 있다. 한 시간이 넘으면 내가 지겨워서 못하겠다. 아직은 대항해나 세계 역사를 얘기해줄 수 있는 단계는 아니다. 하지만 물고기의 분포며 북극, 남극 그리고 적도의 무풍지대를 항해하는 법, 이런 정도의 얘기는 재밌게 듣는다.

그 사이에 얘기도 많이 만들어서 들려주었다. 제일 좋아한 것은 범고래와 펭귄, 북극곰의 친구 놀이다. 구성은 간단하다. 범고래가 펭귄한테 인사하고 남극을 떠나 북극으로 간다. 그리고 거기에서 새로운 친구인 북극곰을 만나 펭귄에 대해서 설명해 준다. 그리고 다시 범고래가 적도를 지나고 남극으로 가서 새로 만난 북극곰에 대해 펭귄한테 설명해 주는 것이다. 이 얘기를 아들은 제일 좋아했다. 할 때마다 버전이 조금씩 바뀌고, 중간에 살도 붙었다. 〈바다 탐험대 옥토넛〉의 북극여행 편에 내가 만든 대사와 거의 똑같은 대사가 나온다.

"펭귄이 뭐야? 펭귄이 북극에 살아?"

나는 북극곰의 대사로 만들었는데, 실제 만화에서는 바다코끼리의 대사로 나온다. 아들은 이 장면을 너무너무 좋아한다. 듣고 또 들어도 재밌나 보다. 아빠가 해주는 얘기가 만화에 그대로 나오니까 이 장면만 들으면 배꼽을 쥐고 웃는다. 그래서 아들은 범고래와 펭귄이 친한 친구라고 철썩 같이 믿고 있다.

이때 만든 얘기 중 '고양이 학교로 간 아이들'이라는, 다소 어색하고 긴 버전의 고양이 이야기도 있다. 동화책을 만들려고 오랫동안 준비했던 얘기의 축약 버전이다. 고양이들이 각성하기 전인 앞부분과 각성이 이루어진 뒷부분으로 나뉘는데, 뒷얘기는 너무 어려울 것 같아서 아직 못해 주었다. 말썽꾸러기 아이들을 모아 고양이들이 가르치는 숲속 유치원으로 데려간 뒤 벌어지는 얘기다. 이 이야기도 아주 좋아한다.

애니메이션 〈마리 이야기〉의 화가들과 꽤 긴 시간 같이 작업을 했다. 원래는 동화책으로 출간할 계획이 있었는데, 둘째가 아파서 일단 한숨 좀 돌린 뒤로 미루었다. 그리고 같이 작업하던 화가도 결혼을 하면서 새로운 삶에 적응하는 기간이라 여유롭게 생각하는 게 여러 모로 좋았다.

아들이 만화를 좀 덜 보게 하기 위해 진짜 많은 것을 시도했다. 이렇게 해서 내가 큰아들에게 궁극적으로 알려주고 싶은 것은 혼자 노는 방법이다. 둘째는 오히려 늘 혼자 노는 걸 좋아했고, 뭘 해주려고 하면 "내가, 내가!" 하면서 자기가 직접 하려고 한다. 큰애는 정말로 애지중지, 알뜰하게 살피면서 키웠다. 그렇다 보니 혼자 있는 시간을 잘 못 견뎠다. 특히나 TV 만화에 빠져들기 좋은 제반 조건을 갖춘 셈이다.

"뭘 해주든지, 뭘 보여 주든지, 둘 중에 하나는 해줘."

만화를 보여 달라고 할 때 큰애가 가장 많이 하던 말이다. 뭔가 재밌는 걸 해주거나, 별것 없으면 TV나 틀어 달라는 얘기다. 말 그대로 아들은 자신이 필요한 것을 우리에게 끊임없이 얘기했다. 그게 무슨 의미인지 좀 뒤에야 깨달을 수 있었다.

뭘 해주지 않아도 스스로 찾아서 놀 수 있는 상태가 되면, 굳이 빈 시간의 공백을 견디기 위해서 만화를 보지 않아도 될 것이다. 사실 혼자서 노는 법을 가르치지 못한 건 부모다. 그래서 좀 늦었지만, 그렇게 할 수 있도록 내가 시간을 내서 도와주는 것이다. 그렇게 아이에서 어린이로 한 단계 더 나아가는 거라고 생각한다.

큰애는 이제 곧 여섯 살이다. 어린이가 될 준비가 필요하다. 아빠는 그걸 너무 늦게 알았다.

공룡들의 주제가가 된 베토벤과 바그너 교향곡

TV 보는 시간을 조금이라도 줄이기 위해서 노래를 많이 틀어 주고, 춤도 같이 추고, 책도 읽고, 책도 만들고, 정말이지 부산하게 움직였다. 그런데 갑자기 이런 생각이 들었다. 동요 몇 개와 만화영화 주제가만 너무 많이 듣는 것 아닐까? 다른 음악을 들을 수 있는 기회는 정말로 원천적으로 차단된 상황을 내가 만들어놓은 거라는 생각을 했다.

둘째가 태어나기 전에는 차 안에서 라디오도 종종 들었다. 테너의 오페라 아리아가 나오는데, 이걸 세 살 된 큰애가 흉내를 내고 같이 소리지른 적이 있었다. 그 후로 오페라를 몇 번 더 틀어 주었는데, 재밌게 들을 때도 있고, 안 그럴 때도 있었다.

나는 어렸을 때 클래식을 풍부하게 들을 환경은 아니었다. 보리밭 같은 가곡은 많이 들었다. 역시 초등학교 교사인 외삼촌이 집에서 풍금을 치면서 가곡을 많이 불렀었다. 지금도 보리밭을 들으면 마음이 편해진다. 외할머니가 키워주시던 그 개봉동 마루에서 키가 엄청나게 크게 자란 마당의 옥수수들을 보면서 앉아있던 그 시절로 돌아가는 것 같다. 오디오는 중2 때 처음 생겼다. 그때 집에 있던 LP로 들었던 노래, 헨델의 '옴브라 마이푸', 슈베르트의 〈마왕〉 같은 노래는 평생을 즐겨 듣는 노래가 되었다. 그래도 음악을 본격적으로 듣거나 그러지는 않았다. 처음 내 돈으로 산 앨범은 엘튼 존이었고, 그 다음에는 〈사운드 오브 뮤직〉 ost를 샀다. 그리고는 바로 락과 헤비메탈로 넘어갔고, 들국화도 열심히 들었다.

클래식을 진지하게 듣게 된 계기는 단순하다. 고등학교 1학년 음악 선생님이 겨울 방학 숙제로 FM 방송을 듣고, 클래식 음악 제목과 작곡가를 노트에 써 오라는 것을 내주었다. 그해 겨울방학에는 한국 소설을 탐독했었다. 한국문학전집 50권짜리를 다 읽었고, 내친 김에 집에 있던 조선왕조 비사 같은 역사책들도 다 읽었다. 손에 꼽을 만큼 즐거운 시기였다. 긴 겨울 동안 소설책만 읽으면서 라디오 틀어 놓고, 노래가 나올 때마다 작곡가와 이름을 적어 넣었다. 그래서 어떻게 되었을까? 국악에 눈을 뜨게 되었다. 국악이 뭔지, 어떤 분류가 있는지, 그때 처음으로 알게 되었다.

판소리에는 재밌게 들을 대목들이 좀 있다. '프로젝트 락'의 퓨전 국악 앨범에 나오는 〈난감하네〉는 별주부전에 나오는 토끼와 거북이 얘기이다. "난 가방하네", 그렇게 흉내 내면서 진짜로 재밌게 듣는다. 흥부전에 나오는 박 타는 대목 같은 것도 가끔은 틀어 준다. 놀부 얘기는 아이들도 좋아하면서 들을 수 있다.

어린이 뮤지컬 중에도 들을 만한 것들이 좀 있는데, 만화영화 주제가 중간 중간에 그런 걸 끼워놓고, 전통적인 가락의 노래들을 들을 수 있게는 해준다. 잘 찾아보면 개구리에 관한 노래라든가, 창작 국악 중에 아이들이 쉽게 접할 수 있는 노래들이 좀 있다. 물론 어른들이 들을 취향의 노래는 아니지만, 우리 노래라 말 배우는 과정에서 한 번 듣고도 즐길 수 있다는 장점이 있다.

    클래식을 아이들에게 들려주기가 좀 어렵다. 자장가 계통의 노래를 하도 지겹게 들어서 그런지, 라운지 뮤직 정도로 분류할 수 있는 그런 가벼운 소품들은 별로 듣고 싶어 하지 않는다. 동요 중에는 조용하고 편안한 것도 많이 있지만, 상업적인 목적으로 만든 만화영화의 주제가들은 아주 강렬하다. 다른 음악들이 귀에 잘 남지 않을 만도 하다. 좋아하지는 않더라도 한 번쯤 들어봤다는 기억 정도는 남겨주고 싶었다.

    가장 성공적인 것은 역시 가장 잘 알려진 베토벤 교향곡 9번 4악장이다. 누구나 아는 노래인데, 웅장한 합창이 아이들 귀에도 들을 만하게 들리는 것 같다. 응원곡으로도 많이 쓰여서, 스포츠를 좋아하면 결국에는 누구나 알게 되는 곡이다. 지휘하는 법을 알려주면서 같이 몸을 사용하면서 들으면 즐겁게 듣는다. 베토벤의 교향곡 5번 1악장은 〈합창〉 교향곡 보다는 반응이 덜 하다. 나는 이걸 육식 공룡의 사냥으로 해석을 해주었다. 그래서 결국 그 유명한 〈운명〉 교향곡 1번이 타르보사우루스의 노래가 되어버렸다. 실제로 곡률에 맞추어서 사냥하는 공룡으로 몸짓을 해보면, 어느 정도는 맞는다, 거친 몸짓과 기다리며 다가가는 장면 그리고 다시 거칠게 몰아치는 장면, 이게 음악 교육에 도움이 되는 건지는 모르겠지만, 어쨌든 그렇게 베토벤을 즐길 수 있게 해줄 수 있었다.

그중 가장 성공적으로 아이들과 함께 들었던 음악은 바그너의 〈니벨룽겐의 반지〉에 나오는 〈발키리〉이다. '전쟁의 처녀' 정도의 의미인데, 원래 북구 신화에서 발키리는 좀 더 복잡한 사연들을 가지고 있다. 그렇지만 발키리를 가장 기가 막히게 해석한 사람은 〈지옥의 묵시록〉을 만든 프란시스 코폴라일 것이다.

베트남 전쟁 중 헬리콥터로 베트콩을 학살하는 장면에서 헬기 스피커로 발키리를 틀어 놓는다. 미군 사령관이 서핑 광팬이면서 동시에 바그너 광팬이라는 설정인데, 진짜로 섬뜩하면서도 그럴듯한 장면을 만들어냈다. 히틀러가 자신의 행진곡으로 바그너를 사용해서, 바그너는 참 철학적으로 복잡하면서도 복합적인 음악가가 되었다.

여성 합창 파트는 물론 독창도 중간에 나오는데, 스케일 변화 속도가 빠르고, 고음 부분도 멋있다. 이건 '익룡의 노래'이다. 가끔은 해남이쿠누스의 노래라고 하기도 한다. 날개를 펼치는 것처럼 팔을 들고 마루를 뛰기 시작하면, 아이들 둘이 미친 듯이 마루를 날아다닌다. 노래는 길다. 끝까지 듣기 전에, 이미 탈진해서 마루에 쓰러진다. 재밌어 하고 또 몇 번을 들어도 지겨워하지 않는다. 이게 과연 노래를 듣는 건지 뜀뛰기 체조를 하는 건지 구분하기 힘들어지긴 했지만. 그래도 베토벤에서 바그너까지, 어린 시절에 한 번 듣게는 해주었다는 위안은 얻을 수 있다.

라흐마니노프도 들려주고 싶고, 슈베르트의 연가곡집 〈아름다운 물방앗간 아가씨〉도 들려주고 싶다. 중학교 3학년 때 처음 들은 이후, 뭔가 마음을 가라앉혀야 할 때마다 평생을 들었던 노래이다. 그리고 말러의 연가곡집 〈죽은 아이들을 그리는 노래〉 같은 것도 들으면서 좀 아는 척을 할 수 있게 해주고 싶기도 하다. 그러나 역시, 세 살, 다섯 살 아이들에게 들려주기에는 좀 무리이다.

아내는 나보다 좀 더 쉽고 스탠다드한 방식을 선택했다. 아이들을 위한 클래식 CD를 샀고, 순서대로 들려주었다. 전 세계 어린이들이 듣기 편한 곡들을 골라놓은 거라서 진짜로 무난한 노래들인데, 역시 해설과 서사가 있어야 음악을 좋아한다. 주페의 〈경기병 서곡〉 같은 것은 설명도 쉽고 듣기에도 편안하다.

이렇게 달리기를 하거나 춤을 추면서 음악을 듣는 것이 과연 나중에 무슨 의미가 있을지, 그런 생각이 들 때가 있다. 그래도 만화를 틀어달라는 아들과 실랑이하고 있는 것보다는 이편이 좀 더 나은 것 같다. 음악은 정말 좋아하고 많이 들었다. 답답하던 삶 속에서 음악을 듣고 있을 때가 좋았다. 그리고 조금 더 다채로운 경험을 가질 수 있게 해주고 싶다.

이러거나 저러거나, 때가 되면 우리 집 TV에서 만화는 흘러나오고, 세 살, 다섯 살, 두 아들이 사이좋게 마루 벽 뒤에 앉아 TV를 보기 시작한다. 시간이 지날수록 둘째 얼굴도 조금씩 통통해지기 시작한다. 둘은 점점 더 닮아간다. 너무 흥미롭고 재미있게 TV를 뚫어지게 응시하는 두 아이를 보면, '덤앤더머'가 진짜 따로 없다. 영화 〈덤앤더머〉는 속편까지 나왔지만, 누가 덤이고, 누가 더머인지, 아직도 우리는 모른다.

소중이네 고래 가게가 빨리 문을 열어서 "고래 팔아요.", "상어 있어요?" 대화들이 오가는 시간이 오기를 매일 저녁 기다릴 뿐이다.

11 어린이집이냐, 영어유치원이냐
12 우리말, 숫자, 그리고 영어
13 두 아들의 아빠가 가르치고 싶은 것
번외3 아빠 홀로 5일간 집중 육아, 100퍼센트 리얼 다큐!

PART
05

평생 가는
생존체력 기르기

11

어린이집이냐,
영어유치원이냐

무엇을 가르치고
어떻게 혼낼 것인가

아들이 다섯 살이 되었을 때 내가 처음 가르친 사회적인 개념은 바로 '기아'이다. 밥투정을 하는 아이에게, 세상 사람의 절반은 밥이 없어서 먹지 못한다는 사실을 알려준 것이다.

장 지글러가 쓴 『왜 세계의 절반은 굶주리는가』라는 아주 성공한 책의 한국어판에 해제를 단 적이 있다. 번역서의 해제를 쓰게 되는 일이 종종 있는데, 아마 내가 쓴 해제 중 가장 성공한 해제로 남을 것 같다. 처음 나올 땐 그 책이 이렇게 오랫동안 스테디셀러로 자리 잡을 줄은 나 포함 아무도 몰랐다.

대학원 논문은 농업에 관해 썼다. 당시 지도교수가 아프리카 경제의 권위자였다. 그는 내게 정말로 '판타스틱한' 점수를 주었다. 유럽의 많은 경제학 전공자들은 대학원을 졸업한 뒤 취직한다. 그때 논문 점수가 워낙 좋아서, 통계 조사하는 회사에서 팀장 자리를 제안했었다. 아마 그때 교수를 쫓아서 아프리카 경제를 계속 연구했다면, 내 삶은 지금과는 또 많이 다른 형태가 되었을 것이다. 그러나 나는 응용보다는 순수 이론 공부를 더 하고 싶었다.

그 시절에 이 양반과 같이 계산했던 게 하나 있다. '잠재력'이라는 지표만 가지고 칼로리를 계산해 보면 미국의 곡물로 전 세계가 먹고 살 수 있고, 프랑스의 밀로 유럽 전체가 먹고 살 수 있다. 기술적으로는 그렇지만, 거기서 감량을 하고 또 감산을 한다.

　20세기 중반, 인류 경제는 이미 최소한의 칼로리를 전 세계인에게 공급할 수 있는 수준이 되었다. 그래도 인류의 절반은 여전히 기아 상태로 분류된다. 나는 아이가 어린이가 되면서 가장 먼저 알아야 할 사실이 바로 기아라고 생각했다. 누군가는 굶는다. 그리고 굶다 못해 영양결핍으로 실명하거나, 심지어는 목숨을 잃는 사람들도 있다. 네 살 때는 좀 어렵지만, 다섯 살이 되면 이 정도는 이해할 수 있다. 물론 이해하는 것과 철학적으로 소화하는 것은 좀 다른 얘기지만.

　부모가 먹고 살만 해서 "다른 집은 어떻든 너는 넉넉하다."라고 가르치는 것은 도련님의 교육이다. 하지만 세상엔 여러 이유로 하루 한 끼를 제대로 먹기 어려운 어린이들이 많다, 이걸 이해하는 것이 시민의 교육이라고 생각한다. '글로벌 시민', 세계적으로 통용되는 기본적인 상식을 갖춘 사람, 나는 그렇게 아이들을 키우는 목표를 정했다.

　원래부터 그렇게 생각했던 것은 아니다. 나도 과목별로, 혹은 기능별로 뭘 가르치면 도움이 되겠다는 정도의 막연한 생각만 했었다. 그런데 큰 애의 네 살이, 너무 키우기 어려웠다. 아이는 혼난다는 상황을 잘 받아들이지 못했다. 그렇다고 아이의 뜻을 억지로 꺾어서 말을 잘 듣는 것처럼 하게 만든다면, 그건 백퍼센트 상처로 남는다.

　세계 시민이 알아야 할 보편적 상식은 실은 그리 어려운 것은 아니다. 우선 세상에는 굶주린 사람들, 특히 어린이들이 많다는 것을 인지한다. 그러면 이 밥 한 그릇을 식탁에 놓게 해준 농부들을 비롯해 여러 사람에게 감사하는 마음이 생긴다. 작지만 의미 있는 상식은 이렇게 먹는 것으로부터 시작한다.

일단 그런 사고의 틀을 만들면, 지식이나 기능을 담기가 훨씬 쉬워진다. 아이가 스무 살이 되어 전 세계 청년들과 함께 여행할 기회가 생겼다고 생각해 보자. 그때 반드시 리더가 될 거라고 보장할 수는 없지만, 너무 비상식적이라 아무도 상대하고 싶어 하지 않는 외톨이로 만들지 않는 것은 조금의 노력으로도 할 수 있다.

『15소년 표류기』를 초등학교 3학년 때 정말 재미있게 읽었다. 『해저 2만리』나 『80일간의 세계일주』 같은 기가 막힌 얘기를 뽑아낸 쥘 베른의 소설이다. 영국, 프랑스, 미국의 엘리트 소년의 특징을 아프도록 정교하게 뽑아낸 얘기다. 지금 한국이 추구하는 엘리트 교육은 방향이 너무 잘못되었다. 이런 교육을 받으면 실력은 있지만 '재수 없어서' 모두가 등 돌리는 그런 귀족 자제처럼 된다. 쥘 베른은 그런 사람은 미래의 지도자가 될 수 없다고 19세기에 이미 생각했었다.

'기본적인 상식과 시민적 감수성을 갖춘 어른 키워내기.' 이게 한국 교육이 가장 못하는 것이다. 불행히도 지금 한국 교육에선, 건전한 상식을 가지는 것이 교육 목표로 설정되어 있지 않다. 총리실에 있던 시절, 7차 교육과정 개편 작업에 참여한 적이 있다. 그때 우리의 교육 목표가 얼마나 원대하고 정교한 것인지 알게 되었다. 7차 교육과정이 지향하는 인간상 중 다음과 같은 것이 있다.

"민주 시민 의식을 기초로 공동체의 발전에 공헌하는 사람."

그러니 시민의 교육을 시킨다는 언급이 아예 없었던 건 아니다. 하지만 어디까지나 서류상 얘기다. 현실의 목표는 '경쟁에서 살아남기', 그리고 장래희망을 위한 진로교육이라는 명목의 '헛꿈 꾸기' 이 두 가지로 수렴된다.

그렇다 보니 운이 좋아서 정말 인격적인 선생님을 만나지 않는 한 '약은 것'만을 추구하게 된다. 하지만 21세기 선진국 교육이 절대로 만들지 않으려 하는 게 바로 이런 유형이다. 똑똑하지만 너무 약아빠져서 재수 없는 사람.

나는 중진국에서 태어나 선진국 자녀의 부모가 되었다. 이 책을 읽는 분들 대다수가 그럴 것이다. 누군가를 따라 잡아야 하는 중진국과, 스스로 리더가 되는 선진국의 교육은 좀 차이가 있다. 서류상 목표로 잡는 것들이 크게 바뀌지는 않지만, 그 맥락이 바뀐다.

아이스크림을 '아구찜'이라고 부르며 아이 손잡고 산책 다니던 시기, 그때가 육아 난이도가 정말 높았던 시절이다. 그때 여러 가지로 곰곰이 생각하다가 우리는 '지구 시민'이 되어 가는 새로운 시대를 살고 있다는 결론에 도달했다. 유럽이나 미국의 청년들을 만나 보면, 능력도 있고 똑똑한데 너무 순박해서 깜짝 놀랄 때가 있다. 특히 한국 기준에서는 멍청해 보일만큼 순박하다. 이들의 부모가 바보라서 자신의 2세를 '불굴의 전사'로 키우지 않는 게 아니다.

아들의 네 살 시절, 어떻게 아이를 혼내고 가르쳐야 하는지 몰라 막막하고 속상했었다. 하지만 그 시기를 거치고 나니 우리에게 결핍된 것이 무엇인지 조금 보이는 것 같았다.

세 살이면 늦는 조기 교육?
영어유치원 딜레마

21세기로 넘어오면서, 시간이 지나면 한국에도 '요람에서 무덤까지'를 보장하는 환경이 어느 정도는 조성돼 있을 거라는 막연한 희망을 가졌다. 막상 세 살과 다섯 살 두 아이를 키우면서 보니, 내가 할아버지가 될 때쯤이라면 모르겠지만 아직까지는 그렇지 않은 것 같다.

여전히 한국 사회에서 부모는 많은 것을 포기해야 하고, 상당한 경제력을 가지고 있어야 한다. 그리고 그렇게 지출하지 않으면, 엄마가 아이에게 그만큼 미안하게 느끼게 하도록 사회적, 문화적 구조가 짜여 있다.

조금 더 살기 편한 사회가 되는 건 여전히 진행형 혹은 대기 중인 반면, 사교육만은 진짜로 '요람에서 무덤까지'라는 말이 어울린다. 끊임없이 돈을 내고 뭔가를 배우게 되어 버렸다. 몇 년 전에 사법연수원에도 과외가 생겼다는 게 알려지면서 한바탕 충격을 몰고 온 일이 있었다. 입사를 위한 대학생들의 사교육은 이제 뉴스거리도 아니다.

사교육의 일반화, 이건 진짜 한국적인 현상이다. 위로는 대학은 물론 사법연수원까지 올라갔다. 그리고 밑으로는? 물론 밑으로도 엄청나게 내려왔다.

"세 살이면 이미 늦어요."

한글이든 영어든, 뭔가 가르치고 잘하게 싶다는 욕구는 이해할 만하다. 하지만 도가 지나치다. 큰애가 두 살이 됐을 때 동요 CD를 사러 교보문고에 갔다. 우리말로 된 보통 동요가 필요했던 건데, 두세 장으로 구성된 동요 CD 중 영어 동요가 들어가 있지 않은 걸 찾기가 너무 어려웠다. 결국 영어 동요 CD를 어거지로 같이 사는 수밖에 없었다. 아이들이 듣지 않아 한쪽 구석에서 돌아다니다가 나중에는 쓰레기통으로 직행했다.

그렇게 조기 교육을 하면서 다섯 살이 되면 유치원의 세계가 열린다. 어린이집에 그냥 다닐 건지, 아니면 좀 더 시설이 좋다고 하는 유치원으로 옮겨야 할지 처음으로 본격적으로 고민하는 시점이 된다. 그리고 이때쯤 영어유치원도 고려대상에 넣게 된다.

주변에 외국인 교포의 2세도 있고, 이래저래 외국 국적을 가진 아이들이 좀 있다. 멀리 갈 것도 없이 막냇동생의 큰애, 큰조카가 미국 국적이다. 이렇게 외국 국적 혹은 이중 국적을 갖고서 한국에서 살아가는 아이들의 부모들이, 2세 교육에 대해 심도 있는 고민을 시작하는 나이가 다섯 살이다. 내 주변에서도 프랑스계 교육기관으로 보내는 것이 절대적으로 유리하다고 강변하는 사람들이 있었다. 사실 말도 안 되는 얘기인데, 그만큼 외국계 학교에 대한 판타지가 널리 퍼져 있다.

평균적으로 살아가면, 한국에서 평균적으로 아이들에게 더 많은 돈이 들어가게 된다. 아무리 벌어도 모자라다. 그걸 해주지 못하는 부모는? 그만큼 더 아이에게 미안한 마음을 가지게 된다. 돈이 없거나, 미안하거나, 그중에 하나에 반드시 속하도록 구조가 설계돼 있다.

약간 더 여유가 있으면? 1% 안에 드는, 정말 최상급 부자들 일부를 제외하면 가진 돈의 규모에 따라 쓰는 돈도 약간씩 늘어나기 때문에, 기본적으로 돈이 없거나 미안해지는 구조는 바뀌지 않는다.

스스로 알아서 적당히 조절하면 될 것 아니냐고? 한데 아무리 개인화되어 있는 한국이라고 해도 여전히 한국은 혼자 살아가는 사회가 아니다. 다른 사람들의 시선에서 완벽하게 자유로울 수 있다면, 그건 이미 현대 한국 사람이 아니다. 원래 한국 사람이 아니었거나, 이미 한국 사람이 아니거나, 이제부터 한국 사람이 아닐 것이다.

남들, 특히 주변 사람들이 하는 얘기에 귀 기울이지 않고 개인 개인이 자신의 판단대로 살아갈 수 있다고? 특히 자녀 교육과 같은 민감한 문제에서? 그럴 수 있다면 우리는 이미 선진국이다. 그리고 개인이 그렇게 초월적으로 판단하며 실천까지 겸비한다면? 그런 사람은 보통의 한국 사람이 아니라고 할 수밖에 없다.

어쨌든 꽤 비싼 유치원도 알아보았다. 유치원 보내는 게 워낙 힘들어서 다섯 살 되자마자 입학 신청을 할 생각도 있었다. 네 살 때 큰애와 같은 어린이집을 다닌 친구들 중엔 벌써 유치원으로 옮겨간 아이들도 꽤 된다.

하지만 결국 영어유치원은 물론, 일반 유치원도 보내지 않기로 했다. 내가 아이들을 덜 사랑해서나 돈이 부족해서는 아니다. 지금 다니는 어린이집이 워낙 좋기도 하고, 어차피 이제는 통합된 누리과정으로 운영되므로 여섯 살을 대상으로 한 교육과정이 어디든 크게 다르지 않기 때문이기도 하다. 그리고 무엇보다, 그편이 두 아들의 삶과 행복에 더 도움이 될 거라고 생각했기 때문이다.

예전에는 학교를 반드시 만 6세에 들어갔다. 지금은 만 여섯 살이 된 다음해 3월에 들어가게 된다. 학교가 3월에 시작하는 데 맞추다 보니 1월, 2월에 태어난 아이들은 한 살 먼저 들어가게 됐었다. 나도 한 살 빠르게 학교에 입학했다. 하지만 지금은 1월에 맞춰져 있다. 원하면 한 살 먼저 들어갈 수도 있고, 한 살 늦출 수도 있다. 똑똑하다고 소문났던 둘째 조카에게 나는 굳이 먼저 입학할 필요가 없다고 조언해 주었다.

나는 어렸을 때 키가 작았고, 힘도 약했다. 그 시절 남자 아이들의 세계는 거칠었다. 한 살 먼저 학교에 들어간 데다 프랑스에서 논문까지 포함해 대학원을 1년 만에 졸업했다. 박사학위도 20대에 받았고, 별 의미도 없는 최연소 기록을 몇 개 가지게 되었다.

하지만 그게 다 뭔가? 허덕대면서 하루하루 겨우 살아가는 것은 다 똑같다. 마태복음에 먼저 간 사람이 나중 되고, 나중에 간 사람이 먼저 된다는 말이 있다. 삶이라는 게 그렇다. 큰애가 대학에 들어갈 때면 난 이미 환갑이 넘은 할아버지가 된다.

만 6세에 학교에 입학가기 이전 과정, 즉 만 나이로 세 살에서 다섯 살 아이들을 가르치는 프로그램을 누리과정이라고 부른다. 유치원은 교육부, 어린이집은 복지부로 서로 관리 부처가 다르다. 하지만 누리과정이 생기면서 교육은 공통된 프로그램을 사용하게 되었다. 즉 이제는 교육 내용 자체가 같다.

유치원에 갈 것인가, 어린이집에 갈 것인가, 그곳이 어떤 곳인가의 차이가 더 크다. 더 구체적으로는 '어떤 담임선생님을 만나느냐'의 차이가 가장 크다고 할 수 있다. 미리 알기 어렵다.

좋기로 소문난 유치원이 한곳 있다. 스스로 좋다고 내세우기도 하지만, 다녀 본 사람들도 좋다고 한다. 거기는 방과 후 프로그램이 없어 딱 한 시 반에 마친다. 유치원에서 정부지원 외에 주로 돈이 들어가는 게 바로 이 방과 후 프로그램인데, 비싸기 시작하면 한도 끝도 없다.

좋은 유치원은 오후 한 시 반에 끝나고, 돈을 준다고 해도 더 맡아 주지 않는다. 아이를 보내 놓고 뭘 좀 하려고 하는 사람들에게 이런 곳은 좀 난감하다고 할 수 있다. 그럼에도 왜 좋은가? 오후 한 시 반에 끝내는 원칙대로 운영하기 때문이다. 들어가기가 어려워서 그렇지, 일단 입학하면 만족도가 높다. 진짜 좋은 곳은 이것도 가르치고, 저것도 가르치고, 이것저것 아이들을 '뺑뺑이 돌리는' 코스를 만들면서 "이 정도는 해줘야 합니다, 어머님." 따위의 말을 남발하지 않는다.

강남에 살던 시절, 오랫동안 머릿속에서 지워지지 않을 한 장면이 가슴에 남았다. 초등학생들이 학원에 갈 때 타고 다니는 노란 버스가 잠시 신호등에 멈춰 섰다. 어린이들은 버스 창에 머리를 대고 잠을 자거나, 그냥 무표정하게 창밖을 바라보고 있었다. 버스 간판에는 '자기주도형 학습'이라고 쓰여 있었다. 버스를 타고 이리저리 끌려 다니면서 과연 자기주도형 학습이 가능할까? 마치 노예선을 보는 것 같은 느낌을 받았다. 이건 명백히 '자본주도형 학습'이고, 어린이들은 학대 받고 있는 것이다.

서울 강북의 대표적인 자사고에 강연을 간 적이 있었다. 정말로 좋은 곳 중 하나라고 소문나 있다. 이 학교에서 교편을 잡는 선생님

몇 분을 아는데, 그분들도 정말로 존경할 만한 분들이다. 학교 시설도 좋고, 분위기도 좋다. 그런데 여기서 작은 문제점을 보았다. 저 멀리 의정부에서부터 등교하는 학생이며, 용인에서 오는 학생도 있었다. 좋은 학교지만 등하교에만 3시간 혹은 그 이상을 쓰는 건 정말 아니라고 생각했다. 이것도 청소년에 대한 학대다.

평소 이런 생각을 하고 있으니, 어차피 영어유치원은 안 가는 것으로 답이 정해져 있었는지도 모른다. 사실 이것저것 알아보기는 했는데 지금 정도의 상태라면 안 보내는 게 맞고, 오히려 그편이 아이에게 도움이 될 거라는 결론이 났다.

없으면 없는 대로 버티고, 있으면 있는 대로 쓰고……, 그렇게 돈의 유무에 의해 모든 것이 최적으로 결정되는 것일까? 돈이 있더라도 할 필요가 없는 건 필요 없는 거고, 자녀에게 도움이 안 되는 건 똑같이 안 되는 것이다. 나는 그렇게 생각한다.

한데 보다 못한 어머니가 결국 나섰다.

"비용은 엄마가 댈게. 애들 영어유치원 보내자."

어머니는 다들 보낸다는 영어유치원을 내가 안 보내는 이유가 '돈이 많이 들어서'라고 생각하고 계셨다. 물론 나는 어머니 말을 듣지 않았다. 그래도 손자들에게 뭔가 해주고 싶어 하시는데 뿌리치면 서운하겠다 싶어 아이들 보약이나 지어 달라고 했다. 그렇게 해서 우리 아이들은 다섯 살, 세 살 때 처음으로 보약이라는 걸 먹었다.

어린이집,
기다리고 또 기다리고

아내와 결혼한 지 10년이 넘었다. 그 대부분의 시간을 아내는 '못난 남자지만 참고 살아준다'며 생각하고 살았다. 아내가 나를 믿은 것은 딱 하나, 생활력이다. 굶길 거라는 생각만은 한 번도 해본 적 없다고 한다. 그러던 아내가, 요즘은 나와 결혼해서 다행이라고 얘기한다.

아내는 강인하고 직선적이다. 나는 그런 아내가 멋있다고 생각했다. 아내가 뭔가 한다고 할 때 반대한 적이 한 번도 없다. 그리고 최선을 다해 도와주려고도 한다. 아침에 아이들을 어린이집에 데려다 주고, 금요일 저녁부터 월요일 아침까지 육아에 모든 시간을 쓴다. 말로 하는 격려는 별 힘을 발휘하지 못하지만 이런 건 좀 도움이 된다고 생각하는 것 같다.

우리는 어떤 어린이집이 더 좋은지 고를 수 있는 여건이 아니었다. 큰애는 돌 즈음해서, 둘째 애는 훨씬 일찍 어린이집에 보내기 시작했다. 흑룡의 해에 태어난 큰애는 어디든 정원이 꽉 차 들어갈 곳이 없었다. 당시 아내가 다니던 회사는 정말 큰 곳이었는데 복지와 후생, 월급 등 모든 게 좋다고 다들 입을 모아 말하는 회사였다. 한데 어린이집이 정말 코딱지만 했다. 인원수를 늘리면 운동장 등 부대시설을 더 갖춰야 하기 때문이다. "어린이집이 있다"는 구색만 갖춘 셈이다.

운명 같은 추첨의 날이 왔다. 사실 거창하게 운명을 논할 일도 아니다. 사내 커플이 1순위라는데, 그것만으로도 빈자리가 거의 찬다고 한다. 뽑기 운도 없었다. 만약 그때 직장 어린이집에 들어갈 수 있었다면 둘째도 어린이집에 조금씩 맡기면서 나도 어떻게든 퇴사하지 않고 버텼을 것 같다. 하여간 턱도 없이 낮은 순위가 돌아왔고, 그림의 떡이 되었다. 꿈같은 기회, 직장 어린이집, 시도도 제대로 못해 보고 안드로메다로 날아갔다.

큰애가 태어날 때 동네에 국공립어린이집이 생겼다. 거리도 걸어가기에 딱 좋았다. 하지만 광속으로 클릭해 접수하는 기술이 필요해서 결국 경쟁에 밀렸다. 아빠도 같이 클릭해야 하는데 자고 있었다고 아내는 나를 아주 원망했다. '어린이집 입소가 걸린 중차대한 순간에 한심하게 처자고 있는 아빠가 또 있겠느냐'고 엄청나게 혼났다.

동네에 새로 생긴 어린이집은 시설이 좋기로 소문났었다. 그래서 아주 먼 거리에서 사는 사람들도 꽤 많이 신청하는 것 같았다. 기다리면 순서가 올까? 대기하고 또 대기해도 순서는 오지 않았다. 그리고 다문화 가정 등 우선순위가 계속 앞으로 들어오면서 기다릴수록 순위가 더 뒤로 갔다.

솔직히 좀 속이 상했다. 진짜 다문화 가정이라면 얼마든지 순서를 양보해도 억울하지 않을 것 같았다. 나도 시민적 상식이 있고, 더 어렵고 힘든 가정을 위해 양보하는 것을 불편하게 생각하지는 않는다.

한데 원정 출산을 가거나 일부러 해외 체류를 해서, 속지주의에 따라 외국 국적을 갖게 되는 부잣집 아이들이 있다. 이걸 다문화라며 우선순위를 높게 책정하는 것을 납득할 수가 없었다.

빽으로 밀고 들어오는 '낙하산'도 있었을까? 교육청의 아는 사람에게 물어봤는데, 어린이집은 경쟁이 워낙 치열하고 과정도 공개돼 있는 상황이라 그렇게 하기는 어려울 거라고 대답해 주었다. 나도 그 말을 믿는다. 하지만 어쨌든 집 앞의 어린이집에 갈 수 있는 확률은 사실상 없어졌다.

미국 대도시의 교통 대책 중, 공무원의 주택 위치에 관한 조항을 본 적이 있다. '대도시의 교통 체증이 워낙 심하니, 그곳에서 근무하고 싶은 사람은 전근 후 6개월 내에 시내로 이사할 것', 뭐 그런 내용이었다. 에너지 대책에도 주거 조건에 관한 내용들이 소소하게 들어 있다. '에코 시티', '컴팩트 시티', 이런 요사한 이름을 달고 있는 도시계획의 핵심 사항도 '가능하면 출퇴근 거리를 줄일 것'과 같은 소소해 보이는 내용이다.

어쨌든 큰애가 돌이 될 때쯤까지도 전혀 몰랐었다. 바로 집 앞에 있는 어린이집을 두고 천릿길을 떠나야 하는 운명이 찾아오리라는 걸.

"가기 싫어요, 아빠."

어지간하면 국공립으로 보내고 싶었는데, 큰애 때는 국공립은커녕 민간어린이집이나 가정형 어린이집도 자리가 없었다. TV를 보면 연일 어린이집의 아동 학대나 폭력 사건이 뉴스거리였다.

드디어 교회에서 운영하는 어린이집에 차례가 왔다. 산후조리원도 자리가 없어 못가고 출산 대기실도 겨우겨우 이용할 수 있었던 것처럼, 어린이집도 천신만고 끝에 얻어걸렸다. 그리고 아들의 어린이집 시대가 열렸다.

내가 제일 걱정했던 부분은, 많은 부모들이 우려하는 잦은 병치레나 아동 학대 같은 건 아니었다. 날 닮았으면 분명 "어린이집 가기 싫어요."라고 뻗대는 순간이 올 확률이 높다는 점이었다. 난 학교가 싫었다. 그냥 싫다고만 한 게 아니라 논리적이고도 체계적으로, 당시에 내가 알던 모든 지식을 동원해 학교에 가기 싫은 이유를 설명했다. 그만큼 진심으로 가기 싫었다. 만약 날 닮았다면 아들도 그렇게 할 거라고 생각했다.

작은 어린이집은 5세용 반이 없다. 그렇게 고연령 대의 아동을 맡으려면 규모도 일정 수준이 되어야 하고, 이것저것 요구하는 사항들이 많다. 처음 어린이집에 갈 때는 몰랐는데 네 살까지는 어린이집에 보내고, 다섯 살이 되면 유치원, 좀 형편이 되면 영어유치원으로 가는 게 소위 표준형 코스였다.

통학버스가 있다는 게 이 어린이집의 장점이었다. 꼭 운전을 해서 가지 않더라도 집 앞에서 버스만 태워도 되었다. 물론 나는 늦잠을 잔다. 통학버스는 곧잘 놓치고, 그냥 차로 운전해서 가는 날이 더 많았다. 아내가 복직을 한 이후, 장모님도 주중에 집에 계셨다. 아침과 오후에 역할을 서로 나누어서 어린이집을 보낼 수 있었다.

그리고 식단이 좋았다. 그 뒤에 옮긴 지금의 어린이집은 다 좋은데 식단만큼은 별로다. 일곱 살 아이와 세 살 아이가 기본적으로 같은 식단을 먹는다. 김치 국물에 만 국수 같은 건 세 살짜리 애들이 소화하기에는 좀 벅찬 메뉴다. 예산이 더 있으면 연령별로 나누어서 식단을 운영할 수 있을 텐데, 그럴 형편까지는 아닌 모양이다.

큰애는 그래도 어린이집에 성공적으로 안착했다. 친구들도 사귀고 그 친구들이 집에 놀러 오기도 했다. 어쩌면 아들의 평생 친구가 될지도 모르는 원이라는 단짝을 얻었다. 둘째는 좀 더 일찍 어린이집에 보내기 시작했다. 처음엔 하루 한 시간 정도 있게 하다가, 조금씩 시간을 늘려갔다.

아이를 키우다 보면 시간이 광속으로 흐른다. 큰애가 어느새 다섯 살이 가까워졌다. 동네에 있는 국공립어린이집 순서는 그 동안에도 더 뒤로 밀렸다. 시간이 흐르면 흐를수록 점점 더 기회가 사라지는 청년들의 구직기간과 비슷한 구조를 가지고 있었다. 몇 년을 기다려도 차례는 영영 오지 않는다는 점이 특히 그렇다.

다섯 살이 되면 어린이집을 떠나야 한다. 그때가 되면 동네에 있는 유치원에 보낼 생각이었다. 비싼 유치원으로 소문난 곳인데, 그래도 아주 겁먹을 정도는 아니었다. 주변 사람들은 몇 군데의 대학 병설 유치원을 목숨을 걸고서라도 보내야 한다고들 난리였다. 그렇게 할 생각은 전혀 없었다.

그때 알았다. 다섯 살, 한국에서 본격적으로 교육이 시작되는 나이다. 유치원을 선택하는 순간 유치원의 오후 프로그램의 가격도 같이 결정된다. 각종 '버라이어티'하며 '딜럭스'한 프로그램들이 기다리고 있다. 백화점 쇼핑과 비슷하다. 물건 하나 사러 갔다가 결국은 두 손 가득 쇼핑백을 들고 오게 된다. 그리고 다시는 그러지 말자고 결심해도 후에 같은 일이 반복된다. 이것과 전혀 다르지 않다.

그렇게 다섯 살이 된 후의 미래에 대해 고민하고 있을 때, 운명의 날이 결국 찾아왔다.

"어린이집 안 갈래."

4월의 어느 날이라고 기억한다. 큰아이가 어린이집에 가기 싫다고 했다. 처음에는 집에서 더 놀고 싶어서 그런 거라고 대수롭지 않게 생각했다. 그런데 점점 더 가기 싫다고 하는 날이 늘어났다. 어린이집 말고 과학관에 가자고도 하고, 애니메이션센터에 가자고도 한다. 이래저래 안 되면 교보문고에 가거나, 슈퍼마켓이라도 가자고 한다.

싫다는 아들을 어린이집에 데려다 놓고 오면서 내 어린 시절이 생각났다. 내가 등교를 거부한 건 초등학교 3학년 때였다. 아들은 아직 네 살이다. 아마 내가 어린 시절에도 어린이집이 있었다면 아들과 같은 나이에 그렇게 했을지도 모른다. 가슴이 먹먹했다.

결국 어린이집 담임 교사가 면담을 요청해 왔다. 내 주변의 보육과 관련된 경험을 가진 사람들과 상의했다. 교육청에서 공식적으로 해줄 수 있는 일은, 문제가 생겼을 때 반을 바꾸는 정도의 행정조치 밖에 없다고 한다. 어린이집을 그만두게 되었을 때 다른 곳으로 옮겨 주는 것과 같은 행정조치는 쉽지 않다고 한다.

 면담하는 내내 아들은 내 무릎과 등에서 떨어지지 않았다. 아빠가 어린이집에 오니까 정말 해맑게 좋아했다.

 전체적인 것을 고려해 판단했을 때 내가 내린 결론은, 어린이집을 옮기는 수밖에 없었다. 아이의 담임 선생님은 새로 어린이집을 만들어 원장이 되고 싶어 하는 것 같았다. 아마 지금 원장과 그렇게 좋은 관계는 아니었던 것 같다. 그러다 보니 길게 휴가를 쓰고, 또 어린이집에서 그렇게까지 힘들여 일하고 싶은 마음도 없었던 듯하다. 그 외에 미심쩍은 일들이 조금 더 있기는 한데, 명확한 증거는 없다. 하여간 새로 어린이집을 차리고 싶어 한다는 가설을 놓는 게, 가장 많은 것들을 부드럽게 설명해 준다.

 그리고 다시 몇 달을 기다렸다. 그 동안에 아들은 어린이집을 가다 말다 했다. 아이는 담임 선생님을 안 좋아했다. 그전의 담임 선생님들은 좋아했었다. 어린이집에 갔다 오면 예전 담임 선생님들의 근황을 조잘조잘 얘기했다. 하지만 지금 담임 선생님에 대한 얘기는 하지 않았다. 아들이나 아내나 나, 고통스러운 시간이 흘렀다.

 머나먼 국공립어린이집에 드디어 차례가 왔다. 그나마도 몇 년 기다린 것이다. 거리상 진짜 먼 데다 아침이면 길도 많이 막힌다. 옮겨야 할 곳은 시설을 비롯해 여러 면에서 좋다. 하지만 정말이지 겁나게 멀다. 산 두 개를 넘어가야 한다.

다니던 어린이집의 원장은 아들을 그곳에서 졸업시키고 싶다고 했다. 그리고 다섯 살이 되면 영어유치원이나 유치원으로 많이들 빠져나가니 집 근처의 큰 어린이집에 차례가 올 거라고도 했다.

그 심정은 이해한다. 하지만 다섯 살이 되어도 차례는 오지 않을 거라고 생각했다. 60년에 한 번 오는 흑룡의 해 아니던가. 그리고 다섯 살이 되었을 때, 예상대로 가까운 곳에선 차례가 돌아오지 않았다. 여전히 대기 중이다.

그렇게 어린이집을 한 번 옮기게 되었다.

유치원에 보내지 않기로 결정하다

새로 옮긴 어린이집과 예전 어린이집 사이에 아주 큰 차이는 없다. 가는 거리가 아주 멀고 힘들어졌다는 것, 그리고 식단이 예전만 못하다는 것이 가장 크게 바뀐 부분이다. 예전 어린이집은 현관에서 그냥 들여보내면 등원이 끝났다. 새로 간 어린이집은 1층과 2층, 두 아이를 각각 방까지 데려다 주게 되어 있어서 많은 선생님들과 일일이 인사를 해야 했다. 그리고 많은 아이들과 그들의 부모들을 자주 만나게 되었다.

어린이집을 옮기면서 처음 느낀 차이점은 식판을 가지고 갈 필요가 없어졌다는 것이다. 규모가 크니 식판을 자체 보유하고 있어서 챙겨갈 필요가 없다. 소소하지만 설거지가 하나 줄고, 어린이집 배낭도 여유로워졌다.

그리고 이 즈음 나는 정말로 바빠졌다. 내가 어린이집 등원에 손을 떼면서 아내는 정말 고생을 많이 했다. 큰애와 두 아이가 아직은 다른 어린이집에 있고, 어린이집이 끝나는 시간도 다르다. 아내의 모닝은 셔틀버스가 되었다. 시장 보는 시간까지 동네를 빙빙 도는 셔틀버스. 아내는 인생의 회의를 느꼈다고 했다.

계절이 가을로 바뀌고 아내의 생일을 맞이하면서 아침 어린이집 등교는 다 내가 맡기로 했다. 아주 오랫동안 새벽 서너 시 정도까지 책을 읽거나 글을 쓰는 삶을 살았던 나의 일상은, 저녁 10시에 종료하는 것으로 바뀌었다. 물론 진짜 그때 잠드는 건 아니다. 아니, 잘 수가 없다. 그래서 10시부터 영화를 주로 보았다. 영화를 보는 것도 아주 안 피곤한 일은 아니다. 영화 한 편을 보면 100번을 채워서 보게 된다. 뭐든 직업이 되면 피곤해지게 마련이다.

나는 가급적 바쁘지 않게 지내려고 하는 편이다. 그러나 살다 보면, 가끔 어쩔 도리가 없을 정도로 바쁜 순간이 온다. 그 시절에는 정말로 뭐에 홀린 거 같이 지냈다. 책도 거의 읽지 못했다. 내 삶은 아수라장의 클라이맥스를 향하고 있었다.

어쩌다 보니 두 군데의 어린이집을 경험하게 되었다. 둘은 분명 서로 다른데 규모의 차이 때문인지, 국공립과 민간의 차이 때문인지는 잘 모르겠다. 연말에 학예회가 있었다. 큰애는 동요에 맞추어 춤을 추었다. 행사를 한 뒤 노래가 너무 지겨워졌는지, 원래는 좋아했던 노래였는데 전혀 들으려 하지 않게 되었다.

일주일에 한두 번 야외학습을 나간다. 그렇게 야외에서 뭔가 하는 날에는 반드시 정시에 데려다 주어야 한다. 한번은 약간 늦었는데, 반 아이들이 뒤늦게 도착한 아들의 모습에 환호하는 장면이 연출되었다. "이제 가자! 왜 늦었니?" 이런 의미였던 것 같다.

여름에는 딸기밭에 갔고, 잼을 만들어서 가져왔다. 아주 오랫동안 우리 집엔 잼이 없었다. 그날을 계기로 다시 냉장고에 딸기잼이 자리 잡았다. 또 직접 만든 인절미도 가져왔다. 나는 가래떡 말고는 떡을 거의 먹지 않는 입맛이다. 근 20년 만에 먹어 본 인절미는 맛있었다. 조그마한 송편도 만들어 왔는데, 송편을 먹는 것도 이삼십 년 만의 일이다. 정말 맛있게 먹었다.

흑룡의 해에 태어난 큰아이. 여섯 살에 유치원에 가려고 하면 보나마나 자리가 없을 게 뻔했다. 그때 유치원에 보내지 않는다는 건 즉 학교에 들어갈 때까지 계속 지금의 어린이집에 다니겠다는 의미다. 그리고 나와 아내는 그렇게 하기로 했다.

다섯 살에 영어유치원에 가기 시작하면서, 극성 부모들은 외국인 학교에 들어갈 방법을 모색하기 시작한다. 그리고 그렇게 조기 교육이 시작된다. 외국인 학교에 어렵사리 들어간 아이들이 다시 한국 학교로 돌아오는 게 보통 5학년 때라고 한다.

영어는 이제 할 만큼 했기 때문에? 그래서가 아니다. 외국인 학교에서는 놀기도 하고 공부도 하는 아주 정상적인 교육을 받는데, 한국 부모들이 그렇게 한가한 교육에 도저히 만족을 못하기 때문이다.

죽어라 뺑뺑이를 돌리고, 이제 특목고를 겨냥한 프로그램들에 초등학생들을 집어넣는다.

우리는 그렇게 하지 않기로 결정했다. 뒤의 일은 아직 잘 모른다. 하지만 어린이집에서 편안하고 경쟁 없는 어린 시절을 보내게 해 주기로 했다. 미국에서 살다 온 원이나 미국 국적을 갖고 있는 조카도 영어유치원에는 가지 않았다. 의미가 없다고 판단했고, 조금만 선을 넘으면, 유아 학대에 가까운 몹쓸 짓이 될 수도 있다는 생각이 들어서다.

큰조카는 나를 꼭 닮았다. 쌍꺼풀이 있는 것만 빼면, 어렸을 때는 진짜로 나하고 똑같이 생겼었다. 큰아들은 나를 좀 닮았는데, '싱크로율'로 치면 큰조카와는 비교도 되지 않는다. 당연히 나는 큰조카를 사랑한다. 눈에 넣어도 아프지 않을 정도로 사랑한다. 그 애에게 무엇을 해줄까, 요즘도 그런 생각을 종종 한다. 정작 내 자식들에겐 한 번도 그래 본 적이 없는데.

큰조카는 중학교에 갈 나이다. 하지만 아직도 우리말을 잘 못한다. 부적응, 그것도 좀 심한 부적응이다. 몇 달에 한 번 보는데 게임기를 끼고 지낸다. 마음이 아프다. 큰아들은 다섯 살이 되면서부터 그 오락기를 황홀한 눈으로 쳐다본다.

조카가 이제는 중학교에 가야 할 나이가 되었다. 일반 학교를 보낼지 아니면 특수학교에 보내야 할지, 그 부모들이 고민이 참 많다. 나도 고민이 된다. 그렇다고 부모의 직업상 미국으로 다시 갈 수도 없다. 내 마음 속에 있는 아주 무거운 짐 중 하나이다.

큰조카는 미국에서 태어났다. 흔히 말하는 시민권자고, 흔히 말하는 대로라면 영어 조기 교육의 특혜를 제대로 받은 셈이다. 그러다 가족이 한국으로 돌아왔다. 아파트에 살게 됐고, 심한 아토피 증상이 생겼다. 이제는 우리말과 영어 둘 다 어려워한다.

물론 내 주변엔 우리말과 불어 두 언어를 기가 막히게 구사하는 아주 똑똑한 아이들도 많이 있다. 크리스마스 선물 사 달라고 할 때는 엄마가 잘 알아듣게 우리말로 하고, 엄마한테 혼날 때는 불어로 답변한다. 한국에 돌아와서도 씩씩하게 적응 잘하고, 성공적으로 진학하는 아이들을 많이 보았다. 하지만 양쪽에 다 적응하지 못하는 경우도 적지 않다.

우리말을 배울 때 영어를 같이 배우면 좋다는 건, 실제로 외국에서 사는 경우에 한해 그렇다. 그러다 돌아오면 정말 빛의 속도로 까먹는다. 사람의 뇌 구조가 그렇다. 두 개, 세 개의 언어에 적응하며 살아가는 경우도 많지만 적지 않은 확률로 심각한 부작용도 생겨난다. 나도 이론적으로만 알았지, 그게 바로 내 큰조카 일이 될 줄은 몰랐다. 언어권이 바뀌는 스트레스를 주고 싶어서 준 것도 아니다. 그냥 다른 곳에서 태어났고, 고향에 돌아올 시간이 되어서 돌아온 것뿐.

언어권에 대한 가장 짜릿한 사례는 취리히와 로잔 사이에서 찾아볼 수 있다. 스위스는 천만도 안 되는 국가에서 독일어권, 불어권, 이탈리아권이 나누어져 있다. 독일어를 쓰는 도시들에서 외국어 교육을 기존에 하던 불어 대신 영어로 바꾸겠다고 발표했다. 그러자 곧바로 불어권 도시들이, 그럼 우리도 독일어 대신 영어를 가르치겠다고 했다. 몇 달 열심히 서로 자신들의 필요성을 강변하면서 싸우다가 결국 없던 일이 되고 말았다.

세 개의 언어를 해야 공무원 생활을 제대로 할 수 있는 스위스. 공무원 경쟁력만큼은 세계 최고일 것이다. 정말이다. 이렇게 몇 개는 되는 언어에 능통해야 국민을 상대로 민원업무를 할 수 있다. 영어까지 치면 네 개 언어는 해줘야 최소한의 대국민 서비스를 할 수 있다.

스위스는 더 극단적인 경우지만, 두 개의 언어를 사용하는 가장 흔한 사례는 캐나다이다. 보통은 영어를 쓰지만 퀘벡 주는 불어를 쓴다. 공식 문서는 두 개의 언어로 작성된다. UN 등 국제기구 연설에서도 앞부분은 불어로 하다가 뒷부분은 영어로 한다. 그리고 가끔 그 순서를 뒤집기도 한다. 캐나다의 대부분이 영어권이라서 그렇게 하면 불편하다. 그렇지만 불어가 조금이라도 홀대받는다는 생각이 들면 퀘벡에서 독립하겠다며 들고 일어선다.

영어가 중요하지 않다고 말하고 싶은 건 아니다. 그러나 영어만 알면 뭐든 되는 그런 일은 없다. 환상일 뿐이다. 그런 식으로 따지면 스위스 공무원들이 전 세계의 모든 직종을 통틀어 탑 오브 탑이 되겠지만 별로 그런 것도 아니다. 영어는 그냥 도구다. 필요할 때 배우고, 필요한 만큼 배우고, 필요에 따라 사용하면 된다. 남보다 뒤게, 마치 원어민처럼 잘하게 해주고 싶다는 건 부모의 욕심이다.

아기가 어린이가 되는 과정에서 우리말을 배운다. 실은 그것조차도 엄청난 스트레스다. 많은 것을 가르쳐 주고, 좋은 습관을 만들어 주는 것도 중요하다. 그렇지만 그 모든 것을 뛰어넘는 기본 수칙은 '스트레스를 주지 않는 것'이라고 나는 굳게 믿는다. 영어보다 중요한 건 우리말이고, 우리말보다 더 중요한 건 마음의 평온일 것이다.

자연계를 한번 돌아보시라. 인간의 아이들만큼 약하게 태어나고, 이렇게 오랫동안 세심하게 2세를 돌보아야 하는 다른 동물이 있는가? 사냥 기술을 부모에게 물려받아야 하는 범고래나 북극곰은 어미와 오래 함께 사는 편이다. 범고래는 일생을 어머니 혹은 할머니가 이끄는 가족 내에서 살아간다. 독특한 모계제를 갖고 있다. 그래도 범고래나 북극곰의 새끼가 오랫동안 무조건적으로 보호받는 약한 존재는 아니다. 인간의 아이들은 도저히 자연계에서 살아갈 수 없을 만큼 극단적으로 약하다.

세상은 복잡해지고, 점점 더 많은 지식이 필요한 상태가 된다. 탈산업 혹은 후기 산업 시대엔 농경 시대와 비교할 수 없을 정도로 많은 것을 알아야 할 것 같다. 디지털에 대해서도 알아야 할 것 같고, 음악, 미술과 같은 근대 교육은 물론이고, 새로이 등장한 최신 지식도 알아야 할 것 같다. 하지만 인간의 능력은 호모사피엔스가 등장한 후 기본적으로 거의 바뀌지 않았다. 영양 상태가 개선되면서 평균 신장이 커지고, 평균 수명이 늘어났을 뿐. 그러나 큰 차이 없는 같은 종이다.

두 아이를 키우고, 많은 아이들을 지켜보게 되었다. 그 과정에서 배운 건 자연 속에서 생존할 수 없을 정도로 인간의 2세는 약하다는 것, 그리고 스스로 몸을 키우고 뒤척이고, 걷게 되기까지 정말 많은 스트레스를 받는다는 점이었다. 그러니 스트레스 대신 평온함과 안정감을 주는 게 육아의 기본이다.

영어유치원을 축으로 하는 유아 사교육, 조기 영재교육, 선행학습, 창의력 교육……. 정말이지 '창의적으로 많은' 교육 프로그램이 다섯 살이 되면 수두룩하게 제시된다. 심지어는 학습지도 있는 것 같다. 이런 건 자본의 논리이자 시장의 논리다. 유감스럽게도 자본은 이윤이 생기면 무슨 짓이라도 하는 고유의 법칙을 따른다. 이게 경제고, 우리의 경제 시스템은 그런 이윤의 법칙을 기본 작동원리로 하고 있다.

그러나 자연의 논리는 다르다. 사람들에게 너무 길들여진 누에는 날지 못할 뿐 아니라, 새가 덤비면 뽕잎 뒤로 숨는 기본적인 방어술마저 갖추지 못한다. 사람이 없어도 뽕나무는 살아남지만 누에는 살아남지 못한다. 인간의 2세는 누에보다 더 약하게 디자인되어 있다.

호모사피엔스, 우리가 사람이라고 부르는 유인원 종류의 기본 특징은 그 잠재력을 나중에 발휘하도록 설계되어 있다. 10대 후반에서 30대 중반, 이 시점에 종으로서의 힘이 클라이맥스에 도달한다. 그런 뒤에 좀 더 오래 살고, 경험에 의거한 능력이 조금씩 늘어난다. 원래 그렇게 만들어졌다.

천천히 자신의 능력을 발휘하게 디자인된 인간 종의 능력을 극대화해서 미리미리 사용하자는 것은 자본의 논리고, 장사꾼의 논리다. 설계 목표치와 운용 최대치가 안 맞으면 기계는 스트레스를 받고, 과열되어 어딘가 망가진다. 스스로 잠재력을 높여 가고, 때가 왔을 때 그것을 폭발시킬 수 있는 여유와 지혜가 필요하다는 걸 우리는 잊고 있는 것 같다.

그래서 나는 영어유치원에 보내지 않기로 했고, 유치원도 따로 보내지 않기로 했다. 학교에 갈 때까지는 지금의 어린이집에서 더 여유 있게, 편안하게 그들의 삶을 즐길 수 있도록 해주기로 마음먹었다.

지난 추석 연휴는 길고도 길었다. 주말까지 끼어서 5일간 집에서 돌보았다. 마지막 날에 큰애가 말했다.

"어린이집은 언제 가?"

집에서 계속 놀다 보니 어린이집 생각이 났나 보다. 안 가겠다는 얘기는 이제 안 해서 정말 한시름 놓았다. '가고 싶은 곳이 되는 것' 그게 유아 교육 기관의 기본이다. 엄마가 기뻐하는 모습을 보고 싶어서, 말 잘 듣는 아이라고 칭찬받고 싶어서 등 이런저런 이유로 하고 싶지 않은 것을 참으면서 버티는 것은 길게 보아 좋지 않다. 더구나 다섯 살, 여섯 살짜리에게 할 교육은 아닌 것 같다.

어린이집마다 큰 차이가 있을까? 각자 성격이나 운영 방식에 따른 차이도 있겠지만, 담임선생님에 따른 편차가 더 클지도 모르겠다. 업무에 있어서도 누구와 함께 일하느냐가 중요하듯, 사람 사는 세상이 다 그렇다. 어린이집이라고 크게 다르지 않다.

봄이 되었다. 둘째가 병원에 입원하기 시작했다. 입원하던 날, 둘째의 어린이집 담임선생님이 병문안을 오셨다. 아직 옮긴 지 얼마 되지 않아서 그렇기도 하지만, 팔에 꽂은 수액 주사 때문에 둘째는 심리적 패닉 상태였다.

세 살이 된지 얼마 되지 않은 둘째는 자기 담임을 팔로 밀어냈다. 담임 선생님의 마음에 자그마한 상처가 생겼다. 선생님도 아마 속상하셨을 것이다. 요즘도 아침마다 만난다. 어린 아이와 친해지고 그 마음을 여는 것은 누구에게나 큰 도전이다.

둘째는 퇴원하고서 엄마도 밀쳐냈다. 엄마 때문에 병원에 갔다고 생각한 것 같다. 아내는 괴로워했다. 한 달 내내 아기는 엄마를 밀어냈다. 아내가 참 많이 울었다. 나는 내 주변을 정리했다. 스케줄도 정리하고, 하던 일도 정리했다. 아이는 아프고, 아내는 운다. 나는 많은 것을 내려놓았다.

조금 일찍 결혼을 했다면 벌써 손자를 어린이집에 보내고 있었을 나이다. 내 친구들의 자녀들은 대개 대학생이고, 좀 늦었어도 고등학생이다. 나중에 이 시간을 생각하면서 후회하고 싶지는 않았다.

시간이 좀 걸렸지만, 둘째가 다시 어린이집에 다니기 시작했다. 아내는 본격적으로 취업 준비를 하기 시작했다. 그리고 나도 바쁘다는 핑계로 밀어 두었던 내 작업들을 하기 시작했다.

지금 어린이집은 멀지만 믿을 만한 곳이고, 무엇보다 아이들이 어린이집 가는 걸 좋아한다. 좀 긴 연휴가 오면 큰애는 말한다.

"어린이집은 왜 안 가? 왜 계속 안 가?"

친한 친구가 있고, 재밌는 놀이가 있으니 안 간다는 얘기는 안 한다. 둘째도 아침에 어린이집을 향할 때 씩씩한 걸음으로 나선다. 언제 또 아플지 몰라 초긴장 상태인 아이이다 보니 그런 작은 것에도 감격스럽기만 하다.

아주 더운 여름날, 일주일 내내 옥상에서 물총 놀이를 했다. 학년마다 서로 다른 반이 돌아가면서 정말 재미있게 놀았나 보다. 두 아이 모두, 래시가드를 든든하게 입혀 보냈다. 팝콘 기계까지 갖다놓고 물총놀이를 하며 신나게 팝콘을 먹었다. 두 아이는 팝콘의 세계에 눈을 떴다.

물총과 래시가드로 무장한 김에, 큰아들을 데리고 처음으로 수영장에 갔다. 물을 무서워해서 업고 다녔다. 그래도 물속에서 걷기도 하고, 물싸움도 했다. 주말이면 아들은 수영장에 가자고 했다. 아직 물장구를 칠 정도는 아니다. 그래도 늘 혼자 다니던 수영장에 아들과 같이 가서 좋았다.

아내는 발레를 배우기 시작했다. 동사무소에서 하는 주민 프로그램에 발레 클래스가 있었다. 태권도를 다시 시작하기에는 시간이나 여건이 맞지 않았다. 나는 언젠가 아내가 5단 심사도 받았으면 한다. 기왕 시작한 거, 사범을 넘어서 다음 단계까지 가면 좋을 것 같다. 그러나 현실적으로 쉽지는 않을 것이다. 이제 아내도 어린 나이가 아니니까.

발레를 시작하면서 아내에게 근육이 돌아오기 시작했다. 그리고 다시 강해졌다. 아내는 원래 강한 사람이고 원칙주의자다. 나는 좀 대충대충, 되는 대로 산다.

개돼지를 말하는 특권의식에 고한다

아침마다 두 아이를 데리고 어린이집에 열심히 다니고 있던 여름, 교육부 국장 한 명이 일명 '개돼지' 얘기로 나라를 발칵 뒤집어 놓는 일이 벌어졌다. 아마 본인에게도 평생 잊지 못할 사건이 되었을 거라고 생각한다.

어떤 사람인지 궁금해서 좀 물어보았다. 그냥 얌전히 있었으면 장관은 몰라도 차관까지는 무난하게 했었을 사람이라고 한다. 그의 학교 시절까지 좀 더 자세히 알아볼 수도 있었지만 그렇게 하지는 않았다. 내가 결론내린 바로는, 그는 자신이 그렇게 동경했던 1%는 아니었다. 월급 샘플링 자료인지, 국세청에서의 소득 기준인지 등 조사 방법에 따라 조금씩 다르기는 하지만.

순수 소득 기준으로는 연봉 1억 원 중반에서 2억 원 사이가 되어야 한국의 1%이다. 연소득이 2억5천 정도 돼야 1%라고 하는 자료도 본 적 있다. 공무원 간부 월급으로는 턱도 없다. 연봉 1억 원은 상위 2.7% 정도 된다. 그리고 그 이하로는 아주 두터운 분포 곡선이 나오기 때문에 해당 인원이 아주 많아진다.

1%라는 표현은 2011년, 미국에서 처음 본격적으로 사용되기 시작했다. 흔히 월가 점령 시위라고 부르는 '월가를 점령하라 Occupy Wall Street!' 구호에서 99% 대 1%라는 숫자가 상징적으로 쓰였다.

말이 좋아 1%이지, 그들의 부는 상상을 초월한다. 맷 데이먼이 내레이션을 맡았던 경제 다큐 〈인사이드 잡〉에 나오는 제트기를 대여섯 대씩 가지고 있는 대기업 간부의 얘기를 들으며 나도 혀를 내둘렀다. "제트기가 필요한 건 이해하겠지만, 이렇게 많이 필요까지 있는가?" 맷 데이먼이 묻는다.

당연히 나에게 '대한민국 1%'는 턱도 없다. 영어유치원이나 외국인 학교에 다니지 않는 대다수의 유아와 어린이들은 그가 말한 '상징적 개돼지'에 해당할 것이다. 어쨌든 우리 집 아이들도 졸지에 개돼지의 자식이 되었다. 교육을 담당하는 최고위급 간부가 자기들을 개돼지라고 불렀는지 어쨌는지 전혀 모르는 우리 집 아이들은 그날도 국가에서 관리하는 국공립 어린이집에서 아주 즐겁게 놀았다.

상징적 1%에 해당하고 싶었던, 워드뱅크에 잠시 파견 나왔던 어떤 사나이에게 영국 얘기를 해주고 싶어졌다. 처칠은 크리켓 선수였다. 하지만 그의 시대에 영국 귀족들은 자식들에게 럭비를 시키는 게 유행이었다. 중고등학교 때 럭비를 배우면 체형이 바뀐다. 어려서 유도를 했던 남자들에게 유도 체형이 남아있는 것과 비슷한 이치이다. 어른이 되어서 럭비를 시작하면 럭비 체형은 생기지 않는다.

영국에서 럭비는 육체노동자의 상징적 운동이다. 자식이 육체노동자를 비롯한 노동자들의 지도자로서 국회의원이 되기를 바랐던 영국의 귀족들은 아들에게 럭비를 배우게 했다. 그게 아비가 줄 수 있는 가장 큰 선물이라고 생각했을지도 모른다. 노동자들의 시대를 한번 거치면서 영국의 귀족들은, 지도자는 엘리트 코스 속에서 나오는 게 아니라 대중 속에서 나온다는 것을 20세기 중반부터 알게 되었다.

프랑스는 그랑제꼴이라고 불리는 엘리트 교육이 지금도 존재한다. 정치학교, 행정학교, 시앙스 포나 에나ENA를 나와야 성공한다는 그런 시절이 있었다. 지금의 프랑스 대통령 프랑수아 올랑드가 바로 그 에나 출신이다. 나도 에꼴로 갈지, 대학으로 갈지 잠시 고민한 적이 있었다. 나에게 조언해 준 사람들은 앞으로는 점점 더 대학 출신들의 활동이 넓어질 테니 그냥 대학에 가는 게 낫겠다고들 했다.

수업 받을 때 에꼴 출신들과 같이 공부했었다. 시험 점수를 좀 편파적으로 준다는 얘기도 들었다. 그 뒤로 세월이 많이 흘렀다. 사르코지는 보수 중에서도 좀 심한 보수이고, 싫어하는 사람들은 아주 싫어한다. 나는 사르코지도 별로고, 올랑드도 별로다. 둘 다 그리 좋아하는 정치인은 아니다.

하지만 사르코지가 상징하는 것은 그의 정치적 지향점과는 좀 다르다. 나는 그와 같은 대학을 졸업했다. 에꼴이 아니라 대학 출신들이 더 활약할 것이라고 사람들이 예상한 것처럼, 정말로 대학 출신이 대통령이 된 것이다.

시간이 지나면서 사회가 다양해지고, 지도자의 조건도 바뀐다. 1%에서 시작해서 최종적으로 1%가 된 사람이 미래에도 한국의 지도자가 될까? 그렇게 보이지는 않는다. 당장은 눈에 보이지 않을 만큼 느릴지 몰라도, 사회는 성숙해간다. 우리도 그렇게 성숙한 나라가 돼 가고 있다. 외국인 학교를 나와서 미래 한국의 지도자가 될 가능성은 정말 낮다.

80년대에 대학 총장의 이중 국적이 대자보로 나붙은 적이 있었다. 하지만 이중 국적이 뭐가 나쁘냐고 대꾸하던 시절이었다. 이제는 자식의 이중 국적도 문제가 되는 시기로 바뀌었다. 시대는 계속 바뀐다. 죽어라고 좋은 학교 보내고, 목을 비틀어서라도 공부를 시키는 게 최적의 해법일까?

30년 후나 40년 후, 한국을 이끌어갈 젊은 지도자들은 교육부의 어느 국장이 개돼지의 자식으로 간주했던 어린 개돼지 속에서 나오게 된다. 물론 누구나 지도자가 될 필요는 없다. 자랑스러운 시민으로, 자신에게 떳떳하게 살면 된다. 하지만 그렇게 당당하게 살아가는 사람을 개돼지로 여기는 사람이 우리들의 지도자가 되던 시기는 우리에게도 끝나 간다.

개돼지 발언을 듣고서 나도 많은 생각을 했다. 느껴진 바가 있었다. 아침에 어린이집에 아이들을 데려갈 때 다른 아이들도 관심 있게 지켜보게 되었다. 여기서 이렇게 같이 뛰놀고 소풍도 다니던 어린이들 중에서 다음 세대의 지도자가 나올 가능성이 높다고 생각했다. 부모의 재산으로 특권층을 형성하면서 특권 교육을 받는 아이들에게 정신적인 면에서 존경할 만하고, 현실 감각도 뛰어난 지도자가 나올 가능성은 거의 없다.

고등학교 때, 가난하지만 똑똑한 아이들의 미래를 위해서는 반드시 육사에 가야 한다고 했었다. 그리고 시간이 흘렀고, 육사에 가서 사회 지도자가 되기는 어려운 시대가 됐다. 육사 출신으로 많은 사람들에게 감동을 준 사람은 내가 본 걸로는 〈태양의 후예〉에 나온 류시진 대위가 유일하다. 그는 아내도 깊이 감동시켰다. 내 눈에는 전혀 그렇게 보이지 않는데, 아내는 큰애가 류시진을 닮았다며 좋아했다.

류시진을 기점으로 아내는 TV에 나오는 잘생긴 사람을 아들과 비교하는 엄마들 대열에 합류했다. 그렇다고 아내가 아들을 꼭 육사에 보내야겠다고 마음먹지는 않는다. 육사에 대한 판타지는 전두환의 시절과 함께 역사 속으로 들어갔다.

지금의 '1%에 대한 로망'도 마찬가지다. 영국의 귀족들이 자식에게 럭비를 배우게 하는 마음, 그게 바로 미래를 향하는 시대정신이다. 그런 변화가 우리에게도 오고 있다, 아주 천천히.

영어유치원은커녕 유치원도 안 가는 우리 집 아이들은 1%는 고사하고 아니라 10% 근처에도 못 든다. 그러나 한 평범한 어린이집에서 아침부터 친구들과 뛰어 놀면서 두 아이는 좁디좁은 1급수 옹달샘이 아니라 바다를 경험하고 있다. 바다, 우리는 넓은 바다에 대한 생각을 너무 오랫동안 잊어버리고 있었다.

12

우리말, 숫자, 그리고 영어

가난한 사람들이
덜 차별받게 해주는 학문

　공부로 치면, 나도 참 많은 걸 공부했다. 공직을 그만두면서 가장 아쉬웠던 건 기술사 자격증을 못 따게 되었다는 사실이었다. 경력이 조금만 더 차면 기술사 시험을 볼 수 있는 자격이 생길 예정이었기 때문이다. 6개월만 더 채우면 되는데 결국 못했다.

　당시의 직장은 박사 수당과 함께 기술사 수당을 따로 받을 수 있었다. 하는 일 중 기술적인 게 많아서, 그때그때 공부하며 해결해 가는 식이었다. 때문에 기술사 시험을 보더라도 몇 과목만 더 공부하면 되는 상황이었다. 가장 최근에 새로 배우기로 마음을 먹은 것은 산스크리트어, 범어라고 부르는 오래된 사어死語이다. 특별히 학구열이 솟구쳐서 그런 건 아니고, 먹고 살기 위해서 어쩔 수 없이 배워야 하게 된 것이다.

　아내는 나중을 대비해 항해사 공부를 같이 하자고 했다. 그래서 해보기로 했다. 두 번 시험을 보면 25톤 미만의 항해 자격까지는 어렵지 않게 갖출 수 있다. 아내가 같이 하자고 부탁하는데 굳이 하지 않을 이유도 없다. 사실 뭐든 배워 두면 어딘가에는 사용하게 된다. 세상에 쓸데없는 지식이란 없다.

　그러다 곰곰이 생각해 보게 됐다. '지금까지 내가 배운 많은 것들 중, 먹고 사는 데 가장 도움이 된 건 뭘까?' 의외로 초등학교 5학년 때 다닌 주산학원이 가장 도움이 된 것 같다. 정말로 그 덕분에 지금까지 먹고 산 게 아닐까 하는 생각마저 든다. 주산은 재미가 있기도 해서 진짜 열심히 했다. 대만 주산 선수들과 교류전을 할 때 한국 대표로 나섰던 게 가장 기억에 남는다.

주산을 하면 암산은 그냥 따라 온다. 머릿속에 주산을 그려놓는 방식으로 계산하는 게 주산 암산이다. 암산은 3급까지 했다. 주산은 산수가 아니다. 그냥 계산하는 기법이다. 하지만 그 후로 큰 숫자에 대한 두려움이 없어졌다.

고등학교 내내 수학경시대회에 나갔다. 나는 문과 쪽 대표였고, 이과 쪽 대표로 그 대회에 늘 같이 나가던 친구와는 지금까지도 연락을 하고 지낸다. 사실 나는 아무 생각도 없이 점수에 맞춰 경제학과에 갔다. 막상 가보니 수학이 진짜 중요한 과목이었다.

선형대수와 수리통계학을 공부하던 게 즐거운 기억으로 남아 있다. n차원을 이해하고 응용하던 순간, 원에 관한 공식에서 정규분포를 유도하는 순간 등이 인생에 남을 기뻤던 기억이다. 미분 방정식은 잘 풀지 못해서 결국은 그냥 외워서 했다. 삼각함수도 아주 잘 다루지는 못했다. 외워서 시험을 봐도, 나중에는 다 까먹었다.

유학 가서도 수학 시험이 제일 좋았다. 문제도 간단하고, 불어를 몰라도 답안지 채우기가 편해서였다. 수학이 들어간 과목은 많이 공부하지 않고도 점수를 많이 벌어다 주었고, 그 덕분에 프랑스 금융정책처럼 어색한 과목은 과락만 면하면 되었다.

많은 고등학생들이 나에게 경제학을 잘하는 방법을 물어 온다.

전 세계 표준으로 볼 때 경제학은 수학만 익숙하면 학부는 물론, 박사까지도 크게 어렵지 않다. 하지만 숫자가 두렵다면 아주 난감한 암기투성이 학문으로 돌변한다. 수학이 좋은 건 외울 게 많지 않다는 점이다. 나처럼 지독하게 암기 못하는 사람한테는 딱이다.

회사에 다니기 시작한 후에도 늘 계산을 했고, 계산 결과를 보여 주었다. 이렇게 더해 보고, 저렇게 곱해 보기도 하고, 가끔은 로그 함수로 미래 시뮬레이션 같은 것도 해봤다. 마지막으로 모델링 작업을 한 건 8년 전이었던 것 같다. 혼자 하는 작업은 모델에 집어넣어야 하는 DB 작업에서 결국 한계에 부딪힌다. 물론 그건 핑계이기도 하다. 그때쯤 노안이 오기 시작했다. 코딩을 위해서 조잡하게 복사된 매뉴얼을 읽는 것도 힘들고, 깨알 같은 글씨로 적힌 숫자표를 보면서 입력하는 것도 어려워지기 시작했다. 그 후로는 직접 코딩을 하면서 시뮬레이션 모델을 만드는 작업은 포기했다.

노안도 어쩌면 또 다른 핑계인지도 모르겠다. 만약 이걸 죽어라 해야 먹고 살 수 있는 상황이었다면 돋보기를 들이대고라도 했을지도 모른다. 지인인 생태학자가 딱 내 나이였을 때 같이 수리생태학을 공부하자고 제안한 적이 있었다. 그는 눈이 잘 안보여서 수학책 보기가 어렵다고 했다. 나는 코웃음을 쳤다. 한데 시간이 흐른 뒤 그 마음이 어떤 것이었는지 이해했다.

'문과쟁이' 치고는 수학에 조금 더 익숙했던 것, 그 약간의 차이로 밥 먹고 사는 데 성공한 게 내 삶이라는 생각이 든다. 내 많은 친구들은 문과를 선택하면서 너무 일찍들 수학을 포기했다. 그리고 수학공부를 하지 않아도 되는 이유, 심지어는 수학공부를 하면 안 되는 이유들을 마구 만들어냈다. 실은 나도 울면서 수학공부 했다. 그래도 포기하지 않은 건, 자본주의 학문 중에서 수학이 제일 공정하기 때문이다.

한국은 공평하지도, 공정하지도 않다. 한데 외국에서 외국인으로 공부를 하면 더더욱 공정하지 않은 상황에 처하게 된다. 그럴 때 비교적 공정하게 경쟁할 수 있는 게 수학 시험이다. 때문에 수학은, 가난한 사람들이 덜 차별받게 해주는 학문이다.

여자는 수학을 못한다?

한국에서만 통용되는 이상한 얘기들이 있다. 지역감정과 관련된 괴상하고도 악의적인 선입견이라든가. 그런 것엔 대부분 근거가 없다. 이런 낭설들 중 가장 이상한 것이 여성의 수학 능력에 관한 얘기들이다. 아내와 강릉으로 떠났던 신혼여행 기간에 그게 얼마나 이상한 주장인지 실감하게 됐다.

난설헌 허초희, 이렇게 호와 이름을 모두 쓰는 것이 그녀를 가장 객관적으로 부르는 방식이라고 알고 있다. '허난설헌'은 그녀를 시기한 남자들이 격을 낮추어 호명한 거라고 한다. 충무공 이순신이라고 하지, 이충무공이라고 부르지는 않는다. 백사 이항복이지, 이백사는 아니다.

난설헌은 중국에서 한시가 출간된 것으로 유명해졌다. 박지원의 『열하일기』에, 중국에서 출간된 시 선집에 난설헌의 호와 이름, 가계도가 잘못 적혔다면서 고쳐 주는 장면이 나온다. 엄청나게 좋은 시라고 평하지는 않지만, 그래도 시인으로서 존중은 한다. 그 정도면 박지원으로서는 호평이라고 볼 수 있다.

영화 〈전우치〉에 악역으로 나와 졸지에 유명해진 화담 서경덕에 대한 평도 나온다. 청나라 건륭제가 집대성한 사고전서에 화담의 글이 실려 있다. 박지원은 '문장도 별것 아닌데 유명해졌다'고 예의 독설을 덧붙였다. 난설헌의 시는 그에 비하면 정말 점잖게 대우해 준 것이다.

"여자는 수학을 못한다." 여성의 수학 능력에 관한 이런 낭설은 정말 한국에서만 들어보았다. 여성을 낮추는 수많은 비유가 있지만, 수학을 못한다는 건 그중에서도 단연 기이하다. 여성의 능력을 낮춰 보는 관습 때문에 피해를 입은 대표적 사례가 바로 난설헌이다. 그 당시 남자들은 본능적으로 난설헌을 싫어했다. 요즘은 수학이 여성의 무능을 대표한다면, 조선 시대에는 시가 여성이 할 수도 없으며 해서도 안 되는 일이었다.

그의 오빠들이 어린 여동생의 재능을 아까워한 덕에 난설헌은 글공부를 할 수 있었다. 이런 자상하고도 똑똑한 오빠들을 두는 행운이 누구에게나 있지는 않다. 조선의 출세는 사서삼경과 과거에서 출발하고, 여기선 시를 짓는 능력이 핵심이다. 한시를 지을 수 있는 여자, 이건 기생들에게만 허락된 특권 같은 것이었다. 그 비좁은 틈을 뚫고 난설헌은 중국에까지 진출하는 한시를 지었다. 남자들이 좋아했을 리 없다. 남편이 그런 부인을 사랑하고 자랑스러워했다면 그 부부의 운명은 조금 달랐을 것이다. 한데 자료들을 보면 그렇지 않은 것 같다.

조선시대에는 한시를 꼬투리 잡아 여성들의 능력을 무시했다면, 요즘은 수학을 갖고서 같은 짓을 하고 있다. 그게 아내와 내가 강릉에서 내린 결론이다. 난설헌과 관련된 유적지를 가고 또 가면서 생각했다. '딸을 낳으면 어떻게 키울 것인가', 신혼여행에서 아내와 내가 가장 골똘히 고민한 주제였다. 현실은 좀 다르게 전개되었다. 9년이나 후에 아이를 가지게 되었고, 딸은 끝끝내 태어나지 않았다.

많은 경우, 고급 지식에 있어서는 약간의 수학 능력이 필수적이다. 물론 수학자가 될 정도로 엄청난 실력을 가진 사람들은 잘 나오지 않는다. 남녀 통틀어 마찬가지다. 하지만 적당한 수준의 엔지니어나 연구자가 되기 위해서는 수학을 약간은 해야 한다.

수리생태학 교과서 서문에 이런 얘기가 나온다. '수학을 잘하는 학생들이 생물학과나 생태학과에 잘 안 들어와서 생태학의 발달이 좀 뒤처졌는데, 이제부터는 수리생태학을 통해서 생태학 학생들에게 수학을 더 많이 가르쳐야 한다……' 실제로 수리생태학이 좀 자리를 잡으면서 생태학계에 스타들이 나오기 시작하고, 이 흐름을 앞에서 주도한 홀링과 같은 천재들이 등장하게 된다. 나도 이 흐름에 좀 묻어갈까 싶어서 뒤늦게 수리 생태학 공부를 하기는 했는데, 너무 늦게 시작해서…… 아니, 너무 일찍 노안이 와서, 흑흑.

천문학을 공부하다 보면 블랙홀 얘기가 나오고, 우주팽창론 같은 것에 대한 팽팽한 논쟁들을 접하게 된다. 20세기 초중반의 이 획기적인 논쟁을 뒷받침해 주는 실례가 천제망원경을 둘러싼 흥미진진한 얘기들이다. 그리고 결국 인류는 이 논쟁을 더 재미있게 끌어가기 위해 우주로 망원경을 쏘아 올린다. 1990년, 디스커버리호에 실려 올라간 첫 번째 우주 망원경이 허블 망원경이다.

이 과정에서 맹활약한 일련의 여성들이 등장한다. 본격적으로 현대적 우주 관측을 시작하면서 매일매일 망원경을 보고 결과를 기록할 사람들이 필요해졌다. 이때 인건비가 싼 여성들이 대거 투입된다. 그리고 그들이 발견한 패턴이나 특이현상 같은 것들이 천문학 발전의 중요한 계기가 된다. 그냥 망원경 보고 종이에 점만 찍은 거 아니냐고? 현장에서의 기초적인 분석들은 전부 이 여성들이 했다.

한국은 약자들에게 굉장히 잔인한 사회고, 여성들에게는 더욱 그렇다. 지난날 통치자의 소양이었던 한문과 시를 여성들에게서 앗아갔듯, 수학에서까지 고립시키려 한다. 이제부터는 수학이 미래를 여는 열쇠다.

서구의 교육 트렌드, 스템 STEM 과 팹랩 Fab Lab

서울에 있는 외국인 학교에 우리 아이들을 보낼 생각은 없다. 어떻게든 보내고 싶다면 방법이 아주 없지는 않다는데, 그렇게 할 이유가 없다. 하지만 주변에 워낙 외국인이나 교포들이 많다 보니 뭘 가르치고 뭐가 유행인지는 들여다보게 된다.

1년에 한 번 외국인 학교에서 바자회를 한다. 아는 사람들이 같이 가자고 해서, 이래저래 매년 가게 되었다. 장난감들을 사오고, 가끔은 옷도 산다. 독일제 병원놀이 세트를 여기서 만 원 주고 샀다. 청진기나 온도계 같은 장난감들이 두 세트씩 있다. 비슷한 연령대의 여러 명을 키우는 집안의 고충 같은 게 반영되었다고 생각한다.

외국인 학교라고 별나게 다르지는 않다. 아주 일반적인 공립학교 교육과 비슷하다. 그래서 힘들여 여기 진학시킨 한국 부모들이 실망하고, 결국 5학년 때 한국 학교로 많이 옮기게 한다는 얘기를 들었다. 외국인 학교에선 죽어라 경쟁하거나 선행 학습을 하는 일은 없다. 그러니 특별대우를 기대한 부모들로선 실망할 만도 하다. 하지만 외국의 영재들이나 엘리트들이 따로 별스런 교육을 받는 게 아니라 이런 표준 프로그램 내에서 성장한다는 것을 생각해 볼 필요가 있다. 그래도 이런 표준형 공립 교육 역시 트렌드는 존재한다.

한국 여학생과 미국 여학생의 가장 큰 차이점은 무엇일까? 한국에서는 크게 흥행하지 못했지만 나름대로 선방한 〈그레이스 스토리(2007)〉라는 영화가 있다. 1978년 미국 뉴저지 주에서 실제로 벌어진 일을 영화화한 것이다. 또 이 실화의 주인공이 자기 얘기를 갖고 직접 영화를 만들기도 했다.

그 주인공은 〈라스베가스를 떠나며(1995)〉로 유명한 배우 엘리자베스 슈다. 영화에서는 남자들 세계에서 축구 선수가 되는 여학생의 엄마로 나온다. 미식축구가 아닌 사커, 그러니까 우리가 흔히 떠올리는 그 축구다.

이 영화는 미국 여학생들로부터 광적인 '사커 붐'을 이끌어낸 사건에 관한 이야기다. 우리한테는 자식에게 지나치게 참견하는 엄마라는 의미로 통하는 말인 '헬리콥터 맘'이 바로 여기에서 나왔다. 하지만 소녀들이 사커를 너무나도 하고 싶게 만드는 엄마들이란 한국의 헬리콥터 맘과는 맥락상 차이가 있다.

이 유행은 한국으로 건너오면서 소녀가 아닌 소년들의 축구 붐이 되었다. 어차피 엘리트 남성으로 자라날 중산층의 귀공자들이 열성적인 엄마의 지원으로 축구를 하는 것과, 여전히 남아 있는 차별을 버텨내야 할 소녀가 열심히 사커를 하는 것 사이엔 미묘한 차이가 존재한다.

'썸 thumb'이라는 단어도 열성적인 미국 중산층들의 교육 붐에서 나온 단어이다. 또래 집단에서 뭔가를 잘해서, 그야말로 '엄지 척' 하게 될 때, 이걸 썸이라고 부른다. 예전에 미국에서 '매스 섬 math thumb'이라는 단어가 유행한 시기가 있었다. 나는 미국도 '수학 교육

만큼은 부모들이 목숨 걸고 시키나 보다' 생각했었다.

한데 미국은 근육질 남성들이 엘리트의 위치를 공고히 지키며 오랫동안 지배하던 사회다. 엄마들이 자녀를 수학에 능한 '매스 섬'으로 만들고 싶어서 안달이 난 동안, 여전히 미국 사회는 수학을 잘하는 이들을 두꺼운 안경을 쓴 모습으로 형상화해 '너드nerd'라 부르며 조롱했다. 소스타인 베블렌이 1세기 전 미국의 성공을 분석하면서 '엔지니어 본능'이 미국을 미국으로 만든 힘이라고 했었다. 2차 세계대전을 치르고 나니, 엔지니어들을 '너드'라고 부르면서 놀리는 문화가 미국에도 생겨났다.

너드? 영화 〈슈퍼맨〉의 클라크가 대표적인 너드고, 〈원더우먼〉에서 안경을 낀 다이애나 프린스의 평소 모습도 너드의 상징이다. 유럽에는 너드라는 이미지가 그다지 없는데, 미국은 큰 전쟁을 두 번 치르고, 막 독립한 식민지가 아니라 세계를 지배하는 '군대 중의 군대'가 되면서 사회 분위기가 변했다. 그렇게 힘을 숭상하고 근육을 자랑하는 70년대를 맞는다. 전 세계가 사랑하고 또 사랑하는 마담 퀴리, 바로 그 퀴리 부인도 미국으로 넘어가면 너드가 되어버린다.

독일은 원래 엔지니어들의 나라다. 공업을 만들고, 그 공업을 만든 세밀함과 정확함으로 독일이라는 나라를 만들었다. 그렇다면 프랑스는? 우리가 가진 프랑스의 이미지는 여성스러움, 섬세함, 패션 그런 게 다 아니던가? 한데 오랫동안 지켜본 프랑스는, 광산의 나라라고 할 수 있었다. 토지를 비롯한 많은 것들이 워낙 풍요로웠던 이 나라엔 광산도 풍부했다. 알퐁스 도데의 『마지막 수업』의 배경이 된 알자스-로렌 지역도 그렇고, 리옹에서 그리노블로 이어지는 산악 지대에도 광산들이 아주 많았다.

    프랑스에서 처음 공부할 때 '광산 학교'라는 언급이 워낙 많이 나와서 이게 뭔가 했었다. 지역별로 있는 광산 학교에서 공부했다는 건, 그 사람이 겁나게 똑똑했다는 말과 같은 뜻이다. 광산에서 과학을 비롯한 학문이 출발한 나라라서, 지금도 광산이라는 이름을 사용하는 것을 자랑스러워한다. 계산을 잘하고, 정밀하게 디자인하는 사람들을 '너드'라고 골려먹는 문화는 독일이나 프랑스에서는 보기 어렵다. 오히려 나라를 세운 건국 공신들처럼 지금도 사회적으로 존경받는다.

    '매스 썸'이라는 단어가 유행하면서, 미국 교육에도 변화가 오게 되었다. '하버드 대학의 공부벌레들'은 판례집만 산더미처럼 쌓아놓고 보편적이지만 나름대로 특수한 상식을 공부했다. 그리고 그게 최고라고 생각했다. 하지만 90년대 중후반이 되면서 미국에도 변화가 생겼고, 트렌드가 바뀌었다.

    7년 전에 『생태 페다고지』라는 책을 썼다. 그때 숲속 유치원 등 유럽이나 미국에서 유행하는 교육 트렌드를 전체적으로 한 번 살펴볼 기회가 있었다. 그때 보니 또 '그린 썸'이라는 게 한참 유행하고 있었다. 광범위한 생태나 환경보다는 원예에 관한 것이었다. 식물을 아주 잘 기르는 아이들이 또래 집단에서 인기를 끌었다. 영화 〈투모로우〉 같은 환경 영화를 보고 자라는 어린이들이 원예에 큰 관심을 갖고 있었다.

    경제에서도 좀 변화가 생겼다. 대표적인 너드들인 빌 게이츠와 스티브 잡스 열풍이 사회를 휩쓸고 갔다. 그리고 너드는 더 이상 마이

너의 상징이 아니라 혁신과 창조의 주류 세력이 되었다. 다양한 분야의 다양한 종류의 너드들이 돈도 많이 벌고, 심지어는 패션의 아이콘이 되기도 했다.

특히 스티브 잡스에겐 신도라고 해도 될 만큼 열광적인 팬들이 많다. 나는 사소하나마 그에게 고마워하는 게 있다. 스티브 잡스가 청바지를 유행시키고 나서, 왜 청바지를 입느냐고 하는 사람들이 없어졌기 때문이다. 덕택에 내 삶도 아주 편해졌다.

자, 그럼 여학생의 사커 붐, 매스 썸. 그런 썸을 넘어 요즘은 뭐가 유행이냐? 몇 년 전에 시작되어 점점 더 절정으로 치닫고 있는 스템이 요즘 최고로 핫한 트렌드다. Science, Technology, Engineering, Mathematics, 이 네 가지의 앞 글자를 따 스템**STEM**이라고 한다.

또 그렇게 생겨난 지식을 실제로 적용해 보는 '팹랩**Fab Lab**'을 교육과 접목시키는 게, 미국에서 그야말로 대단한 인기를 끌게 됐다. 당연히 한국의 외국인 학교도 그런 붐을 따라간다. '팹랩' 같은 어려운 말 좀 우리말로 번역해 달라는 요청들이 있어서 시도는 해봤는데, 아직 적절한 번역어는 잘 못 찾겠다. 어쨌든 팹랩을 유행시킨 게 바로 그 유명한 MIT다.

일각에서는 알파고 이후로 트렌드가 바뀐 거라고 하는데, 순서 상으로는 스템과 팹랩 붐이 먼저다. 우선 스템이 사회를 확 휩쓸고 나니 이 트렌드를 할리우드가 쫓아갔다. 〈인터스텔라〉, 〈마션〉, 〈그래비티〉 같은 일련의 과학 영화들이 쏟아져 나왔다. 사회에 존재하던 스템 붐을 영화가 뒤쫓다 보니 유사한 모티브의 영화들이 동시에 만들어진 것처럼 보이게 된 것이다.

인공지능의 시대, 자식들에게 스템이라는 소양을 만들어 주는 것에 미국의 부모들이 완전히 꽂혔다. 자신들이 너드라고 놀리던 그 모습을 정작 자식들에게 구현하기 위해, "제발 너드 좀 되어 줘." 이렇게 변한 것이다.

스템 붐의 기본을 형성하는 것이 수학이다. 현재 한국은 '머리'들을 제대로 대우하지 않는다. 하지만 곧 사회는 스템이라는 지식을 중심으로 재편된다. 누군가 의도해서가 아니라 세계적인 흐름이 그렇기 때문에 한국도 따라가는 것이다. 알파고 이후, 하여간 선진국들은 스템이 길이라고 생각하고 있다. 그게 절대적으로 옳은 진리라고 단정할 수는 없다. 그러나 많은 사람들이 같은 길을 따라가면 그게 트렌드가 되고, 트렌드의 흐름이 결국에는 다음 세상을 만든다.

스템이 대세를 형성하고 있는 동안, 한국에서는 영어유치원을 비롯한 영어 조기 교육이 대세로 자리 잡고 있다. 한데 샤넬을 입는 사람이 아니라 샤넬이 되기 위해서는 외국어 외의 것이 필요하다. 영화 〈인터스텔라〉를 보는 사람이 아니라 그걸 만드는 사람이 되는 게 좋지 않겠는가. 스템과 동시에 '메이커'라는 말이 유행한다. 지금의 스템 붐은 예전의 과학 천재 붐과 좀 양상이 다르다는 걸 알 수 있을 것이다.

스템에는 또 장점이 있다. 수학이 돈이 안 드는 공부라는 점에서 그렇고, 지금의 팹랩은 부자들만 실험실을 갖고 있던 19세기와는 전혀 다른 흐름 속에 있다는 점도 그렇다. '누구나 수학을 쉽게 접할 수 있다. 누구나 쉽게 메이커가 되자,' 미국을 강타한 스템과 팹랩 트렌드에 깔려 있는 기본 철학이다.

팹랩과 함께 같이 떠오른 핵심 개념이 '풀뿌리 Grassroots' 과학자라는 개념이다. 한국에는 팹랩이 넘어오자마자 정부가 대기업을 시켜 위에서 뿌려주는 것처럼 해석되었다. 그러나 MIT가 시작한 팹랩의 기본 정신은 바로 풀뿌리에 있다.

이렇게 세상이 바뀌는 동안 '네이티브'를 꿈꾸며 영어 교육만 시키겠다는 건 큰 패착이 아닐까 생각해 본다.

외국어만 잘하면 된다고?

짧지만 아주 강렬한 기억이 하나 있다. 나이가 많은 프랑스 외교관 한 명과 알고 지냈는데, 그는 진짜 귀족 출신이었다. 파리 근교에 있는 그의 저택에 초대 받아 간 적이 있다. 아직 정식 학위를 받기 전이었는데, 그는 경제에 대한 내 생각을 알고 싶어 했다.

프랑스는 박사의 사회적 지위가 높다. 반면 우리 사회는 박사를 존경하지도, 존중하지도 않는다. 앞에서는 그렇게 말하지 않아도 돌아서면 가난하다고 멸시한다. 특히 공무원들은 하나같이 '필요할 때 전화 걸어서 아무거나 시키면 되는 존재' 쯤으로 생각한다.

아무튼 나를 초대한 프랑스 외교관의 집에서 포도주를 마시고 하루 밤 잤다. 외교관과 참 많은 얘기를 나눴다. 그의 인생에 대한 얘기도 좀 들었다. 소설도 쓰고 싶고, 영화감독도 하고 싶었던 재능 많은 사나이였다. 그러나 경마를 너무 좋아했다. 경마장에 너무 많은 돈을 퍼붓는 바람에 자기가 하고 싶은 일은 하지 못했고, 공무원으로 월급 받아 살아가는 옛 귀족이 되었다.

그렇다고 그가 무능한 사람은 아니다. 그는 7개 언어를 정말 능숙하게 구사한다. 할 줄 아는 걸로 치면 열 몇 개쯤 되는데, 아주 능통한 게 일곱 개라는 뜻이다. 그는 나에게 자기처럼 언어 배우는 데 시간을 많이 쓰지 말고 경제학 공부에 집중하면 좋겠다는 얘기를 했다. 자기는 언어를 많이 알지만 나한테 해줄 말이 없다는 거다. 왜? 아는 게 없어서.

이 외교관은 파란만장한 삶을 살았다. 내가 만났을 때 이미 암이 심각하게 진행된 상태였다. 그는 암을 두려워하지는 않았다. 하지만 먹고 살기 위해, 직업 외교관으로 버텨내기 위해 아주 많은 시간을 새로운 언어를 배우는 데 사용했다. 그런 그가 삶을 정리하며 마지막으로 했던 후회한 것이 일곱 개 언어를 익히는 데 사용한 시간이었다.

다시 살아갈 수 있다면, 소설을 쓰거나 영화감독이 되는 게 아니라 나처럼 경제학을 공부하고 싶다고 했다. 그러면 비록 한 분야지만 깊은 지식을 가지게 될 거고, 그편이 7개의 언어를 배우는 것보다 의미 있을 거라는 게 그가 나에게 해준 말의 요체이다.

다음날 간소한 아침 식사로 차려준 오트밀을 먹고 그 집을 나섰다. 내가 그와 보낸 시간은 열두 시간이 좀 넘는다. 그러나 삶을 정리하고 있는 한 사나이가 나에게 해준 말의 의미를 나는 그 후로도 아주 오랫동안 생각하고 또 생각했다. 나는 귀족의 후손으로 태어나지도 않았고, 아버지가 저택과 많은 친구를 물려줄 수 있는 상황도 아니다. 하지만 그가 했던 것처럼 7개의 언어를 능통하게 하는 건 할 수 있을 것 같았다.

그도 내가 자신의 언어 능력을 부러워한다는 걸 알았을 것이다. 실제로 부러웠다. 조금만 더 공부하면 7개 언어를 구사하는 건 나도 할 수 있지 않을까 하는 생각도 하고 있었다. 그런 나에게 그는, 그러지 않는 게 좋겠다는 말을 남겨 주었다. 이후로 그 한 마디는 내가 외국어에 대해 가진 기본 생각이 되었다.

불어를 처음 배운 지 1년쯤 되었을 때 대학원 입학시험을 보았다. 겨우겨우 합격했는데, 꼴찌가 아니라는 사실에 감사했다. 그리고 1년 반쯤 되었을 때 불어로 대학원 논문을 쓰기 시작했다. 대부분의 언어는, 1년 정도 공부하고 사용하면 말은 어느 정도 하게 된다. 그리고 2년 정도 하면 편지 정도는 쓸 수 있게 된다. 한데 더 잘하고 싶어지더라도 그 후로는 별로 늘지 않는다. 각고의 노력을 해도 초기 단계처럼 눈에 띄게 발전하지 않는다는 것이다. 반면에 안 쓰면? 빛의 속도로 까먹는다.

파리에 살던 시절, 나와 알고 지내던 많은 프랑스 사람들은 내가 파리에서 태어난 줄 알았다. 한참 술 마시고 놀다가 유학생이라고 밝히면 잘 믿지 않았다. 그때의 나에겐 '먹물'이라는 표현이 딱 맞았다. 아이들의 쉬운 말은 잘 모르고, 공부 많이 한 어른들이 쓰는 어려운 말만 알았다. UN에서 활동하던 시절에는 영어만 썼다. 그 후의 전문 용어는 불어로는 잘 모른다. 요즘은 불어를 쓰지 않다 보니 읽고 듣기는 하는데 어려운 말은 잘 못하게 됐다. 아깝지 않느냐고 물어보는 사람이 간혹 있다. 하지만 '가지 않은 길'과 비교해 보면 그건 별로 아깝지 않다.

영어 실력도 많이 줄었다. 영어로 연설하고, 출마할 때 유세도 했다. 분과 의장이 된 후엔 회의 주재도 몇 년이나 했다. 그래도 안 쓰니까 까먹는다. 언어는 그렇게 필요할 때 배우고, 또 쓰지 않을 때는 잊고 지내는 도구와 같은 것이다.

우리가 중진국이던 시절, 뭐든 많이 하면 좋다는 신화가 있었다. 몇 개 국어 능통은 기본이고 '3고시 패스'는 훈장이었다. 고등학교 선배 한 명이 정말 똑똑했었다. 서울대 경제학과에 진학했는데 회계사 시험도 붙고, 사법고시도 붙었다. 집이 아주 가난했던 걸로 기억한다.

돌아가면서 시험을 보고, 합격하고……, 처음엔 대단하다는 생각뿐이었는데 나중에는 뭔 짓인가 싶었다. 지금 돌아보면 인생을 낭비하는 한 수단에 불과했다. 하지만 그 시절에는 자신을 증명하는 최고의 방법이라고 여겨졌었다. 언어도 그런 것이다. 많이 하면 좋을 것 같지만, 지나고 보면 별 의미가 없다.

도구는 도구이고, 정신은 아니다. 언어에 너무 많은 시간을 쓰는 것은 좀 비효율적인 일이다. 그래서 내 자식들은 언어에 너무 많은 시간을 쓰게 하고 싶지 않다. 세상에는 알아야 할 것이 더 많다.

무섭지 않게, 지겹지 않게 숫자 가르치기

큰애는 말을 곧잘 한다. 그래도 아직 '어버버'에 가깝다.
"호중아, 형아 호 해줘, 호중이 할 때 호."
큰애는 아직 ㅅ 발음을 ㅎ과 잘 구분하지 못한다. 손가락을 다치더니 동생에게 호하고 불어 달라고 했다. 그때서야 알았다. 동생의 이름이 '소중'이 아니라 '호중'이라고 알고 있다는 엄청난 사실을.

큰애는 말이 늦어서, 또래 아이들보다 한참 뒤에야 떠듬떠듬 말을 시작했다. 그러고 보니 한국에선 우리말도 잘 못하는 아이에게 '그러니까 더욱 영어를 가르쳐야 한다.'는 붐도 일었다. 우리처럼 영어 조기 교육을 시키면 대만에서는 아동학대로 간주되어 법적으로 처벌받는다. 해보니까 그게 아니라는 걸 대만이 우리보다 먼저 알았다.

우리 아이는 머리가 좋으니까 다를 거라고 말하는 부모들이 있다. 한데 대부분의 아이가 비슷비슷하고, 거기서 거기다. 조금 늦거나 조금 빠른 건 큰 문제가 못된다. 삶에선 멀리 가는 길이 빨리 가는 길보다 중요하기 때문이다.

그래도 큰애에게 영어 단어를 조금씩 가르쳐 주기는 한다. 어디서나 영어가 많이 사용되고, 또래 중에서도 영어를 배우는 친구들이 있어서 일상 속에서 접할 일이 많다. 그래서 알고 싶다고 할 때마다 조금씩 가르쳐 준다. 그런데 그 묻는 것들이 난이도가 너무 높아서, 나도 공부해야 하는 경우가 많다.

 범고래는 killer whale, 백상어는 tiger shark 라는 것까지는 알고 있었다. 향유고래에 대해서도 조금은 알고 있었는데, 향유고래가 영어로 sperm whale인 것은 처음 알았다. 고래 기름을 얻으려다 멸종에까지 이른 그 고래가 바로 향유고래다. sperm*의 뜻을 자꾸 물어보는데, 이게 설명해주기가 난해하다. 다섯 살이 되니까 어린이집에서 성교육을 시키기는 하는데, sperm을 알려줄 수 있는 수준까지는 아직 진도가 안 나갔다. '바나클'이 따개비인 것은 아내가 알려줘서 겨우 알았다.

 말벌 종류는 진짜로 난해하다. 호넷까지는 알았는데, 말벌이란 게 또 종류가 다양하다. 그리고 이름이 다 다르다. 자꾸 물어봐서 그냥 도망쳐 버렸다. '카봇'이 영어로 뭐냐고 묻는 것 같은 경우는 정말 땡큐 베리 머치다.

 영어는 아직 도구를 사용해서 가르치지 않지만, 숫자 카드는 사방에 많이 붙여 놓았다. 숫자 스티커 놀이도 하고, 벽에도 많이 붙여 놓았다. 그래선지 말을 하기 전에 숫자를 먼저 읽었다. 놀이로 하면 그냥 자연스럽게 가능해진다. 그렇다고 스트레스 받게 할 필요는 없다고 생각한다. 숫자가 무섭지 않게, 그리고 지겹지 않게 여기게 해주는 정도면 충분할 것 같다.

---

* 정자. 정액.

우리말의 숫자는 영어의 숫자보다 조금 더 어렵다. 서수와 기수는 어느 말에서나 기본인데, 여기에 한문 숫자가 있고 우리말 숫자가 있다. 세 개의 서로 다른 숫자 체계를 익혀 나가는 것인데, 그렇다고 다른 나라에 비해서 우리의 숫자가 엄청나게 어려운 것은 아니다.

불어는 숫자 체계가 진짜로 '개판'이다. 60진법을 쓴다. 익숙하지 않은 사람들이 보면 머리가 핑핑 돌 만한 해괴한 숫자 셈법이다. 만화 〈은하철도 999〉를 파리에서 TV로 즐겨보았다. 노래는 일본판 원곡 그대로에 가사만 불어로 입혔다. 그런데 999가 문제다. 우리말로는 '구구구'로 심플한데 불어 식 60진법 셈법에서는 완전 난리가 난다.

표준 셈법으로 표기하면 900+4×80+10+9다. 그리고 이걸 읽으면 'neuf sent quatre-ving dix-neuf', 즉 '넵썽 꺄트르-뼁 디즈-네프'가 된다. 진짜로 노래도 이렇게 부른다. 〈은하철도 999〉의 표준식 불어 가사는 '갤럭시 엑스프레스 넵썽 꺄트르-뼁 디즈-네프', 발음하려면 정말 입이 바쁘다. 70, 요런 게 불어에서는 아주 어렵다. 60+10, 즉 육십 그리고 십과 같이 표현해야 하기 때문이다. 아주 불편하다. 80은 20 곱하기 4, 이렇게 표현한다.

그러니 60진법을 쓰는 나라의 아동들은 100까지 읽는 게 아주 큰일이다. 그렇게 이상한 셈법을 쓰면서도 장 피에르 세르는 대수학과 위상수학의 기초를 닦았다.

아라비아 숫자 체계를 배우면서 0이 진짜로 어려운 개념이고, 고등한 표시법이라고 배웠다. 제로 개념은 수학에서도 어려운 것이고, 철학에서도 어렵다고 했다. 나도 헤겔의 『정신현상학』을 읽으면서 '무'라는 개념이 독일 철학으로 들어가면 얼마나 무시무시해질 수 있는

지 뼈저리게 경험한 적이 있다. 프랑스에 있을 때 고등학교에서 철학 수업을 담당하는 선생님들과 좀 알고 지냈는데, '무'의 개념은 프랑스 교사 임용시험에 꼭 나오는 문제라고 했다. 그렇게 말하는 그들은 옛 기억을 떠올리며 부들부들 떨었다.

아이들에게 0을 어떻게 가르쳐야 할지 나도 좀 고심을 했었다. 숫자는 장모님이 주로 담당하셨다. 장모님은 너무나도 간단한 방법으로 0을 숙지시켰다. 밥을 다 먹어서 밥그릇을 비우면 그게 0이다. 밥을 다 먹고 나면 잘했다는 의미로 만세를 하게 했고, 만세를 하면 우리는 박수를 쳐주었다. 만세=0, 막상 가르쳐 보니 아무것도 아닌 개념이었다. 괜히 부들부들 떨었다. 그래서 애들은 하나, 둘보다 영을 먼저 발음하게 됐다.

'일영이영', 큰애가 가장 먼저 읽은 장문의 문장이다. 아직 말도 거의 못하는데 1020 버스 번호판을 먼저 읽었다. 처음엔 무슨 말인가 했다. '천이십번' 아니면 '일공이공', 우리는 이렇게 읽으니까. 네 살짜리 아이에게는 '일영이영'으로 보이는 모양이다. 그 뒤로 일영이영 버스를 타는 것을 아주 좋아하게 되었다. 자기가 자랑스럽게 읽은 버스를 타는 것이 아이에게는 퍽 즐거운 놀이다.

0을 알고 나면, 이제 스템의 세계로 첫 발을 뗄 준비를 마친 것이다. 거리는 온통 숫자로 가득 차 있다. 수많은 간판들이 있고, 자동차 번호판도 있다. '사파오영', 이건 아내의 자동차 번호판 4850이다. 아이는 사파오영을 탈 것인지 일영이영을 탈 것인지 혼자서 고민하고 판단한다.

그리고 전자 체온계 숫자를 읽고, 아기 체중계의 디지털 숫자를 읽는다. 만화를 틀어 주는 시간을 기다리다 시계까지 읽게 된다. 오예, 우리의 생활공간 대부분이 스템용 교육 도구로 가득 차 있다는 것을 그때야 알았다. 그렇게 이상한 셈법을 쓰면서도 장 피에르 세르는 대수학과 위상수학의 기초를 닦았다. 편안하게 숫자를 읽을 수 있는 것, 한국의 아동들에게는 정말로 다행이다.

13

두 아들의 아빠가 가르치고 싶은 것

국뽕이 존재한다면
남뽕 또한 존재하리라

　우리 집에서 가장 흔하게 볼 수 있는 아빠와 아이들이 노는 방식은 UFC와 다를 바가 없다. 큰애가 배에 올라온다. 그리고 배 위에서 붕붕붕 뛴다. 그러면 둘째 아이도 배 위로 올라온다. 영락없이 더블 마운트다. 이제 파운딩 들어올 차례다 싶어 긴장하는데, 천만다행으로 아직까지는 시도된 바 없다. 그 대신 발로 얼굴을 차기 시작한다. 방어해야 한다. 안 하면 큰일 난다.

　이것의 변형태도 있다. 둘째 아이가 안경을 잡기 위해서 덤빈다. 마운트 들어온다. 안경을 보호하기 위해서 얼굴을 감싼다. 그러면 백마운트로 포지션이 바뀐다. 떼어내려고 하지만 빠져나올 수가 없다.

　큰애가 세 살이 되었을 때, 바꾼 지 얼마 되지 않은 안경다리가 부러져서, 결국 AS를 위해 본사까지 들어갔다 왔다. 둘째 아이가 그 나이가 되었을 때, 안경다리가 심하게 휘어져서 안경테가 뺨에 닿는다. 결국 새 안경을 만들고, 쓰던 안경은 다시 본사로 갔다. 견적 19만 원, 새것보다 고치는 게 더 비쌌다. 별수 없다. 최대한 조심하면서 사는 수밖에…….

　얼마 전부터 큰애가 '더티 복싱'을 시작했다. 머리를 내 배에 바짝 붙이고, 양손으로 피스톤 훅을 쓴다. 진짜로, UFC에 나오는 더티 복싱과 똑같다. 변형태로 등 뒤에서도 한다. 이게 '더티 복싱'이라고 알려주었다. 그 다음부터는, "더티 복싱!"을 외치면서 피스톤 펀치가 배 위에 작렬한다.

가끔 장난이 지나치면, 무릎을 꿇고 손을 들게 하는 벌을 준다. 팔이 아프니까 이 벌을 가장 싫어한다. 눈물을 뚝뚝 흘리면서 잘못했다고 하기는 하는데, 그렇게 잘못했다고 느끼는 것 같지는 않다. 벌이 끝나면 아들을 꼭 안아 준다. 그리고 이것저것 맛있는 것도 먹고 재밌게 논다. 벌 받고 10분 정도 지나면, 다시 마운트 들어온다. 가슴 속에 '다시는 그러지 말아야지.'라는 굳은 결심이 생긴 것 같지는 않다. 그래도 뭔가를 들고 사람을 때리거나 이럴 때에는 벌을 준다.

"남자와 여자의 차이는 무엇인가?" 아주 어려운 질문이다. 생물학적인 차이만큼 사회적인 차이가 존재하고, 문화적인 차이도 존재한다. 그리고 이것만큼 답변하기 어려운 것이 아들과 딸의 차이이다. 우리 집도 그렇다. 꼭 그렇게 하라고 알려주거나, 강하게 자라라고 했던 것은 아니다. 그렇지만 말하고 얘기하는 것 보다는 몸을 쓰는 것을 좋아하고, 힘자랑 하는 것을 좋아한다. 걸음마를 시작하고 몸을 가눌 수 있게 되자마자 뭔가를 들고, 옮기려고 한다. 아직 제대로 걷지도 못하는데 짐부터 들려고 한다.

나는 이럴 때마다 잘한다, 잘한다, 장군감이다, 이렇게 말하는 아빠는 아니다. 그렇지만 너무 윽박질러서 아무것도 못하게 하는 것도 괜히 스트레스 많이 받게 하는 것 같아서 적당히 받아주고, 적당히 같이 뒹굴어준다. 적당히? 그 '적당히'가 어느 정도인지 가늠하는 것도 쉽지는 않다. 어쨌든 과하게 힘 자랑 하는 아이로 키우지는 않으려고 한다.

통계학에 보면 군집 사이의 차이가 있고, 개체 사이의 차이가 있다. 남자와 여자, 아들과 딸 사이의 차이가 클 것 같다. 그렇지만 남자들 사이의 차이, 아들들 사이의 차이, 이런 것이 더 클 수도 있다. 개성의 차이게 관한 것이다. 두 살 터울의 아들 둘을 키우는데, 이 둘 사이에도 차이가 작지 않다. 우린 너무 오랫동안 아들이나 딸, 이런 간단한 획일적 기준에 모든 것을 집어넣고 판단하는 손쉬운 방법에 익숙해져 있는 것인지도 모른다.

막냇동생과 나는 성격이 많이 다르다. 생긴 것도 다르고, 취향도 진짜 다르다. 정치적인 지향점은 거의 정반대일 정도이다. 막냇동생을 알고 나를 알고, 그렇게 두 사람을 동시에 알고 있는 사람이 적지 않다. 하지만 몰랐던 사람들은 "어, 그 두 사람이 형제였어?"라며 깜짝 놀라는 일이 종종 있다. 하다못해 차에 대한 취향도 다르다. 동생은 세단을 좋아하고, 나는 세단을 절대 싫어한다. 다만 정확하게 답이 나오는 계산을 할 때에는 같은 답을 낼 때가 있다. 제수씨와 아내의 차가 모닝으로, 그건 같았다.

사람들이 막냇동생과 나를 구분하지 못하는 딱 하나는 전화 목소리다. 막내한테 온 전화를 내가 받으면 "장난하지 마! 왜 딴 소리야", 대뜸 이렇게 나오는 경우도 있다. "네, 동생은 지금 밖에 있어요. 전화 왔다고 전할게요." 전화 건 사람은 좀 무안할 것이다. 나에게 전화 건 사람도 막냇동생인 줄 모르고 막 뭐라고 얘기한 적이 있다.

전화 목소리를 빼면, 동생과 나는 거의 모든 것이 다르다. 같은 배에서 나서, 같은 집에서 오랫동안 자랐고, 둘 다 경제학자로 살아가는데도.

산타클로스가 싫은 아이

둘째 아이는 다른 건 몰라도 개성만큼은 뚜렷하다. 몇 주 전부터 "싼타 하부지!"를 외치면서, 하루 종일 캐럴 CD를 틀어놓게 하였다. 안 틀어주면, 운다. 아내와 나는 물론이고, 큰애까지 루돌프 사슴코 노래에 질려버렸다. 아이들은 뭔가 하나가 좋으면 주구장창 같은 것만 들으려고 하는 경향이 있는 것 같다.

그러던 어느 날, 둘째가 선언했다.
"산타 하부지, 미워."
놀랐다. 왜?
"산타 하부지, 시러!"

둘째의 선언은 단호했다. 아니 세상에, 산타 할아버지 싫어하는 아이도 있나? 보기도 처음이지만 들어본 적도 없다. 곧이어 둘째가 아주 나긋나긋하고 부드러운 목소리로 말한다.

"산타 하부지, 매워워."

유아어를 통역하면 '산타 할아버지는 무섭다'는 얘기다. 산타가 무서워서 믿고 싶다는 선언. 내막이야 어쨌든 파격적이다.

"울면 안 돼, 울면 안 돼", 이렇게 시작되는 〈산타 할아버지 우리 마을에 오시네 Santa Claus Is Coming to Town〉은 가장 성공한 캐럴 중 하나다. 그리고 크리스마스 선물을 미끼로, 아이들과 뭔가를 거래하는 부모들이 가장 많이 틀어주는 노래이기도 하다.

크리스마스 때 선물을 받기 위해서 전 세계 어린이들은 울지 않고, 보채지 않고, 심통 내지 않고, 차분하고 조신하게 그분이 오실 날만을 기다린다. 어른들에게 크리스마스는 1년에 며칠이지만, 아이들의 세계에서는 사계절 내내라고 해도 과언이 아니다. 〈8월의 크리스마스〉가 아니라 '1년 내내 크리스마스'다.

아이는 생각한다. '나는 울고 또 울 게 분명한데……' 거기서부터 둘째의 심사가 뒤틀리기 시작했다. 그런 마음을 아는지 모르는지 노래는 계속된다. "산타 할아버지는 알고 계신대. 누가 착한 앤지 나쁜 앤지." 아기는 무서워졌다. 본 적도 없고, 보이지도 않는데 자기가 뭘 하는지 다 보고 있고, 또 그걸 혼내려고 선물을 안 주기도 한다니……. 4계절 크리스마스가 순식간에 4계절 공포특집이 되었다. 이 정도면 내가 최고의 공포영화라고 생각하는 제임스 완의 〈컨저링〉 수준이다.

어쩌면 다른 많은 아이들도 둘째와 마찬가지로 자신의 일거수일투족을 늘 감시하는 산타클로스를 믿고 무서운 존재라고 생각했을

지도 모른다. 하지만 아무것도 모르는 부모는 해맑게 웃으면서 이렇게 말한다. "너 선물 주려고 그러는 거야. 고맙지?" 그러니 기분에 맞춰주려고 덩달아 같이 웃어 준 것일 수도 있다.

울고, 짜증내고, 심통 부리는 모든 장면을 누군가 보고 있는데 그 사람이 마냥 좋다고 생각했을까? 전 세계의 모든 어린이들이 조금의 의심도 없이, 24시간 감시체계에 들어간 자신의 운명을 순응하며 받아들이기만 했을지 의문이다.

한참 『해리 포터……』 시리즈가 유행했을 때, 통계상 이 시리즈는 전 세계에서 가장 많이 팔린 책이자 청소년들이 가장 많이 읽은 책이었다. 우리나라에서는 영문판도 베스트셀러 순위에 올랐다. 하도 신기해서 자료를 찾아봤더니, 자녀들에게 영어를 읽히고 싶은 엄마들이 대거 구입한 것이다.

『해리 포터』 시리즈를 아주 간단하게 표현하면 우리 식의 특목고, 영국식으로는 '기숙사형 퍼블릭 스쿨'에 관한 얘기라고 할 수 있다. 본래 귀족들끼리만 다니던 학교였지만, "일반 대중들public에게도 이 학교를 개방하는 게 어때?" 이런 파격적인 제안을 나오면서 퍼블릭 스쿨이 된 것이다.

호그와트 마법학교엔 드물게 인간의 피가 섞인 잡종 '머글'들도 다닌다. 헤르미온느가 바로 그 하급 계층, 머글이다. 물론 머글이라고는 해도 치과의사의 딸이니까 아주 가난한 것은 아니다. 반면 해리 포터는 신분 높은 마법사들 사이에서 태어난 순수 혈통이고, 아주 높은 계급에 속한다. 게다가 부모가 물려준 막대한 재산의 상속자이기도 하다. 학생들 사이에서 핫한, 값비싼 '신상 마법 지팡이' 님부스

3000 정도는 쉽게 살 수 있다. 반면 론 위즐리는 순수 혈통이기는 하지만, 아버지가 마법부의 초급 공무원이라 그리 넉넉한 집안은 아니다.

이렇게 다양한 신분의 아이들이 더 좋은 학교에서 큰 꿈을 품고 공부하기를 바라면서, 부모들은 자녀에게 『해리 포터』를 사주었다. 하지만 영리한 많은 아이들은 그런 부모의 꿈이 허상이라는 걸 간파한다. 그리고 자신은 머글 중에서도 상 머글, 가난한 잡종의 집안에 태어났다는 걸 깨닫는다. 『해리 포터』 전성기에 부모가 아니라 전 세계 청소년들이 직접 자기 용돈을 털어 산 책은 『레모니 스니켓의 위험한 대결』 시리즈였다. 이 시리즈는 "하나의 불행이 끝나면 더 큰 불행이 온다."는 간단한 구조를 가지고 있다.

한국에는 해리 포터는 알아도 레모니 스니켓이 누군지 모르는 사람이 많을 것이다. 하여간 해리 포터가 클라이맥스로 향하던 그 시절에, 실제로 전 세계 청소년들의 마음을 휘어잡은 것이 바로 레모니 스니켓이다.

부모들은 자신들이 준 용돈이 이 기가 막히도록 불순하면서도 반체계적인 세계관을 담고 있는 책에 들어가고 있는 줄 몰랐을 것이다. 심심해서 이 미스터리 가득한 74년생 사나이*가 얼마를 벌었나 추정해 본 적이 있다. 버스 요금이 얼마인 줄 몰라서 망신당했던 정몽준의 알려진 자산보다 많이 벌었다. 한 마디로 상상을 초월할 만큼

---

* 이 시리즈의 작가는 레모니 스니켓이라는 필명으로 활동하며, 본명은 대니얼 헨들러다.

많이 팔린 것이다.

사랑하는 엄마와 아빠는 얘기가 시작하자마자 벌써 불에 타서 죽어버렸다. 막대한 유산을 남기기는 했지만 이걸 노리는 친척들이 악당, 불한당, 괴물이 되어 버린다. 이들 때문에 주인공은 죽을 뻔하고, 또 죽을 뻔하고, 그렇게 끝없이 죽을 위기를 넘긴다. 전 세계 청소년들이 느끼는 일상의 공포를 은유한 것이다.

이를테면 이런 것이다. 아침에 눈 뜨자마자 가기 싫은 학교에 가라고 하고, 학교에서는 예감했던 대로 싫은 일만 잔뜩인데, 이제 더 싫은 학원으로 가라고 하는 것. 그 쳇바퀴 속에 있는 십대들의 공포를 멋들어지게 그려낸 게 레모니 스니켓 시리즈다.

부모들이 『해리 포터』에 열광할 때 그 자녀들은 『레모니 스니켓의 위험한 대결』에 심취해 있었다. OECD 가입국 중 레모니 스니켓 열풍이 불지 않은 거의 유일한 국가가 한국이었다. 한국 청소년들이 유달리 부모의 말을 잘 듣거나, 자신의 삶에 만족하고 있기 때문일까? OECD 청소년 자살율 1위, 삶에 대한 만족도 최하위라는 조사 결과를 보면 결코 그래서는 아닐 것이다.

그 시기, 한국의 청소년들에게는 블리자드 열풍이 불었고, 〈스타크래프트 2〉로 세계 1위를 달리고 있었다. 청소년기에 책을 잘 읽히지 않는 한국의 상황상 해리 포터 열풍도 너무 고급스럽다(?) 싶지만, 그 반대급부로 불었던 레모니 스니켓 열풍은 완전히 한국을 피해 갔다. 청소년들이 책으로 돌풍을 만드는 세상 같은 건 21세기의 시작과 함께 한국에서 사라졌다.

영화 〈내부자들〉에서 이병헌이 말한다.

"복수? 이건 복수 같은 그런 달달한 것이 아녀."

어른들이 마음대로 상상하고 규정한 것과 달리, 아이들의 세계에서 산타클로스는 때 되면 선물이나 주는 그런 '달달한 것'이 아닌지도 모른다. 과연 우리가 아이의 속마음을 알고 있을까? 슬픈 일이지만 잘 모른다. 그래서 자신이 이미 아는 것들이나 혹은 '이랬으면 좋겠다'는 상태에 아이들을 맞추려고 한다. 아이들을 틀에 맞추려면 어떤 때는 돈이 좀 들고, 어떤 때는 아주 많이 든다. 결국 그 정도 차이만 있는 게 아닌가 싶다.

둘째는 아내를 많이 닮았다. 우리가 연애를 시작했을 때 아내는 영화 시나리오 공부를 하고 있었다. 앞에 얘기한대로 희곡으로 오태석 문학상을 탄 적도 있다. 연애 시절 물고기들의 기상천외한 대화에 관한 얘기들을 나에게 들려줬는데 시간 가는 줄 모를 만큼 재미있었다. 구미호와 같은 동양 괴물들의 원전인 〈산해경〉도 아내에게 배웠다. 틀에 갇히지 않은 괴팍한 상상은 아내가 나보다 훨씬 잘한다. 그리고 나는 아내의 그런 강인하면서도 차원을 달리하는 상상을 사랑했다.

"산타 하부지 매워워."

산타클로스가 무섭다고 하는 둘째 아이를 보면서, 아주 오래 전 아내와 연애하던 시절이 떠올랐다.

밥 정도는
할 줄 알아야지

아내도 딸을 바랐지만, 나는 정말 간절하게 딸을 원했다. 하지만 워낙 딸이 귀한 게 집안 내력이라 그런지 아들놈들만 둘을 키우게 되었다.

아픈 아이와 안 아픈 아이로 구분되는 두 아들의 아빠로 몇 년을 살았다. 큰애도 아주 안 아픈 것은 아니다. 네 살이 되면서 약간의 아토피가 생겼고, 다섯 살이 되고서는 알레르기성 비염이 생겼다. 그래서 알레르기 약을 봄가을로 챙겨먹는다.

두 아들놈이 책을 읽거나 얌전하게 이야기를 듣는 건 아주 잠깐이다. 금세 목 위로 올라오고, 더티 복싱 들어오고, 다리에 붙어서 절대로 안 떨어진다. 유행(?)도 획획 바뀌는데, 로봇에서 공룡, 범고래를 거쳐 다시 변신 로봇, 공룡과 백상어……, 이렇게 사이클이 돈다.

나와 아내가 아이들을 소위 '남자답게' 키운 기억은 없다. 그렇게 결심한 적은 더구나 없다. 어렸을 때 받아온 옷들 중에 분홍색 옷도 있었는데 그냥 막 입혔다. 한데 다섯 살이 된 큰아들이 12색 색연필 세트를 선물 받더니 "분홍색은 필요 없어!"라며 막 성질을 냈다. 아빠인 나는 예전이나 지금이나 분홍색을 좋아하는데.

멋모를 땐 아이들이 인형놀이를 해봐도 좋겠다는 생각을 했다.

선물 받은 인형도 많았고, 갖고 싶어 하면 엄청 큰 인형도 사주고 싶었다. 하지만 인형은 늘 푸대접을 받는다. 구석에 있던 먼지투성이 인형들이 그나마 빛을 볼 때는 병원놀이에서 환자 역할을 할 때 정도다.

시대가 변하면
가치관도 달라진다

박사 과정에 있을 때 공식적으로 나는 파리 10대학 경제인류학 연구소 소속이었다. 그 시절에는 생태 분야 연구보다는 인류학 분야 연구에 들어오는 연구기금이 더 후했다.

1970년대, 세계적으로 대성공을 거두었던 인류학 분야의 테마로 '헌터'와 '개더러gatherer'에 관한 연구가 있다. 요컨대 사냥과 채집이라는 원시 집단의 두 가지 경제 양상에 관한 것이다. 사냥할 것이냐, 채집할 것이냐 이 대립축을 실증적으로 검증하는 것이 유행했다.

그리고 원시 경제에서 사냥의 경제적 기여도는 미비했고, 채집하는 '개더러'가 사람들을 먹여 살렸다는 결론이 나왔다. 사냥은 경제적으로는 큰 의미가 없었고, 종교적 의미가 강했다. 제사를 지내려면 동물의 고기가 필요했기 때문이다.

이런 논쟁은 그 후에도 계속 발전했다. 그리고 "도대체 남자는 어디에 쓸 것인가?"와 같이 남성의 유용론 자체에 대한 질문으로 이어지기도 했다. 극단적인 가설이기는 한데, 암컷과 수컷 사이에 극심한 비대칭성이 발생하는 거미나 사마귀 같은 모계 중심의 집단도 존재하기 때문이다. 지금도 계속되는 연구다.

남녀 성 역할의 사회적 차이는 68혁명*을 경계로 격변했다. 그 후로도 계속 변했고, 앞으로 더 많이 변할 것이다. 오래전부터 내려오던 가부장적 시각은 꽤 딱딱한 사회인 한국에서도 사라져 가고 있는 중이다. 이 변화는 비대칭적이며 불가항력적이다. 즉 뒤로 돌릴 수 없으며 멈춰 세울 수도 없다. 다가올 미래에는 남녀의 역할이 더욱 많이 변한 상태일 것이다. 즉 여성의 역할이 계속해서 커지게 되어 있다. 이에 대해 좋고 싫음을 논하는 것은 무의미한 일이다.

프랑스 기자 플로랑스 오브나와 약간의 교류가 있다. 「리베라시옹」지의 종군 여기자였던 오브나는 이라크 저항조직에 납치되었다가 다섯 달 만에 석방되었다. 손과 발이 묶이고 눈이 가려진 채, 대부분의 시간을 지하에 감금되었다가 풀려난 것이다.

세계적으로 화제가 된 건 물론, 크나큰 충격을 안긴 사건이다. 나

---

* 1968년 프랑스에서 학생과 근로자를 중심으로 일어난 사회변혁운동. 5월혁명이라고도 한다. 1968년 3월 미국의 베트남 침공에 항의해 언론사를 점거했던 대학생들이 체포되자, 5월에 이들의 석방을 요구하는 학생들의 대규모 항의시위가 시작된 것이 시발점이었다. 여기에 노동자들이 가세하며 권위주의와 보수체제 등 기존 질서를 타파하고 남녀평등과 반전 등의 가치를 확산시키는 거대한 혁명으로 확산되었다.

는 오브나와 같은 대학에서 공부하기도 했고, 이래저래 인연이 닿아 얘기할 기회가 생겼다. 그녀가 들려준 것들은 거의 다 흥미로웠지만, 그중 가장 인상 깊었던 얘기가 있다. 프랑스와 한국을 막론해 우리 또래가 20대였던 시절의 특징을 고스란히 보여주었기 때문이다.

인권과 언론 분야에서 프랑스는 세계적 톱 수준이라고 할 수 있다. 오브나가 처음 기자가 되려고 준비하던 80년대, 프랑스에서 기자들의 롤 모델이 되었던 사람은 에밀 졸라였다. 드레퓌스 사건에 대해 『나는 고발한다』를 쓴 에밀 졸라, 그 세계적 대문호 말이다.

오브나가 에밀 졸라에 대해 열심히 공부하던 시절, 나도 에밀 졸라를 읽고 엄청난 감명을 받았다. 국가의 부당한 행위 앞에 용감하고 단호하게 "이래서는 안 된다."는 소신을 밝힌 사람. 그로 인해 투옥되는 등 많은 피해를 감수한 에밀 졸라는 내 삶에도 많은 영향을 미쳤다. 기자라면 "나는 이렇게 생각한다."고 당당히 입장을 밝혀야 하며, 그런 기자가 최고라고 여기던 시대가 있었다.

나는 학자도 그래야 한다고 생각했다. 에밀 졸라 같은 삶을 살고 싶었다. 그 부작용으로, 전쟁 현장이나 사건 현장 등 현장에서 발로 뛰는 기자를 그렇게 높게 쳐 주지 않는 분위기가 형성됐다.

에밀 졸라는 전형적인 남성 지식인이며 엘리트다. 프랑스에서도 여성 기자들에게 같은 인물을 롤 모델로 삼도록 가르쳤다는 것에 나는 좀 놀랐다. 아주 오랫동안, 세상은 남성 엘리트들을 중심으로 움직였다. 중세가 그랬고, 자본주의가 그랬다. 하지만 이 세상은, 그리고 세계관은 7, 80년대를 거치면서 변해 왔다. 지금 프랑스에서 언론을 이야기할 때 에밀 졸라만을 가르치지는 않는다.

이라크에 갔을 때 납치될 만큼 위험한 현장을 발로 뛰었던 플로랑스 오브나는 그 이후, 신분을 숨기고 노동의 현장에 스며들었다. 그리고 청소 노동자로서 파견직 여성들이 겪는 참혹한 현실을 취재해 르포 문학 『위스트르앙 부두』를 펴냈다. 이 책으로 플로랑스 오브나는 다시 한 번 세계적인 스타가 되었다. 그리고 이제는 에밀 졸라 대신 그녀 자신을 롤 모델로 삼은 젊은 기자들과 함께 일한다. 실제로 프랑스엔 플로랑스 오브나를 닮고 싶어 하는 기자들이 넘쳐난다.

에밀 졸라가 무의미하다는 뜻이 아니다. 정부, 특히 군부의 부당한 결정에 대해 '안 돼.'라고 말하는 것은 여전히 용감하고 값진 행위다. 그러나 세상은 더 복잡해졌고, 다양한 방면에서 저마다 다른 활동을 통해 스스로의 의미를 찾는 사람들이 많아졌다. 사색을 통해 결정을 내리고, 그것을 글로 써내는 것만이 가장 지순하고 숭고한 행위라고 말할 수는 없다는 것이다.

프랑스의 변화에 대해 얘기했다. 그럼 한국은 많이 바뀌었을까? 아직도 한국은 상당 부분 남자 엘리트들이 지배한다. 그들의 세계는 거칠다. 실력보다는 패거리의 힘으로 밀고 당기는 곳이다. 이 '어깨싸움'에서 밀려나지 않고 버티고, 한발 나아가 남을 밀어내는 것이 한국의 소위 엘리트 남성들이 살아가는 세상이다. 나도 그렇게 살았다.

앞으로 30년 후, 나의 두 아들이 살아갈 세상도 그럴까? 그렇지 않을 거라고 낙관적인 예상을 해본다. 그때도 경쟁은 존재할 거고, 어쩌면 더 심해졌을 수도 있다. 지금보다 몇 십 배 유능해진 인공지능과 몇 개 남지 않은 일자리를 놓고 경쟁해야 할지도 모른다.

하지만 지금 한국에서 남성 엘리트들이 벌이고 있는 것 같은 '그들만의 어깨싸움'과는 좀 다른 양상이 되어 있을 가능성이 높다. 강해져서 그 거친 싸움에서 살아남아야 한다고 윽박지르듯 남자아이들을 가르치는 사람들이 적지 않다. 과연 그게 30년 후에도 유효할까?

프랑스 언론의 대표적인 롤 모델이 에밀 졸라에서 플로랑스 오브나로 바뀐 걸 보면, 역시 시간은 많은 것을 변하게 만들 거라는 믿음이 강해진다.

여자도 남자도 피곤한 세상

어머니는 나에게 소위 '엘리트 교육'을 시키고 싶으셨던 것 같다. 그래서 정체 모를 어린이 클럽 같은 데도 데려 가고, 강남으로 이사간 친구들과 계속 교류하게 하고 싶어 하셨다. 문제의 '클럽'은 한 번 간 뒤에 내가 질색을 해서 다시는 말도 꺼내지 못하셨다.

내가 그 시기에 받은 좀 남다른 교육은, 어머니가 의도한 것과는 전혀 다른 분야에서 비롯되었다. 나를 키워 주신 외할머니는 여자도 일을 해야 한다고 굳게 믿으셨고, 또 우리 어머니는 집안 형편상 돈을 벌지 않으면 안 됐다. 그래서 나는 아주 어릴 때부터 어머니가 일을 하는 게 당연하다고 생각했다. 외할머니는 자식인 내가 이런 어머니를 잘 도와야 한다고 늘 가르치셨다.

그래서 그렇게 했다. 집에서 밥을 하고 밥상을 차리면서 나는 소년이 되었다. 남자들의 일반적인 성장기와는 약간 달랐다고 할 수 있을 것이다. 경영학에서 이걸 로지스틱이라고 부른다. 우리말로 거칠게 번역하면 병참*이라고도 한다. 이걸 체계화시킨 학문이 수리경영학이다.

경제학을 공부하던 내 친구들은 수리경영학을 아주 싫어했다. 경제학도가 이걸 왜 배워야 하냐고 따지기도 했고, 억지로 배우면서도 싫다고 넌더리를 냈다. 한데 나는 수리경영학이 이상하게 재미있었고, 몸에 딱 맞는 옷처럼 마음에 들었다. 처음 취직할 때 수리경영학으로 학위를 받은 한 누님에게 도움을 받기도 했다.

친구들과만 비교해 봐도 나는 밥하고 살림하는 것을 유달리 좋아하는 사람이다. 집eco을 관리nomos하는 것, 즉 '살림'이 경제학의 라틴어 어원이다. 친구들은 경제학을 경세제민의 제왕학 같은 것으로 이해했지만, 그냥 나는 집에서 살림을 하는 것을 좀 더 체계적으로 만든 학문 같은 것으로 생각했다.

그러니 자연에 대해 더 많이 공부하는 게 당연했고, 어려운 사람들을 세세히 신경 쓰는 게 무엇보다 중요한 일로 여겨졌다. 공부가 너무 재미있었다고 하면 거짓말이지만, 내 양심과 충돌하는 지식을 배우지 않아도 되었다. 때문에 연구하는 내내 편안했다.

'국뽕'이라는 단어가 있다. 강화된 쇼비니즘 정도의 의미인데, 국가주의를 지나치게 신봉하는 경우를 '국뽕'이라고 부른다. 만약 한국에서 국뽕이라는 단어가 학문적으로 정의될 수 있다면, '남뽕'도 학문적으로 정의될 수 있을 것이다.

　남자와 여자 사이엔 약간의 생물학적 차이가 있다. 한데 그 차이의 수준을 넘어서서 아예 남자들로 엘리트 집단을 꾸리기 위해 우리는 '남뽕' 교육을 한다. 아직 어린 남자아이에게 엄청난 스트레스를 주며 '강한 남자'가 되도록 훈련시킨다. 남자 엘리트들 사이의 거친 어깨싸움, 그걸 참아내고 심지어는 주도하기 위해 수많은 사례를 주입식으로 배우기도 한다. 누군 어떻게 했고, 누군 이렇게 했고……. 이쯤 되면 국뽕 감염자에 비해서 남뽕 감염자가 적다고 보긴 어려울 것 같다.

　둘째 아이가 두 번째 병원에 입원하면서 나는 강력한 권한과 큰돈으로 상징되는 남자들의 세계에서 빠져나왔다. 그리고 한 푼 두 푼 벌며 아이들과 좀 더 많은 시간을 보내는 새로운 삶을 선택했다. 한동안 밤마다 술 마시러 나오라는 전화가 많이 왔다. 선의에서 한 일이라는 걸 안다. 집에 가만히 있으면 심심할까봐 생각해 준 것이다. 이제는 그런 연락도 거의 안 온다. 어차피 안 나온다는 걸 다들 알게 됐기 때문이다. 이렇게 되기까지 반 년 정도 걸렸다.

　사람들과 매일 만나고 있을 때는 그런 모임을 안 하면 왠지 큰일 날 것 같다. 매일매일 뭔가 결정하고, 다음날 무언가 또 결정한다. 뭘 결정했을까? '다음번 술은 언제 마실 것인가?'가 진짜 결정한 내용이 아닌가 싶다. 젊었던 시절 우리는 혁명을 얘기하면서 술을 많이 마셨다. 그리고 술을 마신 뒤엔 혁명과 상관없이 그냥 싸웠다. 그리고 화해하기 위해서 다음날 또 술을 마셨고, 왜 술을 마시기 시작했는지는 까먹고 또 싸웠다. 우리가 그 시절에 술이 아니라 차를 마시면서 혁명을 논했다면 세상은 지금보다 많이 좋아져 있을지도 모른다.

내가 집에서 둘째 아이가 아플까 봐 전전긍긍 하는 동안, 소위 '높은 자리'에 오지 않겠냐는 제안들이 좀 들어왔다. "일 없슈." 단박에 거절했다. 자리를 주선한 지인들이 섭섭해 했지만 어쩔 수 없다. 둘째가 이번 겨울을 아프지 않고 무사히 나는 게 나에게는 더 큰일이니까. 그리고 아이들과 이렇게 많은 시간을 같이 보낼 수 있는 기회가 인생에 몇 번이나 있겠나. 안 하기로 했다고 하니 막냇동생이 방방 뛰었다. "그런 건 무조건 하는 거야, 왜 그래, 형."

나는 행복에 대해 잠시 생각했다. 큰돈, 큰 권한, 그리고 더 큰돈, 더 큰 권한, 그런 것은 행복과는 무관한 일이다. 경제학자의 시선으로 주변 사람들을 20년 넘게 관찰했다. 그러는 동안 망한 사람도 있고, 아주 크게 흥한 사람도 있다. 그리고 물론 원래도 부자였고 지금도 부자인 사람도 있다.

사람이 돈을 벌면, 자기가 죽을 때까지 쓸 돈을 고민하기 시작한다. 여성의 경우는 식구들과 같이 쓸 돈을 생각한다. 한데 적지 않은 남자들은 갑자기 많은 돈을 벌면 애인을 두는 것에 대해 진지하게 고민하기 시작한다. 그렇게 애인을 둔 사람의 삶이 장기적으로 윤택해지는 것은 별로 본 적 없다.

자신의 평생에 대한 고민이 끝나면, 이제 자식의 삶에 대해서 고민하기 시작한다. 그래서 자식도 평생 먹을 수 있게 죽어라고 열심히 산다. 그리고 그 고민이 끝날 때쯤 손자가 태어난다. 눈에 넣어도 아프지 않을 것 같은 귀여운 손자. 그들이 평생 먹고 살 수 있도록 다시 열심히 산다. "삼대 가는 부자 없다."는 옛말은 삼대까지 먹여 살린답시고 평생 돈의 노예가 되어 살지는 말라는 뜻으로 생겨난 것 같다.

이 과정에서, 성공한 남자는 신화로 재탄생한다. 그리고 그게 '남뽕'이 된다. 성공한 아버지, 할아버지의 무게에 눌려 사는 자식들이나 손자들을 드물지 않게 보았다. 잘 아는 어떤 학자의 아들은 고졸 출신인데 라면가게를 냈다. 이걸 놓고 많은 사람들이 한 마디씩 보탰다. 나는 별 얘기는 하지 않았지만 그 아들이 짊어졌어야 했던 삶의 무게 같은 것을 좀 생각해 보게 되었다.

마지막으로 제안이 들어왔던 자리를 거절했을 때, 주변 사람들은 참 이해할 수 없는 선택이라며 하나같이 혀를 찼다. "아빠가 돈을 벌어서 식구들을 편하게 해주는 게 맞지 겨우 푼돈이나 벌면서 쪼들리게 하는 건 대체 뭐하는 짓이냐?" 그렇게 대놓고 얘기한 사람들도 있었다. 물론 적지 않은 연봉을 받게 될 테니 죽어라 일해서 아이들에게 더 좋은 것 먹이고, 영어유치원도 보내고 그러는 게 주변 사람들 보기엔 더 좋을 수 있다. 그런데 그게 행복일까? 그리고 그게 과연 최선의 선택일까?

나는 그렇지 않다고 생각했다. 살면서 돈이 필요한 것은 맞다. 그리고 그 돈을 위해 아빠도 일하고 엄마도 일하는 것도 맞다. 미래에는 점점 그런 방향으로 이행할 것이다. 엄마가 집에서 아이 돌보는 데 전념하는 가정의 모습이 유지될 날도 얼마 남지 않은 것 같다.

한데 필요한 돈, 그 돈의 정도는? 아침에 일어나 그날 세 끼 밥 먹을 걱정이 없는 정도면 된다고 생각한다. 그게 '한 푼'이다. 떼돈을 벌면 행복할까? 성경에 나오듯 낙타가 바늘구멍 들어가는 것보다 어려운 일이다. 갑자기 돈을 벌면 불행의 크기도 기하급수적으로 커진다.

세 끼 밥걱정을 매일 하지 않는다면, 이미 충분히 넉넉하고 유복한 것이다. 번개를 두려워하면서도 동굴에 벽화를 남겼던 인류 최초의 모습에서 지금까지, 세 끼 밥 먹는 것을 걱정하지 않아도 되는 시기가 그렇게 길지는 않다. 그리고 그 정도의 걱정 없이 살았던 사람이 그렇게 많지도 않다.

남이 나를 어떻게 볼까, 다른 사람들에게 어떻게 보일까, 그런 고민들이 결국 '남뽕'을 만든다. 좋든 싫든 나도 그 안에서 어깨싸움 하면서 지금까지 살았고, 많은 경우 그 싸움에서 오래 버텼다. 그러나 내 나머지 인생까지 그렇게 살 필요는 없다고 생각했다.

마지막으로 나를 설득하려고 했던 사람들이 뭐 이런 얘기를 했다. '당신이 별로 좋아하지 않는 사람이 그 자리를 차지할 텐데 그래도 좋아?' 솔직히 좋지는 않다. 하지만 그게 나랑 무슨 상관인가. 행복이 남을 이기는 데서 오는 것도 아닌데.

어제 졌는데 오늘 이기면 어떻게 될까? 내일도 이길 수 있을까? 내일 이기기 위해 오늘을 희생하고 초조하게 산다. 그 덕에 내일도 이겼다고 치자. 그럼 그 다음날은? 우리는 늘 이렇게 사는 게 참된 삶이라고 배워왔다. 이런 게 남뽕 아니겠는가? 죽을 때까지 매일 이기고 늘 이기는 삶, 그건 불가능하다. 역사상 손꼽히는 영웅 나폴레옹도 결국 쓸쓸히 섬에 유폐되어 죽었다.

나는 둘째 아이가 이번 겨울 혹은 내년 봄에 호흡기 질환으로 병원에 입원하지 않고 버틸 수 있으면, 그걸로 족하다. 더 이상 바라는 것도 없다. 아픈 아들을 두고 내가 꼭 해야 할 일이 있을까? 나는 없다고 생각한다. 하지만 가족과의 시간을 비롯한 개인적인 삶을 희생하고 '큰 것', 대의를 위해 살아야 한다고 배웠었다. 그게 남자의 삶이라고. 왜 굳이 남자일까? 80년대엔 여성이 뭔가 할 거라고 생각한 사람이 없었기 때문이다.

이런 세상, 여자도 피곤하고 남자도 피곤하다. 뭔가 해내서 자신을 증명하라고 끊임없이 강요당하는 소년들이, 아들들이 안타깝다. 피곤한 데다, 무엇보다 불필요한 일이다. 국가를 버리고 총독부가 시키는 대로 친일의 길을 걸었던 사람들은 애국심을 강요했다. 그 속뜻은 자신들을 존경하라는 것이었다.

일가친척은 전부 미국으로 보내 미국식 교육을 받게 하는 사람들이, 돌아서면 국가를 강조한다. 도덕적으로 그런 얘기를 할 처지가 아닌 사람들이 국가의 이름을 빌어 애국심을 강요할 때, 사람들은 좀 이상하다고 생각하게 된다. 이게 국뽕이다. 한편 남녀의 차이점을 이유로 남성의 우월성을 극단적으로 강조하고, 거기에 맞는 사람이 되도록 강요한다면 그런 걸 남뽕이라고 부를 수 있다.

지금까지는 그래 왔지만 앞으로도 이렇게 살 필요가 있을까? 30년 후의 한국도 그럴까? 나는 아니라고 생각한다. 이 시대 우리는, 남뽕이 지기 전 마지막 클라이맥스를 보고 있는 게 아닐까?

'진짜 중요한 것들'이 있다

우리의 미래는 어떻게 될까? 아이를 키우게 되니 30년 후, 40년 후의 미래상이 그냥 해보는 상상이 아니라 좀 더 현실적인 고민이 된다.

아내는 찰스 다윈을 아주 좋아한다. 다윈은 아주 유명한 노예 반대론자였다. 노예가 경제생활의 중요한 근간이었던 19세기, 노예제도에 대한 논의는 경제학에서 '최첨단'에 속하는 쟁점이었다. 우리가 지금 노예제도를 반대하는 것은 상식의 영역에 속하는 일이지만, 19세기의 시공간으로 옮겨갔을 때도 그럴 수 있을지는 모르는 일이다. 19세기 유럽의 남자 엘리트들은 노예제를 옹호하는 것이 애국이고, 상식이고, 경제학이라고 생각했다. 그게 주류였다.

아내가 최근에 나에게 들려준 다윈에 관한 얘기가 있다. 같이 자란 누이들이 어린 다윈에게 백인이건 흑인이건 인간은 다 같다고 얘기해 줬다는 것이다. 이게 지금처럼 '상식'으로 자리 잡는 데는 아주 오랜 시간이 걸렸다.

우리가 알고 있는 많은 지식의 밑에는, 가장 기본적인 상식이 깔린다. 물론 시간이 지나면 상식도 변한다. 골상학 같은, 19세기에는 첨단 지식이고 과학이라고 했던 것들이 지금 와서는 흔적도 없다. 인간의 골상을 보면 그 사람이 범죄를 저지를지 아닐지 알 수 있다는 황당한 얘기가 통계와 과학을 동원해 지식으로 치장되었었다.

다윈이 탔던 비글호의 선장은 전형적인 노예론자였다. 배도 얻어 타는 주제에 젊은 다윈은 끊임없이 선장과 논쟁을 벌였다. 그러면서 배신자, 이상한 사람 취급을 당했다. 그러나 그는 우리 모두가 알고 있듯 위대한 다윈일 뿐이다.

남자는 여성보다 우월하고 사회의 엘리트가 될 것이기 때문에 '귀공자'로 키워져야 한다는 믿음, 이건 19세기의 골상학처럼 우스운 얘기고 언젠가는 완전히 사라질 것이다.

'사람은 다 같다'는 상식을 나는 어려서 배우지 못했다. 아버지가 나에게 알려주려고 한 단 하나의 지식은, 전라도 사람을 믿지 말라는 것이었다. 아버지가 합기도 도장을 운영하실 때 전라도 출신인 사범이 돈을 너무 많이 빼돌려서 도장 운영이 어려웠다는 경험적 근거가 이를 뒷받침했다. 어머니도 나에게 그렇게 가르치셨다. 한동네에 살던 어떤 이의 사례를 근거로 제시하면서.

우리 부모님뿐이 아니다. 그 시절 서울에 살던 아주 많은 사람들이 전라도 사람을 믿지 말라고 가르쳤다. 그 어떤 사람도, 다윈의 누이들이 다윈에게 말해주었던 것처럼 '사람은 다 같다'고 말하지 않았다. 내가 아는 서울의 중산층 할아버지들 중 『비글호 항해기』를 읽은 사람은 거의 없다. 그들은 한국 사람이 반드시 노벨상을 타야 한다고 얘기한다. 하지만 다윈이 인류에 미친 영향은 노벨상 같은 것과는 아예 차원이 다르다.

지금 나와 가깝게 일하는 동료, 한 사람은 목포 사람이고 또 다른 사람은 부산 사람이다. 6년간 같이 일했다. 아마 앞으로도 최소 6

년간은 같이 일할 것 같다. 목포 출신 동료와 같이 일하면서, 나는 아버지의 유일한 가르침을 정면으로 거스른 아들이 되었다. 70년대, 서울 어른들이 못에 핏대를 올리면서 하던 말들을 지금 내 식으로 해석하면 '전부 개소리'고, 골상학처럼 허무맹랑한 얘기들이다.

내가 아들들에게 꼭 가르치고 싶은 단 한 가지도 그것이다. "사람은 다 같다."는 가장 중요한 상식. 아내는 얼마 전에 다윈의 『비글호 항해기』를 다시 샀다. 나도 읽을 생각이다. 예전에 건방 떨면서 불어로 읽기 시작했다가 끝까지 읽지 못하고 덮은 적이 있다. 박사 공부를 하던 시절이었는데, 그때는 이 책이 왜 중요한지 진심으로 알지는 못했었다. 글을 읽을 수 있는 나이가 되면 우리 집 아이들에게도 이 책을 꼭 권하고 싶다.

나는 중진국에서 태어났고, 살아남는 게 가장 큰 덕목이던 사회에서 버텼다. 아주 부자인 집을 제외하면 우리 대부분은 다 죽지 않으려고 아등바등하면서 이 나이까지 살았고, 어찌어찌 하다 보니 부모가 되었다.

우리의 아이들은 딸이든 아들이든, 선진국에서 태어났다. 그들이 우리 나이가 되었을 때 아마 한국은 지금보다 더 잘사는 나라가 될 거고, 세계적으로도 더 중요한 나라가 되어 있을 것이다. "더 큰 힘에는 더 큰 책임이 따른다." 영화 〈스파이더맨〉에 나온 대사다. 이건 세계 최강국인 미국에 있어 정말 필요한 덕목이었을 것이다. 앞으로의 우리도 명심할 필요가 있다.

아직 세상을 제대로 이해하지도 못한 아이들에게 꿈을 가지고 비전을 가지라고 강요하는 것은 전형적인 중진국 시절의 교육이다.

더 부강해진 나라에서는 꿈보다 인간으로서 가져야 할 최소한의 소양과 양심을 심어주는 게 더 중요하다. 그 소양의 바탕 위에 올라야만 지식은 비로소 창조적인 것이 되어 힘을 얻는다. 이제 막 세계를 지배하려는 대영제국의 한가운데에서 다윈이 누나들에게 받았던 가정교육은 세계 시민으로서의 최소한의 양심 같은 것이었다. 그래서 『비글호 항해기』는 더없이 모던하고, 청소년들의 영원한 필독서다.

다윈이 잘나서 혹은 그가 최초로 진화론을 체계화시켰기 때문에 『비글호 항해기』를 읽으라고 하는 것은 아니다. 위대한 지식을 쌓아 인류에게 전하고, 어마어마한 부를 이룬 사람은 많다. 하지만 다윈은 젊은 시절, 세계인으로서의 기본적 양심과 갈등하면서 그것을 기록으로 남긴 대표적인 인물이다. 그 고민을 고스란히 담아낸 책이 『비글호 항해기』다.

지금보다는 경제적으로 그리고 문화적으로 더 중요한 나라가 되어있을 한국에서 나의 두 아들은 자라날 것이다. 아빠가 '한 푼'이나 벌면서 살기로 마음을 먹었기 때문에, 아주 부유하거나 편안하게 살기는 어려울 것이다. 그래도 하루 세 끼를 걱정하면서 살지는 않게 해줄 생각이다. 그리고 그들이 스스로 판단할 수 있게 되었을 때, 『비글호 항해기』를 읽을 수 있을 정도의 기본 소양은 갖추게 해주고 싶다.

사람은 다 같다, 그걸 이해하면 21세기에 충분히 훌륭한 사람이 될 수 있고, 최소한 자신은 지킬 수 있는 시민으로 자라날 수 있다. 영어는 정말 아무것도 아니고, 국어나 수학도 그런 기본적인 것에 비하면 아무것도 아니다. 아무것도 못해도 된다. '사람은 다 같은 것'이라는 진실을 마음속으로 이해할 수 있는 최소한의 심성만 갖출 수 있으면 충분하다. 그러면 "돈도 실력이다", 이런 허망한 말은 하지 않을 정도의 심성과 상식은 가지게 된다.

몇 달 간 꽤 긴 시간을 두 아이들과 함께 보냈다. 그 시간 동안 배운 게 하나 있다면, 19세기에 나온 『비글호 항해기』가 선진국에서 어떻게 20세기를 관통해 21세기까지 중요한 책으로 자리매김 했느냐는 것이다. 두 아이와 많은 시간을 보내고 나서야 왜 많은 선진국 부모들이 자식들에게 『비글호 항해기』를 읽게 하는지 비로소 이해할 수 있게 되었다.

아들을 더 아들답게, 남자를 더 남자답게, 이런 건 모두를 불편하면서도 불운하게 만드는 육아라고 생각한다. 나도 뭔가 해야 한다는 생각을 내려놓고, 뭔가를 보여줘야 한다는 부담감도 내려놓았다. 지금 내가 바라는 것은, 내년 봄에도 둘째 아이가 건강해서 요즘 함께하는 '번개 파워' 놀이를 같이 할 수 있었으면 하는 것이다. 두 아이는 "번개 파워!"라고 외치며 외치면서 양손으로 장풍을 쏘고, 아빠는 눈앞에서 쓰러지는 놀이를 너무너무 재밌게 하고 있다. 나도 '더티 복싱'에 맞아 주고 있는 것보다는 이게 훨씬 편하다.

살면서 중요한 게 뭔지, 나도 너무 오랫동안 잊고 살았다. 아이가 아프고 나서야 '진짜 중요한 것'에 대해 생각하게 되었다. 우리가 배우는 지식들은 참으로 허무하다. 결국은 맞아 봐야 아픈 줄 알게 되니 말이다.

이게 다 욕심 때문이다. 호기심은 고양이를 죽이지만, 사람의 욕심은 자신의 눈을 죽인다. 그리고 부모의 허망한 욕심은, 자녀의 미래를 망친다. 행복은 욕심 많은 사람들에게는 절대로 오지 않는다.

번외
3

아빠 홀로
5일간 집중 육아
100퍼센트 리얼 다큐!

발단
아주 긴 연휴의 시작

올해 추석 연휴는 아주 길었다. 추석은 목요일이었고, 연휴는 수요일부터 시작됐다. 거기에 주말이 붙어 있다. 평소 같았으면 어쨌든 "연휴 만세!"를 외쳤을 것이다. 그러나 아이를 둘 키우면서 연휴는 그야말로 공포의 시간으로 변했다. 두 아이가 모두 수족구병에 걸리거나 뭔가 바이러스에 감염돼 어린이집에 갈 수 없게 되는 사태에 준하는 일이다.

이런 조건에 미션 하나가 추가됐다. 취업을 준비하던 아내가 두 곳의 서류 심사에 통과해서 면접을 보게 되었다. 원래 하던 일과는 약간 다른 거라서 열심히 공부하며 발표 자료를 만들어야 한다. 때문에 두 아이를 데리고 밖으로 나가서, 아내 혼자 있을 수 있는 시간을 가능하면 길게 유지하는 게 내 임무가 되었다.

나도 하는 일이 있었지만 일단은 5일 간의 집중 육아에 도전하기로 했다. 삶의 기로에 선 아내를 위해. 미리 치밀하게 계획을 세우지는 않았다. 나도 5일을 통으로 비우기 위해서는 넘겨야 할 일들을 전날 미리 마무리해야 했기 때문이다. 과로로 기진맥진한 상태로 집중 육아 전날을 보냈다.

    세 살, 다섯 살 두 아이가 어린이집에서 송편을 만들어 왔다. 나는 떡을 즐겨 먹지 않아서, 송편을 언제 마지막으로 먹어 봤는지 기억조차 희미하다. 한데 아이들이 만들어 온 떡은 정말이지 맛있었다. 떡이 든 조그만 비닐 '봉다리'를 둘이 하나씩 들고 있었다. 내일이 걱정되기는 했지만 송편과 함께 잠시 긴장을 풀었다.

첫째날,
수요일

어디로 갈까? 연휴에는 많은 시설이 문을 닫는다. 게다가 첫날 아침엔 비도 약간 내렸다. 언제 또 비가 올지 모른다. 참 하늘이 안 도와준다는 생각을 했다. 하늘을 보니까 잠시 비가 그친 것이고, 언제 또 비가 쏟아져도 이상하지 않을 날씨이다.

일단은 동네 놀이터로 첫 일정을 잡았다. 동네라곤 하지만 걸어서 가기에는 굉장히 먼 거리다. 처음 이사 왔을 때 천천히 오랫동안 산책을 다녔는데, 그때 한 번 가보고 다시는 안 갔던 곳이다. 두 아이를 데리고 놀이터로 나섰다. 생각해 보니 두 아이를 다 데리고 놀이터에 가는 것도 이번이 처음이었다.

놀이터엔 시설이 많지 않았다. 그네가 있는데, 우리 아이들은 거기 있는 '본격적인' 그네를 타기에는 아직 너무 어리다. 미끄럼틀이 있는 곳으로 갔다. 놀이터의 미끄럼틀은 동그랗게 쇠로 덮개가 있는 모양인데, 덮개 아래쪽이 빗물로 흥건했다. 주유소에서 준 휴지를 꺼내 와서 미끄럼틀의 물부터 닦았다.

큰애는 이제 미끄럼틀에 익숙하다. 그냥 타는 정도가 아니라 이제는 거꾸로 올라가는 걸 즐긴다. 그리고 내려올 땐 누워서 등을 대고 머리 쪽으로 내려온다. 보기만 해도 아찔하다. 어쨌든 미끄럼틀은 물리적으로 잘 설계되었다. 아래쪽에 곡선을 두어서 내려오면서 다치지 않도록 자연스럽게 감속되는 구조다.

큰아이는 이게 불만이었다. 한데 등 뒤로 내려오면 감속이 되지 않는다. 그냥 내버려 두면 붕 날아서 뒤통수를 아래 처박게 생겼다. 이렇게 내려올 때면 혹시 모르니 누가 밑에서 봐 줘야 한다.

큰애가 세 살일 때, 여기서 처음 미끄럼틀을 탔을 때도 나랑 탔다. 그때는 벌벌 떨고 소리를 지르며, 아빠가 있는 걸 확인하고서야 겨우 내려오고는 했다. 손으로 철로 된 미끄럼틀 벽을 부여잡고, 미끄럼을 타는 게 아니라 더듬더듬 내려왔었다. 이제는 미끄럼틀을 '헤드샷'으로 탄다.

둘째는 이날 처음으로 큰 미끄럼틀을 탔다. 미끄럼틀이 시작하는 부분에 약간 높이가 올라와 있다. 이 약간 높이 올라간 틀을 잡고 아이는 머뭇거렸다. 그 사이에 형은 동생 옆으로 몇 번이나 헤드샷으로 미끄럼틀을 질주했다.

두 번, 둘째가 미끄럼틀 위에 자리를 잡을 수 있게 도와주었다. 뒤에서도 계단 놀이를 할 수 있고, 징검다리 놀이도 할 수 있도록 꽤 복잡하게 설계한 미끄럼틀이다. 위에서 자세를 잡아 준 뒤, 내려오는 동안 죽어라고 뛰어야 다 내려오기 전에 밑에 도착할 수 있다.

보통은 빛의 속도로 움직이기 전에는 불가능한 일인데, 둘째는 무서워서 손발로 아무거나 잡고 계속 몸을 지탱하려 한다. 그래도 혹시 몰라서 전력 질주로 미끄럼틀 아래 다다르면 늦지 않게 잡아 줄 수 있다.

그날 둘째가 미끄럼틀에 눈을 떴다. 서른 번은 탔을까? 중간에 물을 마시고 과자도 조금씩 먹었다. 그리고 다시 큰아이의 헤드샷과 둘째의 초보 미끄럼틀이 이어졌다.

이 놀이터에서 바로 이어지는 별로 높지 않은 언덕이 있다. 나름 대로 바위도 넘고, 또 다른 바위를 넘어 정상까지 가는 코스를 갖췄다. 큰애는 이 작은 '산'에 올라가는 것을 좋아한다. 시설들을 갖고 좀 놀다가 산에 올라가는 게 큰애의 놀이터 순방코스다.

"소중이는 산에 못 가잖아. 다음에 아빠랑 둘이 왔을 때 올라가세요. 자, 약속!"

큰애는 납득하지 않고 여러 가지 제안을 한다. 둘째 두고 올라가자, 소중이 집에 데려다 주고 다시 오자, 소중이도 데리고 가자……. 아따, 진짜 말 많네.

둘째가 미끄럼틀을 처음 타고 워낙 신기해해서 30분 정도는 더 버틸 수 있을 것 같았다. 큰애와의 실랑이는 비가 조금씩 내리기 시작해서 싱겁게 끝이 났다. 그렇다고 그냥 집에 들어가면 아내가 실망한다.

다시 두 아이를 꼬셔서 동네 빵집으로 갔다.

"빵집은, 좋지."

큰애와 둘째 둘 다 빵집에서 노는 건 좋아한다. 아이들은 소보로 빵을 먹고, 나는 캡슐 커피로 내려 주는 에스프레소 한 잔을 마셨다. 그래도 이젠 아이들이 좀 커서, 이렇게 커피 한 잔은 마실 수 있게 되었다. 전에는 어른 의자에 앉혔으니 언제 떨어질지 몰라서 꼭 주시하고 있어야 했다.

집에 들어오자마자 두 아이들은 점심도 안 먹고 바로 곯아떨어졌다. 오예, 보았느냐, 남편의 육아 실력을! 이렇게 오전과 오후 낮잠까지 한 번에 해결했다. 덕분에 나도 잠시 쉬었다.

오후에는 비가 오락가락했다. 밖에 나갈 수 있는 상황은 아니어서 그냥 집에서 버텼다. 애들은 마루에서 뛰고, 뛰고 또 뛰었다. 나도 말 그대로 몸을 던져서 같이 놀아 주었다. 그렇게 첫날이 갔다.

둘째 날,
목요일

집중 육아 둘째 날, 추석 당일이 왔다. 어른이 된 후 우리 집의 명절은 다른 집의 명절과 좀 다른 모양새였다. 어머니는 외가로, 아버지는 조금 더 먼 친척 집으로 가시곤 했다. 여기엔 사연이 좀 있는데, 하여간 그렇게 따로 어디론가 가셨다.

내가 어른이 된 후 복잡한 일들이 많이 정리됐다. 그리고 어머니 아버지 모두 집에 있게 되셨다. 명절에 식구들이 모일 수 있는 제반조건은 갖춰진 셈이다. 모이긴 하지만 음식은 따로 만들지 않는다. 그날 연 식당에서 밥 먹는 걸로 명절 행사를 갈음하기로 했다.

그 대신 아주 나중에 아버지, 어머니 제사는 내가 꼭 챙기기로 약속했다. 또 두 양반 묘도 책임지고 마련해 드리기로 했다. 어머님은 꼭 땅에 묻히고 제삿밥도 먹어야 한다고 평생 믿고 사신 분이다. 당신이 제사를 지낼 때도 형식적으로만 한 게 아니라 그렇게 믿고 정성을 다하셨다. 나도 그 마음을 따르기로 했다.

어떤 때는 중국집에 갔고, 이탈리아식 뷔페에 가기도 했다. 중국인이 운영하는 정통 중국집은 한국식 명절을 따르지 않기 때문에 여는 집이 드문드문 있다. 명절에 갈 곳을 찾는 사람들에겐 팁이 될 수 있을 것 같다.

명절은 아버지가 밥 사시는 날. 며느리들이 무척 기뻐했다. 그렇다 보니 명절이 가까워지면 영업하는 집을 찾아 메뉴를 정하는 게 또 큰일이 되었다. 아기가 태어나기 전에는 내가 정하고, 우리 집에서 차 한 잔 마시면서 마무리하는 게 우리의 명절 스케줄이었다. 요즘은 막냇동생이 그걸 맡고 있고, 메뉴도 알아서 정한다.

두 아이를 데리고 열 시 반에 길을 나섰다. 아내도 오려 했지만 내가 그냥 집에 있어도 된다고 했다. 장남이라 이것저것 따지면 좀 까다로울 때도 있지만, 이런 경우엔 그냥 내 권한이다. 나는 권한을 행사했다.

그런데 내가 착각을 했다. 동네를 잘못 안 것이다. 지하 주차장으로 내려가 보니 썰렁했다. 두 아이를 데리고 잠시 헤매다 다시 돌아가서 겨우 약속 장소를 찾았다. 초장에 너무 힘을 빼는 것 같아 불길했다.

30분 늦게 도착했는데, 다들 식사는 마치고 후식을 먹는 중이었다. 한식 뷔페였는데, 그날 처음으로 둘째가 볶음밥을 먹었다. 두 아이 밥 먹이면서 틈틈이 먹었더니 내가 먹을 수 있는 건 볶음밥과 김치가 고작이었다. 그나마도 코로 들어가는지 입으로 들어가는지 모르겠다. 둘째 아이는 간만에 만나는 친척이라 무서워했고, 내 옆에만 꼭 붙어 있으려 했다. 그 나이 때 애들은 다 그렇다. 몇 번 봐서 아는 사람이라도 이삼십 분은 지나야 다시 친근해진다.

"소중이 조금 조금씩, 진짜 많이 먹어."

둘째조카가 아이 먹는 걸 보고 놀랐다. 먹는 게 몇 종류 안 되는 극심한 편식이지만, 양은 만만치 않게 먹는다. 계속 앓기만 해 체중도 너무 적게 나가는 아이라 필사적으로 밥을 먹였다. 마치 겨울잠 자는 동물들이 겨울을 대비해 가을에 잔뜩 먹어 놓는 것처럼. 그 결과 볶음밥에 약간의 고기를 더해 한 공기 분량을 먹었다.

밥을 다 먹고 나서는 다들 막냇동생의 집으로 모였다. 큰아들은 할아버지에게 딱 붙었고, 차도 할아버지와 같은 차를 타고 갔다. 집을 나설 때 '할아버지 집에 가서 〈카봇〉 봐야지.' 이렇게 작전 구상을 나름대로 해 놓은 것 같다. 지난번 친가에서 똥 세 번과 오줌 한 번을 싼 후, 아버지는 내 전화는 아예 안 받고 있었다. 큰애는 언제나 친가에 가고 싶어 하지만 보낼 방법이 없다.

아이들이 있을 때는 TV를 잘 안 트는데, 그날은 아버지가 야구를 봐야 한다고 해서 TV를 켰다. 가을 야구의 향방을 가르는 꽤 중요한 경기였다. 아버지는 그날 몇몇 야구 선수를 품평하는데 많은 시간을 할애하셨다. 좀 과한 평가도 있고, 어떤 건 이해가 되기도 하고 그랬다. 그리고 결정적으로, 그날 아버지가 응원하는 팀이 이겼다. 아버지는 기분이 좋아지셨다.

야구가 끝나고 막냇동생의 집을 나섰다. 큰애는 아버지 손을 붙잡고, 아예 친가로 가겠다며 떨어지지 않았다. 어머니는 큰애를 데려가서 하룻밤이라도 재우고 꼭 싶어 하셨다. 원래 어머니는 큰애를 아주 많이 좋아하신다. 밤에 똥 싼 걸 치우신 아버지가 그 충격을 잊지 못해서 못 가고 있을 뿐이다. 야구팀이 이겨 준 덕도 있고 해서, 결국 큰아들은 친가로 갔다.

둘째만 데리고 저녁 무렵이 되어서야 집에 돌아왔다. 한 명만 있으면 참 아이보기 수월할 것 같다는 생각을 남몰래 했다. 저녁부터 먹고, 홀가분한 분위기에서 정말 열심히 아이와 놀아주었다. 한 명만 보는 게 이렇게 편하다니!

열심히 논 것까지는 좋은데, 둘째가 안경을 홱 잡아 던졌다. 그리고 드디어 안경알이 빠졌다. 깨지지 않은 데 한시름 놓기는 했는데, 워낙 안경테가 얇아서 안경알을 넣느라 애를 먹었다. 다리도 많이 휘었다. 멀쩡했던 안경이 삽시간에 안경이 아작났다.

그래도 나는 좋았다. 큰애가 딱 요만할 때도 내 안경알을 빼먹은 적이 있었다. 어차피 애들은 그러고 노는 건데, 안경알을 잘 보호하지 못한 내 잘못이 더 크다. 한두 번 놀아보는 것도 아니고, 아마추어처럼 내가 왜 그랬지? 오히려 둘째가 좀 건강해진 것 같아 기분이 좋았다.

안경알이야 끼우면 되는 거고, 안경이 망가지면 다시 맞추면 된다. 큰애는 아예 안경다리를 부러뜨렸었다. 나름대로 비싼 안경테를 썼더니, 본사로 보내면 다시 고쳐 주었다. 지금 쓰는 안경이 그렇게 애프터서비스를 받은 안경테다. 그렇지만 꿈결같이 지나는 나이, 아파서 누워 있는 것보다는 놀다가 아빠 안경알을 날려먹는 편이 훨씬 즐겁다. 아내는 옆에서 보면서 질색을 했지만, 그래도 나는 좋았다.

셋째 날,
금요일

　명절날이면 보통 친가에서 밥을 먹고, 오후에 외가로 갔다. 이번 추석에 아내는 친가에 가지 않았다. 그리고 외가도 힘들어서 안 가기로 했다. 아내가 취업이 될지 안 될지는 모른다. 하지만 아픈 둘째 때문에 퇴사한 아내에게 나는 별로 해준 게 없다. 그래서 단 며칠이라도 최선을 다하기로 마음먹었다.

　점심을 먹고서 둘째 아이를 데리고 친가로 떠났다. 어쨌든 아내가 혼자 있을 수 있는 시간을 확보하면 된다. 나도 오랜만에 집에 돌아왔다. 큰애는 포카리스웨트를 처음 먹어보았다. 너무너무 황홀해했다. 초코 과자도 원 없이 먹었다. 그렇지만 〈카봇〉은 생각만큼 많이 보지 못했다.

　집, 다섯 살 때부터 살았던 집에 부모님은 아직도 살고 계시다. 한때는 웬만큼 사는 사람들이 모이는 고급 주택지 중 하나였다. 6학년 때던가, 우리 옆 골목에 살던 검사 집에 도둑이 들어서 아주 난리가 난 적이 있었다. 정작 도둑이 들었을 때보다 잡혔을 때 더 요란했다. 훔친 물건에서 물방울 다이아몬드가 나왔기 때문이다.

우리 집에도 결국 도둑이 들었다. 내가 6학년이었을 때인데, 별것도 없는 집을 쑥대밭으로 만들어 놓고 갔다. 내가 학교에서 돌아오기 전까지 늘 집에는 사람이 없었다. 박정희 집권기 후반, 가난한 검사의 집에 물방울 다이아몬드가 있었다는 사실에 사람들은 경악했다.

골목 안 사람들끼리는 다 알고 지냈다. 골목 첫 번째 집은 주유소를 했고, 그 옆의 앞집은 예술의 전당 작업에 참여한 건축가의 집이다. 우리 집 옆집 아빠는 은행장을 했고, 엄마는 서울에 있는 대학 교수였다. 뒷집 아빠의 경우 직업은 잘 모르고 엄청나게 부자라는 사실만 알고 있었다. 그 모든 집에 있는 아이들이 골목으로 다 뛰어나와서 오후 내내 '다방구'를 하며 놀았다.

각자 대학에 들어가면서는 서로 만나는 일이 없어졌다. 앞집 친구는 몇 년 전에 연락이 왔는데, 통화만 하고 보지는 못했다. 그리고 조금 더 시간이 흐른 뒤엔 집을 팔고 다들 어디론가 떠나갔다. 나도 떠났다. 한 집이 떠날 때마다 다세대 주택이 들어왔다. 그리고 지금은 전형적인 다세대주택 골목이 되었다.

나도 아주 오래 전에 떠나버린 골목, 그곳에 어머님과 아버님 두 분이 아직 사신다. 집에는 아주 가끔만 간다. 아이가 태어나기 전에는 정말로 갈 일이 없었다. 게다가 아내와 어머님은 왠지 모르게 사이가 안 좋았다. 그러니 더군다나 갈 일이 없었다. 어머님이 아프신 후엔 일부러라도 챙겨 가려 했는데, 그래도 자주 가지는 못했다.

그런데 우리 집 큰애 때문에 어머니는 기적처럼 병석에서 일어나셨다. 앞에서도 한 얘기다. 어머니는 이 아이를 너무나도 예뻐하신다. 그 후로는 좀 더 자주 오게 되었다.

두 아이를 데리고 다시 골목길을 나선다. 어머님이 힘든 몸을 이끌고 골목길 앞까지 나오셨다. 잠시 차를 세워 놓고 인사를 했다. 그때 검은 봉투, 냉장고에 있던 포카리스웨트 큰 병이 담긴 검은 봉투를 어머니가 내미셨다.

"세중아, 집에 가서 먹어."

큰아들은 감격했다. 우리 집에 포카리스웨트 같은 건 없다. 그래도 아이는 정말 좋아하고, 늘 먹고 싶어 한다. 내 머릿속에도 떠오른 게 있었다. 어머니가 나를 얼마나 지극정성으로 키우셨는지. 검은 봉투에 담긴 포카리스웨트 한 병을 차에 싣고 오래된 그 골목을 돌아 나섰다.

어머니가 치매로 쓰러지신 후, 나는 점점 더 덤덤한 사람이 되었다. 과한 약속이나 도에 넘치는 기대 같은 것은 하지 않는다. 삶은 그런 것들 없이도 덤덤히 흘러간다. 한번 누우셨던 어머니가 언제 다시 쓰러질지, 그리고 언제 다시 기억을 잃으실지 나는 모른다. 삶의 마지막 순간에 단 한 번의 기쁨을 주기 위해 신이 잠시 불타오를 시간을 허락한 건지도 모른다. 나는 일련의 사건들을 담담하게 받아들인다.

이런 생각을 하면서 골목길을 돌아 나섰다. 성산대교를 건넌다. 대학 시절 이 다리를 건너서 학교에 가고, 다시 이 다리를 건너 집으로 돌아갔다. 그 사이에 하얀색 수은등이었던 다리의 가로등이 노란색 나트륨등으로 바뀌었다. 좀 시간이 지나면 아마 다시 LED 등으로 바뀔 것이다. 아들은 포카리스웨트가 담긴 검은색 비닐봉투를 가슴에 꼭 안고 있었다.

시간이 많이 흐르면, 큰아들은 검은색 비닐봉투는 잊어버리고 포카리스웨트만 기억하게 될지도 모른다. 나는 포카리스웨트는 잊어도, 어머니가 골목길 어귀까지 들고 나오신 검은색 비닐봉투만은 기억하고 있을 것 같다.

퇴근하실 때 검은색 비닐봉투를 들고 오던 어머니가 생각난다. 떡볶이도 사 오시고, 순대도 사 오시고, 붕어빵도 사 오셨다. 찐 옥수수가 들어있을 때도 있었다. 나는 그걸 먹으면서 어른이 되었다.

넷째 날,
토요일

시간이 많이 흐른 것 같은데, 아직 4일째밖에 안 되었다. 10시가 되자마자 다시 놀이터로 나섰다. 이제는 비가 오지 않는다.

미끄럼틀에서 좀 오래 놀까 싶었는데, 큰애가 불만이 많다. 둘째를 떼어놓고 산에 올라가자고 끈질기게 조른다. 결국 둘째를 안고 올라가기로 합의했다. 원래가 야산 한 쪽을 밀어 놀이터를 만든 것이다. 놀이터 옆에 있는 야산치고는 엄청 큰 바위들이 불쑥불쑥 튀어 나와 있다. 평소 신는 운동화를 신고 올라가기엔 좀 거친 코스다.

둘째를 안고 올라갔다. 손을 잡고 조금씩 걷게도 하다가, 바위나 나무 옆을 지날 때에는 안아 주었다. 둘째 아이도 좋아했다.

그 작은 산 정상에 올라서 큰애는 아주 신이 났다. 둘째도 재미있어 하는 것 같다. 형제가 거기서 왔다갔다 10분이 넘게 놀았다. 나도 그렇고 아내도 그렇고, 산에는 잘 가지 않는다. 서로의 취향이 일치한 덕에 우리는 바다에 자주 간다.

둘째 애를 다시 안고 내려왔는데, 이제는 내가 아주 지쳐 버렸다.

미끄러지면 큰일이다. 발 끝에 힘을 주어 조심조심 내려왔다. 이렇게 그날 오전이 지나갔다.

　오후에는 아버지가 추석에 들어온 선물을 전해 주신다며 우리 집에 오셨다. 그날도 어김없이 야구 시합이 있었다. 아버지는 야구를 좀 보는 척 하시더니 두 아이를 마당에 대리고 나가, 벽돌 사이로 삐져나온 풀들을 정리하셨다. 아내는 마당을 좀 실용적으로 꾸밀 생각이 있었다. 우리가 처음 이사 왔을 때, 마당은 오랫동안 버려져서 그런지 잡초조차 자라지 않았다. 올해는 지력회복 차원에서 낙엽들을 수북하게 쌓아놓았다.

　원래 계획은 좀 더 체계적으로 가드닝을 하는 것이었지만 경황이 없었다. 아이가 아팠고, 그게 어느 정도 지나고 나서는 아내가 취업 준비를 시작했다. 이렇다 보니 진짜 마당에 뱀 나오게 생겼다. 손을 봐야 한다는 건 알고 있었는데 우선순위에서 밀렸다. 아이들은 풀을 뽑고 심으면서 노는 걸 원래 좋아했다. 작년까지는 좀 여유가 있어서, 구청에 텃밭을 신청해 이것저것 심기도 했었다.

　저녁 먹기 전에 두 아이들을 데리고 슈퍼로 갔다. 특별히 사야 할 물건이 있는 건 아니지만, 저녁때도 열려 있는 시설이 달리 없어서 마땅히 갈 데가 없다. 슈퍼에서 한 시간을 보낼 수 있을까? 그리 큰 슈퍼는 아니라서 만만하지 않다.

　여기엔 뽀로로 상표를 단 물건들이 많아서 아이들의 눈길을 사로잡는다. 음료수 앞에서도 발을 떼지 않는다. 다음에 사준다고 달래면서 수많은 약속을 남발해야 했다. 식재료 좀 살까 했더니 애호박 하나가 3천원이 넘었다. 들었다 놨다 몇 번을 하다가 결국 내려놓았다.

큰애에겐 오렌지를 사주지 않았다. 열대과일은 기본적으로 원거리 수송을 해야 하므로 화학 처리를 많이 하게 된다. 안 그러면 녹아내리거나 벌레가 잔뜩 꼬인다. 그렇지 않은 것은 아예 구할 수 없거나 겁나게 비싸다.

둘째는 토마토 말고는 과일을 거의 안 먹는데, 귤을 맛있게 먹었던 기억이 아직 남아 있나 보다. 얼마 전부터 오렌지를 먹기 시작했다. 그래서 오렌지를 사오기 시작했다. 겨울이 되면 귤로 바꿀 생각이다.

한참을 실랑이하다 큰애에게 져서 콘 아이스크림을 사줬다. 요즘 초콜릿을 너무 좋아하는데, 콘 아이스크림에는 약간이지만 초콜릿이 들어 있다. 나도 덩달아 알게 된 사실이다.

다섯째 날,
일요일

:

　집중 육아 5일, 마지막 날이 되었다. 이제는 하루만 버티면 된다. 아내는 일이 어느 정도 마무리 됐으니 그냥 하루 쉬라고 했다. 그래도 아내에게 조금이라도 더 시간을 벌어 주고 싶었다.

　오전에 남산애니메이션센터에 갔다. 개관 시간보다 약간 늦었는데, 주차장 줄이 바로 내 앞에서 끊겼다. 이제는 누가 나가야 들어갈 수 있다. 내 성격대로면 그냥 돌아서 나오는데, 아이가 둘 있으니 달리 갈 데가 없다. 하염없이 기다린다. 노래도 틀어 주고, 빵이며 물도 먹이면서. 운전석에 앉은 채 뒷자리의 애들과 치고받기도 하면서 시간을 보냈다. 그냥 멍하니 있으면 애들은 바로 운다. 30분을 버텼더니 자리가 생겼다.

　그 사이 애니메이션센터에 새로운 전시물이 생겼다. 8, 90년대 만화 캐릭터의 미니어처들이 특별전으로 2층에 전시되어 있었다. 태권 브이가 나오는 순간, 큰애는 벌써 환호성을 지르고 난리였다. 문제는 과연 둘째도 재미있어 할 만한 게 있을까 하는 것이었다.

"산도둑!"

머리를 양 갈래로 땋은 '말괄량이 삐삐'처럼 생긴 여자 아이 캐릭터가 있었다. 둘째는 이걸 보고 산도둑이라고 소리쳤다. 그 말은 또 어디서 배웠을까? 큰애는 이게 재미있었나 보다. 두 아이가 산도둑이라고 소리치면서 2층의 캐릭터 특별전 복도를 뛰어다녔다.

스타워즈 5편에 나오는 〈제국의 행진Imperial March〉은 다스 베이더의 주제곡으로 잘 알려져 있다. 큰애에게 이 노래를 들려주면서 '무서운 아저씨의 노래'라고 설명해 준 적이 있다. 다스 베이더는 실은 불쌍한 아저씨이기도 한데, '무서우면서도 불쌍한 아저씨'라는 복잡 미묘한 상황까지는 설명할 수 없었다. 그때 그 무서운 아저씨를 큰애는 처음 보았고, 씨쓰리피오C3PO도 봤다. 그리고 옆 칸으로 넘어간 뒤 로보캅이라는 걸 처음 봤는데, 다양한 종류가 있었다. 경찰도 좋아하고 로봇도 좋아하는 아이에게는 로보캅이 딱이다.

저쪽 건너편에는 〈은하철도 999〉, 〈우주 선장 하록〉 같은 추억의 애니메이션이 전시돼 있었다.

"이건 우주 도둑이야."

그날, 산도둑과 우주도둑을 외치면서 아이들은 애니메이션센터에서 두 시간이나 놀았다. 큰애는 많이 데리고 왔었는데, 혼자서 두 아이를 데리고 여기에 온 건 처음이었다. 보통은 30분 정도 놀면 지겨워하는데 이날은 진짜 '대박'이었다. 휴대폰 카메라로 틈틈이 아이들 사진을 찍었다.

그리고 집에 돌아오자마자 아이들은 낮잠 삼매경. 나도 아이들 자는 김에 같이 낮잠. 읽어야 할 책이 있었지만 좀 쉬지 않으면 죽을 것 같았다. 비가 오지 않는 오후, 서울 역사박물관에서 이 긴 여정의 마침표를 찍고 싶었다. 그런데 너무 오래 잤다. 죽은 듯이 잤다. 그리고 예정 없이 오후 늦게 장모님이 집에 오셨다. 그걸로 일단은 상황 종료.

저녁 때 낮에 갔었던 애니메이션센터의 사진을 USB에 담아서 TV로 틀어주었다. '산도둑', '우주 도둑', 그렇게 외치면서 두 아이들이 마루를 뛰어 다녔다.

"엄마, 엄마, 이것 좀 보세요, 이게 바로 우주 도둑이에요."

큰애가 아내를 끌고 왔다. 아내에게 조금이라도 더 시간을 벌어주기 위해 약간 길게 슬라이드 쇼를 편집했었다. 그날 저녁, 식구들이 전부 TV 앞에 모여 낮에 남산에서 놀았던 사진들을 보았다.

아이들이 크면 많은 게 변할까? 둘째가 또 아플 수도 있고, 그밖에 무슨 일이 벌어질지 모른다. 그러나 세 살과 다섯 살의 두 아이는 어느 가을, 남산에서 신나게 놀며 아름다운 생의 한때를 지냈다. 그리고 그 모습을 함께 보면서 식구들 모두 다시 찾아올 수 없을 만큼 행복한 시간을 가졌다.

아이들과 있으면 마냥 행복할 것 같았는데 그렇지는 않았다. 언제 어디서 다칠지 모르니 초긴장 상태로 순간순간을 보내게 된다. 멍하니 있다 보면 아이가 어디선가 쿵 찍고 넘어져 순식간에 집안이 울음바다가 된다. 보고만 있어도 행복하다? 가만히 있어도 힘들고, 체력은 몇 배가 든다.

'5일 집중 육아'의 마지막 순간, 나는 '맹활약'으로 게임을 멋지게 마무리하는 투수처럼 미션을 끝내지는 못했다. 예정한 스케줄을 소화하지 못하고 잠이 들어버렸기 때문이다.

    살면서 우리는 뭔가를 기가 막히게 마무리하고 완성하고 싶다는 생각을 종종 한다. 그렇지만 그것도 하나의 집착이다. 안 되는데 어쩔 것인가? 하는 데까지 하고서 나머지는 내려놓으면 그만이다.

이야기
일곱

연휴
끝마무리

　5일 간의 길고 긴 추석 연휴를 끝내고 다음날 아침 어린이집 앞의 작은 계단을 올라가는데, 마치 천국의 계단을 오르는 것 같았다. 어린이집에 아이를 맡기면서 이렇게 좋아해도 되는 건가 싶지만, 진짜로 '해방'이라는 말의 의미가 뼛속 깊은 곳에서 찌릿하게 울리는 것 같았다.

　계단은 추락을 의미한다. 영화 〈전함 포템킨〉에서 유모차가 계단을 굴러 떨어지는 일명 '오데사의 계단' 신은 만들어지고 또 만들어진다. 영화 〈언터처블〉에선 떨어지는 유모차를 한손으로 잡으면서 다른 한손으로는 마피아에게 권총을 발사한 초보 경찰 앤디 가르시아가 많은 여성들에게 뜨거운 갈채를 받았었다. 반면 영화 〈콘스탄틴〉에서는 키아누 리브스가 천국으로 향하는 계단을 걸어 올라갔었다. 이건 내려오는 계단이 아니라 올라가는 계단이다. 그리고 저 앞의 문을 열면 천국이 펼쳐져 있을 것 같았다.

　그날 오후에 데리러 갔을 때 둘째의 어린이집 담임선생님이 며칠 사이 부쩍 큰 것 같다는 얘기를 했다. 그 순간, 진짜로 기뻤다.

보았느냐, 부인, 남편의 육아 실력을, 으하하.

큰 것에서 행복을 느끼고, 큰 것에서 기쁨을 느낄 것 같지만 인간은 실은 그렇지 않다. 대부분의 경우 아주 작은 것에 분노하고, 그보다 더 작은 것에서 엄청난 기쁨을 느낀다. 나이를 먹으면 덜 그럴까? 깨우친 사람들은 어떨지 몰라도, 다수의 우리는 나이를 먹을수록 더 소소한 것에 삐지고, 분노하고, 또 뛸 듯이 기뻐한다

EPILOGUE

"능력 없으면 니네 부모를 원망해. 있는 우리 부모 가지고 감놔라 배놔라 하지 말고. 돈도 실력이야."

박근혜 대통령의 비선실세 최순실의 딸 정유라가 SNS에 올린 글이다. '돈도 실력'이라는 이 한 마디가 한국을 발칵 뒤집었다. 물론 자본주의 사회에서는 돈이 저력일 수 있고, 돈 많은 부모가 타고난 강점일 수 있다. 하지만 그렇게 믿고 살아가는 사람으로 자녀를 키워냈다면 그건 부모의 육아 실패다.

하물며 그 말을 입 밖으로 내는 사람으로 자랐다면, 부모의 인생 실패라고 할 수 있다. 사람들은 그냥 화만 난 게 아니었다. 이런 말이 버젓이 오가는 사회를 뜯어 고쳐야 한다고 촛불을 들고 광장으로 나섰다. 작게 보면 부모의 실패지만 크게 보면 국가의 실패다.

물론 대부분의 부모들에게는 해당 사항 없는 얘기다. 우리 집의 두 아이는 "아빠, 우리는 왜 이렇게 돈이 없어?"라고 물을지언정 "돈도 실력이야."라는 말을 하게 될 것 같지는 않다. 아빠에게 더 못된 말을 할지는 몰라도 저 말만은 하지 않을 것 같다. 그렇다. 우리는 돈이 없다. 그래서 돈도 실력이라고 말할 상황 자체가 조성되지 않는다. 그럼 다 해결된 건가?

물론 정유라의 경우는 극단 중의 극단이다. 그 언행과 입시비리, 승마선수로서 받은 특혜까지, 이 일련의 사건에서 기괴함을 느끼지 않는 사람은 없을 것이다. 하지만 돈이 없는 우리라고 해도 우리의 방식으로 자녀를 망치는 길은 얼마든지 있고, 그 위험은 사방에 도사리고 있다.

2000년에서 2010년까지 한국 사회에서는 경쟁의 논리가 극한으로 치달았다. 그 안에 있으면 경쟁에서 유리한 고지를 점하는 것, 즉 남을 이기고 살아남는 것이 최대의 미덕으로 보인다. 갖은 사교육을 동원한 명문대 입학과 남보다 빠른 승진이 대표적인 '승리'의 상징이다. 한데 정말 그럴까?

자본주의 사회에서도 경쟁과 협업은 영원히 함께 움직이는 두 가지 축이다. 자본주의가 안정될수록, 경쟁만 잘하고 협업은 못하는 사람들이 계속 승진하기는 어려워진다.

하지만 우리는 협업을 거의 가르치지 않는다. 오히려 남의 공까지 자신이 차지하는 게 '유능함'이라고 가르치는 부모들도 많다. 대학에서 하는 팀 프로젝트 수업은 성공하는 경우가 별로 없다. 서로 힘을 합쳐서 문제를 해결하는 능력을 갖춘 대학생들을 찾아보기가 어려워서다. 누구는 죽어라 고생하고, 누군가는 묻어간다. 그래도 걸러

낼 방법이 없다.

지금 다섯 살 어린이가 살아갈 미래를 그려본다. 2030년, 2040년. 어쨌든 한국 사회가 지금보다 훨씬 안정되어 있을 시점이다. 구체적으로 상상하기란 꽤 어려운 일이지만, 흔히 '승자독식 사회'라고 불리던 그 한국과는 많이 다른 모습을 하고 있을 것이다.

무엇을 가르칠 것인가? '하나만 잘하면 된다', 소위 이해찬 세대의 교육 방침이었다. 하나만 잘하게 하는 것은 매우 기능적인 선택이고, 경쟁이 극한으로 치닫는 시점에서 살아남기 위한 방법이었다. 하지만 멀지 않은 미래의 세계는 많은 정보를 교환하고, 함께 결정하고, 그 사이의 과정들을 원활하게 조정하는 사람들이 리더가 되는 사회일 것이다. 한 가지만 잘해서도 곤란하고, 자기 것만 고집해서도 곤란하다. 소통과 조율, 이런 것은 경쟁과 정반대에 있는 속성이다. 앞으로는 협업하려는 자세, 소통하기 위한 기본적인 상식과 에티켓이 필요하다.

● 아이가 나이를 먹으면서 어린이집에 같이 다니는 친구들이 우리 집에 놀러오는 일이 생긴다. 나도 다른 아이들이 있는 집에 놀러 가기도 한다. 아이들끼리 있으면 서로 꼭 좋은 영향만 받는 건 아니

다. 누군가 주먹질을 배워 오면 한 반에 있는 남자 아이들 사이에 순식간에 번진다. 그러고 나서 '폭력을 휘두르지 않는 법'을 다 같이 배우는 데 몇 달이 걸린다.

누군가 '새끼' 같은 욕을 배워 오면 빛의 속도로 또래 친구들 사이에서 번진다. 집집마다 한 번쯤은 난리가 날 것이다. 잘 타일러서 해결이 되면 좋겠지만 그렇게 간단하지가 않다. '맴매'가 난무하고, 벽 보고 벌서고, 손들고 있고, 무릎 꿇고, 설명하고, 새끼손가락 걸고 약속하고, 이런 과정이 몇 달간 반복된다.

'청정구역'에서 좋은 것만 먹고, 좋은 얘기만 듣고 자라면 해결되지 않겠냐고? 그건 육아가 아니라 고립이다. 안 그래도 외동으로 혼자 자라는 아이들이 늘어나는 이 시대에는 고립으로부터 벗어나는 법을 고민하는 게 우리가 고려할 육아의 제 1원칙인지도 모른다. 남과 같이 지내는 데 익숙해지는 법, 의견이 맞지 않을 때 조율하는 법, 보고 싶지 않을 때도 모질게 밀어내지 않고 적당히 거리를 두는 법……. 다섯 살, 여섯 살을 거치면서 익숙해져야 하는 일이다.

피아노, 태권도, 수영 중 무엇을 먼저 배우게 할까? 처음 결정하는 것이다 보니 엄청나게 고민하게 되지만, 사실 별로 중요한 문제는 아니다. '기능'에 속하는 일이라 일찍 배우거나 늦게 배우거나, 아니면 아예 배우지 않는다 해도 인생을 살아가는 데 아무 상관이 없다.
 하지만 같이 어울려 지내는 법, 약한 친구를 보호하는 법, 부당한 처사에 문제를 제기하고 반박하는 법 같은 것들은 미리부터 배우지 않으면 어른이 된 후에 무척 곤란해진다.
 아이들이 함께 노는 걸 보면서 나도 아이들의 세계에 익숙해졌다. 그러니 남의 집 아이들도 우리 집 애들처럼 보이기 시작한다. 그리고 우리 집 아이들이 귀여운 것처럼, 다른 집 아이들도 전부 귀엽게 느껴진다.
 그렇게 몇 년을 지내다 보니, 거리에서 보는 아이들 나이를 어느 정도는 짐작할 수 있게 되었다. 전에는 세 살인지, 다섯 살인지, 아니면 일곱 살인지 구분이 되지 않았고 아무 감흥도 없었다. 하지만 아이들의 세계를 알고 거기 익숙해지자 더 귀엽게 보인다. 뿐만 아니라 관심을 갖고 이해하려 노력하게 됐다. 이게 나에게 생긴 큰 변화다.
 여러분은 다른 집 아이를 보면 어떤 느낌이 드는지 궁금하다. 우리 모두의 아이이고, 성인인 우리가 함께 돌보아야 한다는 생각이 드는가? 아니면 언젠가 내 아이와 경쟁할 대상이니 이기거나 극복해야 한다고 생각하게 되는가?
 어린이집이나 유치원, 초등학교에서는 등수를 매기지 않는다. 사실 우리는 아주 대범하면서도 이타적이고, 누구든 사랑할 수 있는 부모이다. 하지만 등수를 매기고, 학교에 입학하기 위해 서로 경쟁하기 시작하면 그 이타심은 점점 질투로 바뀐다. 그리고 질투는 곧 증오나 자기 자식에 대한 원망으로 모습을 바꾼다. 한국에서는 자연스러운 일이다.

우리는 그렇게 생각하도록 길러져 왔고, 그게 당연하다고 생각했다. 하지만 인간의 그릇이란 게 대부분 고만고만하다. 마냥 이타적이기는 어렵고, 그렇다고 철저히 자기만 생각하기는 또 부끄럽다. 두 극단 사이에서 번뇌하는 것이 인간, 그 중에서도 부모가 아닐까 싶다.

경쟁을 너무 강조하면, 자식이 하는 경쟁에 어느덧 부모도 같이 뛰어들게 된다. 그래서는 안 된다고 생각한다. 오히려 부모가 해주어야 할 것은 협업의 중요성을 환기시키는 일이 아닐까 싶다. 또 내 아이를 사랑하듯이 다른 아이들도 사랑할 수 있는 마음을 잃지 않는 것도 중요하다. 그런 마음이 살 만한 사회를 만들고, 결국 내 아이에게 플러스로 돌아온다.

인생은 길다. 그리고 한국의 교육은 같이 토론하고 협업하면서 창조적인 생각을 할 수 있게 돕는 유럽의 교육과는 아직 좀 거리가 멀다. 필요 이상으로 경쟁을 강조하고, 이기는 것만을 유일한 미덕으로 여기게 한다. 그러니 이 점을 부모가 보완해 주는 것은 어떨까?

세 살에서 다섯 살, 여섯 살에서 일곱 살……. 그 나이 때 아이들의 친구는 다 예쁘다. 심지어 또래 애들이 다 예뻐 보인다. 그 마음을 자식이 서른 살이 될 때까지만 유지할 수 있으면, 자녀에게 진짜로 존경받을 수 있는 부모가 될 거라고 생각한다.

이십대가 넘으면 자녀들도 세상을 알 만큼 안다. 부모가 돈이 많고 권위가 있다는 이유로 존경하지는 않는다. 소리 많이 지르고, 싸움에서 지면 아예 들어오지 말라고 하는 부자 아빠를 무서워할 수는 있겠지만, 겁이 난다고 해서 존경하고 사랑하지는 않는다. 부모가 그렇게 마음먹고 살아간다면 자녀가 "돈도 실력이야." 같은 비상식적인 말을 하는 일은 없을 것이다.

'돈 없는 정유라'로 자란다면 그건 그것대로 몹시 안타깝다. 마음은 정유라인데, 아빠가 돈이 없어서 그 말을 못하고 속으로 삭이는 청년으로 자라게 되면 얼마나 불쌍하겠는가? 차라리 정유라는 맘껏 내지르기라도 했지…….

협업은 2010년대 한국, 우리 모두에게 결핍된 것이다. 아이들과 아이들의 친구들, 그리고 혹시라도 친구가 될지도 모르는 온 세상의 아이들이 아름답고 사랑스럽게 보이는 행복을 꼭 느껴 보았으면 좋겠다. 이 작지만 행복한 추억이, 자녀가 '돈도 실력'이라고 말하지 않는 사람으로 자라나는 데 결정적으로 기여할 것이다.

행복과 이상 그리고 상식을 돈으로 만들 수 없다는 것은 다행스러운 일이기도 하다. 엄청난 재산과 남 부러울 것 없는 권력은 물려줄 수 없어도, 남들이 모두 꺼리는 '재수 없는 사람'이 되는 것은 면하게 해줄 수 있다.

개성이 강하면 강할수록, 또 잘나면 잘날수록 재수 없게 보이지 않는 것도 미래에는 중요한 자산이 될 것이다. 그리고 아무것도 가진 게 없는데 재수마저 없으면 정말 인생 살기 어렵다. 이 극단적인 상황은 부모가 아주 약간만 노력해도 피하게 해줄 수 있다. 그러니 "실력만이 살 길이다," 같은 얘기는 자녀에게 안 하는 게 좋을 것 같다.

● 다시 겨울이 오자마자 둘째는 후두염으로 병원에 두 번 갔다. 한 번은 폐렴 직전까지 갔는데 다행히 그 정도에서 멈추게 할 수 있었다. 두 번째 후두염은 많이 아팠고, 먹은 걸 거푸 토했다. 아이는 고통스러워했지만 그래도 입원하지 않은 것을 다행으로 여겼다.

세 살배기 둘째가 아프면 아침부터 병원에 데려간다. 그럴 때 병원은 늘 붐볐다. 미세먼지가 아주 심한 날, 혹은 연휴가 끝나거나 주말이 지난 다음날이면 어김없이 부모의 품에 안겨 온 어린 아이들로 장사진을 치게 된다. 갑자기 아픈 거라 예약할 겨를이 없는데, 다들 비슷한 상황이다. 아픈 아이들이 평상시의 서너 배는 많아진다.

큰 병원의 넓은 대기실에 아이들과 부모들이 꽉 차 있으면, 순간적으로 숨이 턱하고 막힌다. 줄이 길어 기다리는 시간이 오래 걸리는 것도 갑갑하지만, 이렇게 많은 아이들이 아프구나 하는 생각에 가슴이 아리다.

우리는 모두 서로 연결되어 있고, 우리 역시 자연의 일부이다. 이걸 이렇게 어린 시절에 아파하면서 배워야 할 필요가 있을까, 그런 생각을 종종 하기도 한다. 미세먼지는 개인이 어떻게 할 수 있는 문제는 아니고, 돈을 쓴대도 회피할 수 있는 방법이 별로 없다.

집집마다 공기 청정기를 놓으면 문제가 풀릴까? 일상을 모두 통제할 수 있는 방법도 없을 뿐더러, 공기 청정기를 너무 강하게 돌리면 전기를 너무 많이 사용하게 된다. 그리고 그 비율만큼 석탄 화력발전소가 더 돌아간다. 석탄을 줄이면? 원자력 발전소가 늘어난다. 태양광을 충분히 늘리면 되겠지만, 그러기까지 시간이 오래 걸린다. 그리고 한국 정부는 그에 대한 준비가 되어 있지 않고, 의지도 그다지 없어 보인다.

아이들은 다섯 살이 되면 어느 정도 면역력이 자리 잡고, 유아기에 아프던 것들도 제법 개선된다. 초등학교에 들어가고, 성인이 되면서 어린 시절 겪던 문제점들을 극복하는 경우가 많다. 하지만 긴 세월이다. 짧은 시간에 문제가 해소되지는 않는다. 각자 개인이 미세먼지를 줄이기 위한 작은 노력을 하면서 그냥 버티는 수밖에 없다. 이런 종류의 문제는 많은 사람이 동시에 노력해도 단기간에 개선되기 어렵다. 그렇다고 모든 사람이 아무것도 안 하고 있으면 더 나빠지는 것은 시간문제다.

환경 문제 중 상당수는 돈이 있으면 해결하거나 완화시킬 수 있다. 수질 오염 같은 것은 다른 장소로 이사를 가는 등 개인적인 해법은 있을 수 있다. 대기 오염도 비슷하다. 하지만 미세먼지 같은 경우엔 국내에서 지역에 따른 편차가 거의 없다. 깊은 산 속으로 들어간다고 해도 풀릴 문제가 아니다.

그럼 어떻게 할까? 아주 많은 사람들이, 아주 오랫동안 노력하는 수밖에 없다. 이렇게 많은 사람들이 한 방향으로 움직여야 조금씩 풀리는 문제는 그 구조상 아주 많은 세월을 필요로 한다. 바로 성과가 나타나지 않기 때문이다. 비용도 많이 들어가기에 참으로 어려운 문제다.

한국의 고소득 여성들이 자녀 교육에 집착해 전형적인 '헬리콥터 맘'이 되는 이유를 분석하는 인류학 연구에 참여한 적이 있다. 개별 인터뷰는 약간 진부하지만 이걸 한데 모아놓으면 한국이 전체적으로 어떤 구조의 사회인지 드러난다. 다음 세 가지로 요약할 수 있다.

1. 남편은 재미없다.
얘기도 안 통하고, 애정은 사라진 지 오래다. 이제 뭘 한다고 해도 별 관심이 안 간다.

2. 회사도 재미없다.
더 이상은 승진하기도 어려운 것 같고 일만 고되다. 여성이 고위직으로 승진할 때 작동하는 '유리 천장'을 실감한다.

3. 애들만 재미있다.
시간을 쏟으면 쏟은 만큼 성과가 나오고, 돈을 들인 만큼 점수가 올라가는 게 눈에 보이니까 참 행복하다.

고학력, 고소득인 직장 여성이 자녀 교육에 집착하게 되는 이유, 사실은 이해된다. 가정에 별로 충실하지 않은 남편, 이제는 거의 막바지에 도달해 퇴사할 일만 남은 직장 여건. 하지만 사교육에 관한 정보를 모아서 자녀를 '뺑뺑이'에 집어넣으면 단기성과가 나온다. 이만큼 빠르게 반응하는 일은 달리 없을 것이다.

노력해도 변화가 보이지 않는 미세먼지 같은 문제와 비교하면, 돈과 시간을 투입해 자녀의 성적을 단기간에 올리는 것은 점수가 잘 나오는 게임을 하는 것처럼 재미있는 일로 보인다. 그러나 진짜로 그럴까?

한 명의 아이가 성인이 되는 데는 긴 시간이 필요하다. 또 시간만 많이 들인다고 되는 것도 아니다. 도와줄 수 있는 게 있고, 도와줄 수 없는 게 있다. 그런데 뭘 도와줄 수 있고 뭘 도와줄 수 없는지 미리 알기가 어렵다. 부모의 즐거움을 위해 자녀에게 일종의 '프로그램'처럼 과도하게 집중하는 것은 사실 온전한 한 사람의 행복을 방해하는 일이다.

우리는 엘리트 스포츠가 지나치게 강세이고, 여기에 국가주의적 쇼비니즘까지 단단히 결합되어 있다. 중고등학교에서 운동하는 학생들이 수업 안 듣는 것을 너무 당연하게 생각한다. 그러나 유럽은 물론이고, 스포츠 마케팅의 왕국인 미국에서조차 그렇게 운동만 하게 두지는 않는다. 중고등학교도 그렇지만 대학도 그렇게 해선 졸업할 수가 없다. 상식이다. 한 아이가 성인이 되어 행복한 삶을 영위하는데 도움이 되지 않는다고 생각하기 때문에 그렇게 하는 것이다.

공부도 마찬가지다. 무조건 외우고, 무조건 많은 시간을 들이면 좋을 것 같지만 그렇지 않다. 회사에서 일만 너무 열심히 하는 게 실제 성과에는 별 도움이 되지 않는다. 공부도 마찬가지다. 다른 건 아무 것도 안하고 공부만 하면 잘할 것 같지만 그렇게 단순하지 않다.

나는 평생 공부를 했고, 공부로 먹고 살았고, 지금도 역시 공부로 먹고 산다. 하지만 공부만 한 것은 아니다. 놀기도 많이 놀았고, 음악도 했고, 사회를 위한 일도 할 수 있는 한 많이 하려고 했다. 내 주변의 동료들도 사정은 비슷하다. 여러 사례를 두루 보고 실감하게 된 것이다. 남이 도와 쉽게 이해한 것은 내 안에 뿌리를 내리지 않는다.

황사가 오거나 미세먼지가 심할 때, 한국의 많은 아이들은 고통받는다. 피하기도 어렵고, 도망갈 데도 없다. 개인이 노력해도 쉽게 개선되지 않는다. 아이들이 어른이 되는 과정은 이와 비슷하다. 조금씩 그릇이 만들어진 뒤, 시간을 가지고 그 그릇이 익어가는 것이다.

이왕이면 빠른 게 좋다고? 그건 부모 생각이다. 자본 투입을 계속 늘리면 상품이 좋아질 것 같지만, 사람은 상품이 아니다. 그리고 시간이 흐르고, 시대가 변한다. 과거의 공정에 미래를 살아갈 현재의 아이를 집어넣는 것은 명백한 오류다. 힘은 힘대로 들고, 성과는 성과대로 안 나온다. 나온다고 생각해도 결국 잠시의 착각인 걸 알게 된다. 억지로 크기를 키운 그릇은 약하기 때문이다. 잘 깨진다. 삶은 크기만큼이나 내구성도 중요한 것이다.

오늘 한 푼 벌면, 내일 애들한테 또 두 푼 나갈 것이다. 나도 한 푼 두 푼 벌면서 틈틈이 아이들과 놀아주고, 기왕이면 좀 더 많은 시간을 함께 보내려 한다. 그렇게 나는 조금은 더 능숙한 아빠가 되고, 아이들도 그들만의 세계를 자기 안에서 만들어갈 것이다. 지나치게 힘쓰지 않고, 과하게 돈쓰지 않고, 필요 이상으로 집착하지 않는 게 내가 생각하는 육아의 방법이다.

둘째가 여섯 살이나 일곱 살쯤 되어 좀 어려운 대화가 가능해지면 미세먼지에 대해 알려주려고 한다. 그게 무엇이고, 어떻게 생겨났고, 어떻게 움직이는지를. 그리고 어렸을 때 왜 아팠는지, 그 시간을 어떻게 견뎠는지 아빠로서 이해할 수 있게 도와주려고 한다.

내가 저자로서 출간한 첫 책은 『아픈 아이들의 세대』다. 수도권의 미세먼지를 다룬 책이다. 좋든 싫든, 다른 많은 부모들과 나는 이 시간과 공간, 그리고 오염물질을 포함한 생물권까지 공유하고 있다. 이 시대를 사는 많은 아이들에게는 자연스러운 기억일 것이다. 그렇게 해서 자신이 세상의 일부이고, 세상과 자신의 삶이 무관하지 않다는 것을 이해하게 된다면 유아 시절에 알아야 할 것은 충분히 배우게 된다고 생각한다.

이 아이들이 살게 될 미래는 모든 것이 '연결되어 있다'는 것을 더 뼈저리게, 현실적으로 느끼며 살아가야 할 세상이다. 반면 우리는 싫으면 다른 동네로 이사 가면 되는 시대의 산물이다. 내가 어렸을 때는 '생명과 생명이 연결되어 있다'는 것은 배우지 못했다. 자신이 세상의 일부라는, 그 간단하지만 중대한 사실을 누구도 가르치지 않았고, 그런 게 있는 줄도 모르는 사람들이 세상을 통치했다. 웃기지도 않는 일이었다.

둘째가 병원에 입원한 후, 자이언티의 〈양화대교〉를 참 많이 들었다. 이 아이에게 가수의 재능이 있을지는 모르겠지만, "내가 돈을 다 버네, '엄마 백 원만' 했었는데."라고 얘기하는 날은 올 것 같다. 그렇게 생각하면 잠시 행복해진다. "아프기만 했었는데, 내가 돈을 다 버네." 둘째가 말하는 것을 상상해 본다.

큰돈을 벌고, 명성을 쌓는 영광을 누리는 것은 내가 자녀에게 기대하는 바와 다르다. 그저 이 애들이 언젠가 한 푼 한 푼 벌며 삶을 꾸려가는 날을 그려 볼 뿐. 그리고 엄마한테 가수 자이언티처럼, 이렇게 말하는 날이 오면 좋겠다고 생각한다.

"어디냐고 물어보는 말에
나 양화대교, 양화대교

엄마 행복하자
아프지 말고 좀 아프지 말고
행복하자 행복하자
아프지 말고 그래 그래"

오늘 한 푼 벌면 내일 두 푼 나가고

초판 1쇄 인쇄 2017년 2월 2일
초판 2쇄 발행 2017년 2월 17일

지은이 우석훈
펴낸이 김선식

경영총괄이사 김은영

전략기획팀 김상윤
기획 및 책임편집 박현미 **책임마케터** 최혜령, 이승민
콘텐츠개발6팀장 박현미 **콘텐츠개발6팀** 이여홍, 유화정, 김누
마케팅본부 이주화, 정명찬, 최혜령, 양정길, 최혜진, 박진아, 김선욱, 이승민, 김은지
경영관리팀 허대우, 권송이, 윤이경, 임해랑, 김재경
북에디팅 배소라, 임지은
디자인 전아름, 백은주

펴낸곳 다산북스 **출판등록** 2005년 12월 23일 제313-2005-00277호
주소 경기도 파주시 회동길 357 3층
전화 02-702-1724(기획편집) 02-6217-1726(마케팅) 02-704-1724(경영관리)
팩스 02-703-2219 **이메일** dasanbooks@dasanbooks.com
홈페이지 www.dasanbooks.com | teen.dasanbooks.com
블로그 blog.naver.com/dasan_books
종이 한솔PNS **출력·인쇄** 민언프린텍

ISBN 979-11-306-1091-7 (13300)

- 책값은 뒤표지에 있습니다.
- 파본은 구입하신 서점에서 교환해드립니다.
- 이 책은 저작권법에 의하여 보호를 받는 저작물이므로 무단 전재와 복제를 금합니다.
- 이 도서의 국립중앙도서관 출판시도서목록(CIP)은 서지정보유통지원시스템 홈페이지(http://seoji.nl.go.kr)와 국가자료공동목록시스템(http://www.nl.go.kr/kolisnet)에서 이용하실 수 있습니다.
 (CIP제어번호 : CIP 2017000269)